令和6年度改正対応

インボイス制度の
仕入税額控除

税理士 金井 恵美子【著】

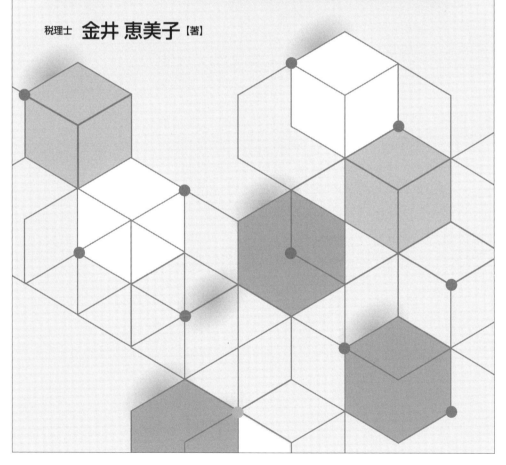

清文社

JN064072

はしがき

　本書は、『消費税　仕入税額控除の実務』として平成24年に初版を刊行し、令和2年に初版刊行以後の改正に対応する改訂を、昨年12月には適格請求書等保存方式（インボイス制度）に対応する改訂を行いました。この度の改訂は、令和6年度の改正に対応するものです。令和6年度改正においては、国外事業者が提供するデジタルサービスについてプラットフォーム課税が創設され、輸出物品販売場制度の不正利用を防止するため、制度の抜本的な見直しを行うこととされました。インボイス制度についても、事業者の事務負担に配慮した見直しが行われています。

　消費税は、税の累積を排除する前段階控除によって適正な納税額を算出する仕組みとなっており、仕入税額控除は、消費税の実体上の課税要件にも匹敵する本質的な要素であるといえます。ただし、その適用については、課税仕入れ等を行った事実だけでは足りず、帳簿及び請求書等の保存という手続要件が付されています。

　インボイス制度は、複数税率制度に対応した仕入税額控除の方式として、平成28年度税制改正において法制化されました。軽減税率の導入に伴い、複数税率制度において、売手が課税標準額に対する消費税額の計算に用いる税率と、買手が控除対象仕入税額の計算に用いる税率を一致させる担保として、適格請求書の受渡しをすることになったのです。

　インボイス制度は事業者登録を基礎としており、免税事業者からの仕入れは控除の対象となりません。そのため、多くの小規模事業者が課税事業者となりました。実務への影響は非常に大きいものです。

　また、仕入税額控除の制度を複雑にしているのは、非課税の存在です。非課税資産の譲渡等のために行った課税仕入れ等は、控除の対象となりません。そのため、控除対象仕入税額の計算は複雑になり、控除する税額とそれ以外との区分は、消費税の重要な論点となっています。

　本書は、消費税実務に携わる方々の一助になることを願って、できるだけ平易に、具体的な事例を挙げて解説しています。みなさまのお役に立つことがあればこれに勝る幸いはありません。なお、紙幅の関係上、簡易課税制度については、その概要に触れたのみであることをお断りいたします。

　本書の改訂を熱心に勧めてくださった岸田耕太郎氏と平井裕人氏、改訂作業を支えてくださった藤城菜摘氏に、心から感謝申し上げます。

　令和6年9月

税理士　金井　恵美子

目次

第1章 消費税のあらまし

第2章 仕入税額控除制度の役割

第3章 課税売上割合

第6章　インボイス制度と事業者免税点制度

第7章　仕入税額控除の要件

第8章　仕入税額控除の時期

第9章　控除対象仕入税額の計算方法

第10章　課税仕入れ等

第11章　個別対応方式における課税仕入れ等の区分

第12章　仕入税額控除の調整

第13章　簡易課税制度

第14章 リバースチャージと国外事業者申告納税制度

≪凡　例≫

　法令名等の略号は、慣例にならい、例えば、所得税法は「所法」、所得税法施行令は「所令」、所得税法施行規則は「所規」、所得税基本通達は「所基通」と表示しています。

　その他、本書において使用した略号は、次によります。

平成27改法	…所得税法等の一部を改正する法律（平成27年法律第9号）
平成28改法	…所得税法等の一部を改正する法律（平成28年法律第15号）
令和2改法	…所得税法等の一部を改正する法律（令和2年法律第8号）
令和6改法	…所得税法等の一部を改正する法律（令和6年法律第8号）
平成30改令	…消費税法施行令等の一部を改正する政令（平成30年政令第135号）
経理通達	…消費税法等の施行に伴う法人税の取扱いについて（令和5年6月20日付課法2-8）
所得税経理通達	…消費税法等の施行に伴う所得税の取扱いについて（令和3年2月9日付課個2-3）
QA制度概要編	…消費税の軽減税率制度に関するQ&A（制度概要編）平成28年4月（令和6年4月改訂）国税庁消費税軽減税率制度対応室
QA個別事例編	…消費税の軽減税率制度に関するQ&A（個別事例）平成28年4月（令和6年4月改訂）国税庁消費税軽減税率制度対応室
インボイスQA	…消費税の仕入税額控除制度における適格請求書等保存方式に関するQ&A平成30年6月（令和6年4月改訂）国税庁軽減税率・インボイス制度対応室

※　本書の内容は、令和6年9月1日現在の法令等によっています。

第1章

消費税のあらまし

1 消費税は一般間接税

　租税は、種々の観点から分類されますが、そのひとつに、直接税と間接税の区分があります。直接税とは、立法段階において、法律上の納税義務者と実質的な税の負担者とが一致することを予定しているものであり、間接税とは、両者が一致せず税の負担が転嫁されることを予定しているものをいいます。

　消費税法に規定する消費税は、税の負担者は消費者、納税義務者はその消費を提供する事業者として設計された間接税です。

　また、課税物件（課税の対象となるもの）を基準にする、収得税、財産税、消費税、流通税の区分があります。収得税は所得や収益に、財産税は財産の保有に、消費税は物品やサービスの消費に、流通税は権利の移転などの行為にそれぞれ課税するものです。消費税には、特定の物品やサービスの消費を課税対象とする個別消費税と、すべての消費行為を課税対象とする一般消費税とがあります。消費税法に規定する消費税は、原則として、すべての消費行為を課税の対象と考えています。

　以下では、特に断りがない限り、この消費税法に規定する消費税を「消費税」と呼んでいます。

2 消費に広く薄く負担を求める

　消費税の基本構造は、税制改革法において明らかにされています。

　「消費税は、事業者による商品の販売、役務の提供等の各段階において課税し、経済に対する中立性を確保するため、課税の累積を排除する方式による…。事業者は、消費に広く薄く負担を求めるという消費税の性格にかんがみ、消費税を円滑かつ適正に転嫁するものとする。」（税制改革法10②、11）というものです。

　消費税は、物品税を中心とした課税ベースを限定する個別間接税制度における諸問題を根本的に解決するものとして創設されました。したがって、その課税はすべての消費に及ぶものとするのが基本原則です。物やサービスの種類にかかわらず、消費する（買う）力があるのであれば、その消費にあわせてほんの少しの税を負担してもらおう、という考え

方であり、具体的な消費支出に課税するというものです。

　しかし、消費税の納税義務者は消費支出を行う消費者ではなく、財やサービスを提供する事業者です。したがって、消費税は、課税物件である「消費」を、納税義務者である事業者の立場から「資産の譲渡等」と定義しています。

　また、納付すべき消費税額の算出にあたっては、税の累積を排除してその負担を最終消費にまで転嫁するため、売上げに係る消費税額から前段階で課税された仕入れに係る消費税額を控除するものとしています。

3　用語の意義

　本書では、法令の規定に従い、又は一般に認められているところに従い、次のように定義して、各用語を使用しています。

用　語	意　義	根拠法令
事　業　者	個人事業者及び法人	消法2①四
個人事業者	事業を行う個人	消法2①三
法　　人	自然人以外で、法律上の権利義務の主体とされるもの	
人格のない社団等	法人でない社団又は財団で代表者又は管理者の定めがあるもの	消法2①七
居　住　者	外国為替及び外国貿易法6条1項5号に規定する居住者	消令1②一
非居住者	外国為替及び外国貿易法6条1項6号に規定する非居住者	消法8①、消令1②二
免税事業者	事業者のうち、小規模事業者に係る納税義務の免除の規定により、国内において行った課税資産の譲渡等につき、消費税を納める義務を免除された事業者	消法9①
課税事業者	事業者のうち、免税事業者以外のもの	
事　業　年　度	法人税法に規定する事業年度	消法2①十三、法法13、14
課　税　期　間	①　個人事業者の課税期間 　原　　則：1月1日から12月31日までの期間 　3か月特例：1月1日から3か月ごとに区分した各期間 　1か月特例：1月1日から1か月ごとに区分した各期間 ②　法人の課税期間 　原　　則：事業年度 　3か月特例：その事業年度をその開始の日以後3か月ごとに区分した各期間（最後に3月未満の期間を生じたときは、その3月未満の期間）	消法19①

	1か月特例：その事業年度をその開始の日以後1か月ごとに区分した各期間（最後に1月未満の期間を生じたときは、その1月未満の期間）	
基 準 期 間	個人事業者：その年の前々年 法　　　人：その事業年度の前々事業年度 ※その前々事業年度が1年未満である法人については、その事業年度開始の日の2年前の日の前日から同日以後1年を経過する日までの間に開始した各事業年度を合わせた期間	消法2①十四
特 定 期 間	個人事業者：その年の前年1月1日から6月30日までの期間 法　　　人：原則として、その事業年度の前事業年度開始の日から6か月の期間	消法9の2④
資産の譲渡等	事業として対価を得て行われる資産の譲渡及び貸付け並びに役務の提供	消法2①八
課税資産の譲渡等	資産の譲渡等のうち、非課税資産の譲渡等以外のもの	消法2①九
非課税資産の譲渡等	国内において行う資産の譲渡等のうち、非課税とされるもの	消法31①
課 税 売 上 高	国内において行った課税資産の譲渡等のうち、輸出免税の適用がない取引に係る売上高	
免 税 売 上 高	国内において行った課税資産の譲渡等のうち、輸出免税の適用を受ける取引に係る売上高	
非課税売上高	非課税資産の譲渡等に係る売上高	
不 課 税 収 入	国内において行った資産の譲渡等以外の取引から生じた収入	
保 税 地 域	関税法に規定する5種の保税地域（指定保税地域、保税蔵置場、保税工場、保税展示場、総合保税地域）	消法2①二、関税法29
外 国 貨 物	輸出の許可を受けた貨物及び外国から本邦に到着した貨物で輸入が許可される前のもの	消法2①十、関税法2①三
課 税 貨 物	保税地域から引き取られる外国貨物のうち、非課税とされるもの以外のもの	消法2①十一
課 税 仕 入 れ	事業者が、事業として他の者から資産を譲り受け、若しくは借り受け、又は役務の提供を受けるもので、相手方が、事業としてその資産を譲り渡し、若しくは貸し付け、又はその役務の提供をしたとした場合に、その相手方において、課税資産の譲渡等に該当することとなるもの ※給与等を対価とする役務の提供を除く ※相手方において輸出取引等となるものを除く	消法2①十二
課税仕入れ等の税額	その課税期間中に国内において行った課税仕入れに係る消費税額、特定課税仕入れに係る消費税額及びその課税期間における保税地域からの引取りに係る課税貨物につき課された又は課されるべき消費税額の合計額	消法30②

仕入税額控除	売上げに係る消費税額から仕入れに係る消費税額を控除すること	
控除対象仕入税額	売上げに係る消費税額から控除する仕入れに係る消費税額	
棚 卸 資 産	商品、製品、半製品、仕掛品、原材料、消耗品で貯蔵中のもの及びこれらの資産に準ずるもの	消法2①十五、消令4
インボイス制度	適格請求書等保存方式	
事業者登録制度	適格請求書発行事業者登録制度	
インボイス発行事業者	適格請求書発行事業者	消法2①七の二、57の2①

インボイス	適格請求書	これらをあわせてインボイスという場合もあります	消法57の4①
簡易インボイス	適格簡易請求書		消法57の4②
返還インボイス	適格返還請求書		消法57の4③
電子インボイス	インボイス、簡易インボイス又は返還インボイスに記載すべき事項に係る電磁的記録		消法57の4⑤

4 制度の概要

項　　目	制　度　の　概　要
納税義務者	①　国内取引…事業者（法人及び個人事業者） ②　輸入取引…輸入する者
課税の対象	①　国内取引…国内において事業者が行う資産の譲渡等 ②　輸入取引…輸入貨物
非　課　税	①　税の性格上、課税の対象としてなじまないもの 　…土地の譲渡・貸付け、有価証券等の譲渡、金融・保険、行政サービス等 ②　社会政策的配慮に基づくもの 　…医療、社会福祉事業等、学校教育、助産、埋葬・火葬、身体障害者用物品の譲渡・貸付け等、教科用図書の譲渡、住宅の貸付け
免　　　　税	輸出取引及び輸出類似取引
課 税 標 準	①　国内取引…課税資産の譲渡等の対価の額 ②　輸入取引…輸入の際の引取価格
税　　　　率	標準税率：消費税7.8％＋地方消費税2.2％＝合計税率10% 軽減税率：消費税6.24%＋地方消費税1.76%＝合計税率8％
納 付 税 額 の 計 算	納付税額＝　課税標準額に対する税額＋控除過大調整税額 　　　　　△控除税額（控除対象仕入税額＋返還等対価に係る税額＋課税倒れに係る税額）

インボイス制度	インボイス制度とは、事業者登録制度を基礎とする仕入税額控除の方式（令和5年10月1日以後）。 ・　インボイス発行事業者の登録をした事業者には、買手である課税事業者からの求めに応じてインボイスを交付し、写しを保存する義務がある。 ・　買手においては、原則として、帳簿及びインボイス発行事業者から交付を受けたインボイスの保存が仕入税額控除の要件となる。
申告・納付	①　国内取引 　　個人事業者は翌年の3月末日までに、法人は課税期間の末日の翌日から2か月以内に申告・納付（中間申告は、年1回、年3回、年11回の3種類） ②　輸入取引 　　保税地域からの引取りの際に申告・納付
中小事業者の特例	①　事業者免税点制度 　　原則として、基準期間における課税売上高が1,000万円以下の事業者は、納税義務が免除される（※）。 ②　95%ルールの適用 　　その課税期間の課税売上高が5億円以下である事業者は、課税売上割合が95%以上である場合に、課税仕入れ等の全額を控除することができる。 ③　簡易課税制度 　　基準期間における課税売上高が5,000万円以下の課税期間について、みなし仕入率を用いて仕入税額を計算する簡易課税制度を選択することができる。 ④　2割特例（令和8年9月30日の属する課税期間までの経過措置） 　　免税事業者がインボイス発行事業者の登録をした場合には売上税額の2割相当額を納付税額とすることができる。 ⑤　少額特例（令和11年9月30日までの経過措置） 　　基準期間における課税売上高が1億円以下又は特定期間における課税売上高が5,000万円以下である事業者は、1万円未満の課税仕入れについて、帳簿のみの保存で仕入税額控除が認められる（インボイスの保存不要）。

※　基準期間における課税売上高が1,000万円以下であっても、特定期間における課税売上高が1,000万円を超えている場合には納税義務が免除されないなど、事業者免税点制度には様々な特例があります。また、インボイス発行事業者には、事業者免税点制度は適用されません。

5　納税義務者

　消費税は消費支出に課税するものですが、消費者が直接に申告納税を行うのではなく、消費を供給する事業者を納税義務者としています。

　最終消費者が負担した税が事業者を通して間接的に国庫に納入されることを予定しており、事業者は、商品の販売やサービスの提供に際して、その価格に消費税相当額を上乗せして受領し、自らは負担しない消費税を自らの名で申告納付するものとされています。消費税が間接税となる所以です。

6　課否判定

　消費税は、納付すべき税額を計算するため、取引のすべてを、課税・免税・非課税・課税対象外（以下「不課税」といいます）の４つに区分します。

　消費税を理解する上で、課税・免税・非課税・不課税の区分はとても重要です。これらの区分を行うことを「消費税の課否判定」といいます。

　消費税の課否判定は、「資産の譲渡等」であるかどうかの判断を出発点にして、国内取引に該当するか、非課税資産の譲渡等に該当するか、輸出取引等に該当するか、と順を追って行います。

　法律上、一つのものを二つに分ける場合、その両方を直接ないしは限定列挙して定義し、齟齬を生じない例は少ないと思われます。区分する両方を直接ないしは限定列挙して定義した場合、そのどちらの定義にも該当しない「その他」が生じる可能性があるからです。

　したがって、消費税法も、取引の区分は、いずれか一方の定義を定め、それ以外のものと区分し、次にまたいずれか一方を定義する、という手法を取っています。

■課否判定の全体像

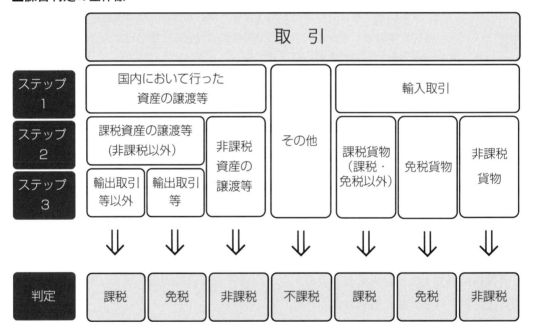

6

■課否判定の手順

ステップ1 課税の対象の判断

第一に、すべての取引は、「資産の譲渡等」とそれ以外とに区分します。

国内において事業者が行った「資産の譲渡等」は課税の対象となり、次のステップで、非課税・免税・課税に分類します。

課税の対象とならないものを不課税と呼びます。

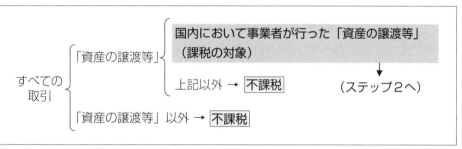

ステップ2 非課税の判断

次に、国内において事業者が行った「資産の譲渡等」のうち、非課税となる取引を区分します。非課税売上高は課税売上割合の計算に影響します。

国内において事業者が行った「資産の譲渡等」
- 国内における「課税資産の譲渡等」（「非課税資産の譲渡等」以外のもの）→（ステップ3へ）
- 「非課税資産の譲渡等」→ 非課税
  ・「消費」という概念になじまないもの
  ・政策目的から非課税とするもの

ステップ3 免税と課税の判断

最後に輸出取引及び輸出関連取引を判定します。

国内における課税資産の譲渡等のうち免税とならないものが、課税取引です。売上げを行う事業者にとっては課税売上げとなり、仕入れを行う事業者にとっては課税仕入れとなります。

国内における「課税資産の譲渡等」
- 輸出取引等以外 課税
- 輸出取引等 免税

■輸入の判定

保税地域から引き取られる外国貨物は、輸入された後に国内において消費されるため、消費税の課税の対象とされています。

ただし、資産の譲渡等に準じた非課税が設けられ、免税となる貨物も定められています。

7 課税の対象

　課税要件等を定める実体法である消費税法は、納税義務者を事業者と定め、本来の課税物件である「消費」を、これを供給する事業者の立場から「資産の譲渡等」と定義し、「国内において事業者が行った資産の譲渡等」を課税の対象としています。

　「資産の譲渡等」は、事業者の立場から「消費」を表現するものであり、「事業として対価を得て行われる資産の譲渡及び貸付け並びに役務の提供」と定義されています。消費税は消費者が行う消費支出に税負担を求めるものであるため、「資産の譲渡、貸付け、役務の提供」という具体的な消費の供給と、これを得るために消費者が拠出する負担、すなわち「対価」が存在しなければ、課税することができません。

　また、消費税は、日本国内における消費に課税するという、いわゆる仕向地課税主義を前提としています。これは、諸外国の付加価値税に通じる国際的ルールであり、国外において行われる取引に日本の消費税は及びません。

　「資産の譲渡等」のうち国内で事業者が行う取引が、消費税の課税の対象となります。

　輸入品については、輸入の後、国内で消費されることを前提に、すべての輸入貨物を課税の対象としています。

8 非課税

　課税物件である「消費」とこれを事業者の側から定義した「資産の譲渡等」とは、その範囲に多少のズレが生じます。例えば、土地は消費財ではなく土地の譲渡は財貨の消費とはいえませんが、法人が土地を売却した場合は、「国内において事業者が行った資産の譲渡等」に該当し、課税の対象となってしまいます。このように、課税の対象となるけれども消費の供給とはいえないものは、「税の性格上、課税の対象としてなじまないもの」として、非課税とされています。このような非課税には、土地の譲渡のほか、有価証券の譲渡、利子を対価とする金銭の貸付け、行政サービス等があります。

　また、消費の供給であり、なおかつ「国内において事業者が行った資産の譲渡等」として課税の対象となるものであっても、社会福祉事業、介護サービス、医療行為、学校教育、住宅の貸付けなど、税負担を求めにくいものについても、社会政策上の配慮から非課税が定められています。

非課税は、課税除外の取扱いであり、何らの手続を要することなく課税の外におかれます。

事業者が行う資産の譲渡等が非課税とされた場合は、たとえその前段階に課税された消費税があっても、これを税額控除の対象とすることはできません。

また、国内取引に係る非課税に準じて、輸入貨物に係る非課税が定められています。

9 免 税

国内から国外に向けて行われる資産の譲渡等は、国外において行う消費を供給するものですから、仕向地課税主義の原則からすれば、輸出取引等に課税することはできません。

また、売上げに課税しなくてもその前段階の税を控除することができなければ、控除することができない税に相当する金額は輸出事業者のコストとなり、結果的に輸出品の価格上昇を招きます。そこで、輸出取引等については売上げに課税しない一方で、それに係る仕入れの税を控除する免税（いわゆる「0％課税」）の措置がとられています。

0％課税の取扱いを受けるのは、資産の輸出販売、国際輸送、非居住者に対する無形固定資産の譲渡など、輸出取引等として法令に定められたもののうち、輸出許可書等によりその証明がされたものです。

10 課税標準

国内取引の課税標準は、「課税資産の譲渡等の対価の額」です。

消費税は、消費に課税することを予定した間接税であり、課税標準として測定するべきは、消費者が消費のためにした支出の大きさということになります。したがって、譲渡等をする資産の時価ではなく、実際の取引において支払われた対価の額を課税標準としています。

また、輸入に係る消費税の課税標準は、輸入の際の引取価額（関税課税価格＋関税額＋個別消費税の額）とされています。

11 税 率

消費税の税率は、広く薄く負担を求める趣旨から、創設当時は3％とされていました。

その後、3度の税率引上げ、地方消費税の創設、軽減税率の導入があり、現在の税率は、次のようになっています。

区分	消費税の税率	地方消費税の税率		合計税率
		消費税率に換算		
標準税率	7.8%	消費税率の$\frac{22}{78}$	2.2%	10%
軽減税率	6.24%		1.76%	8%

12 納付税額の計算

　消費税は、事業者が行う取引について、生産から最終消費者への販売にいたる全段階において課税します。各取引段階において課税される税の累積を排除するために、その前段階で課された消費税額を控除する前段階税額控除の仕組みを採用しています。

　事業者が納付すべき消費税の額は、売上げに係る消費税額（課税標準額に対する税額）から仕入れに係る消費税額を控除して計算します。この仕入れに係る消費税額を控除する仕組みを「仕入税額控除」、控除する仕入れに係る消費税額を「控除対象仕入税額」といいます。

　また、課税標準額に対する消費税額の修正として、「売上対価の返還等に係る消費税額の控除（返還等対価に係る税額控除）」及び「貸倒れに係る消費税額の控除（貸倒れの税額控除）」があります。

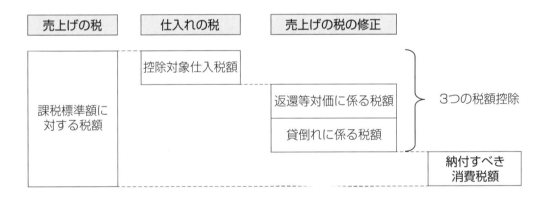

税額控除	適用要件
仕入税額控除	所定の事項を記載した帳簿及びインボイスの保存
返還等対価に係る税額控除	売上げに係る対価の返還等をした金額の明細を記録した帳簿の保存
貸倒れに係る税額控除	債権につき貸倒れの事実が生じたことを証する書類の保存

　3つの税額控除の額の合計額が課税標準額に対する税額を超える場合には、その超える部分の金額（控除不足額）は還付されます。

13 申告及び納付

国内取引の消費税は、申告納税方式を採用しています。

法人の申告及び納付の期限は課税期間の末日の翌日から2か月以内です。なお、申告期限を3か月以内に延長する制度が設けられています。

個人事業者の申告及び納付の期限は、翌年3月31日です。

輸入取引については、申告納税方式又は賦課課税方式により保税地域からの引取りの際に、申告及び納税を行うこととされています。

14 小規模事業者及び中小事業者に対する特例

納付すべき消費税を計算するためには、企業利益の計算や所得金額の計算のための経理処理に加えて、新たな事務負担が生じます。そこで、その事務負担を受忍できないと思われる小規模事業者及び中小事業者については、次のような特例制度が設けられています。

(1) 事業者免税点制度

国内取引に係る消費税は、すべての事業者を納税義務者とするのが原則ですが、その課税期間の基準期間における課税売上高が1,000万円以下である小規模事業者については、その課税期間に行った課税資産の譲渡等につき納税義務を免除することとされています（消法9①）。

ただし、基準期間における課税売上高が1,000万円以下であっても、インボイス発行事業者の登録をしている場合及び次の場合には、納税義務は免除されません（消法9〜12の4）。

・特定期間における課税売上高が1,000万円を超える場合

・課税事業者を選択した場合（2年間の継続適用）

・新設法人（基準期間がなく期首の資本金の額が1,000万円以上）である場合

・特定新規設立法人（基準期間がなく支配株主等の課税売上高が5億円超）である場合

・調整対象固定資産を取得した場合の特例の適用がある場合

・高額特定資産を取得した場合の特例の適用がある場合

・相続、合併、分割をした場合の特例の適用がある場合

・法人課税信託の特例の適用がある場合

納税義務が免除される事業者を免税事業者、納税義務が免除されない事業者を課税事業者と呼びます。

免税事業者は、納税義務そのものが免除されているため、たとえ還付税額が計算される場合であっても、還付申告書を提出することができません。還付申告書を提出するためには、事前に課税事業者となることを選択しておく必要があります（消法9④）。

　輸入の消費税については、事業者であるかどうかにかかわらず、輸入する貨物を引き取る者が納税義務者となり、納税義務を免除する制度はありません。

⑵　全額控除

　仕入税額控除の計算方法には、95％ルールによりその課税期間に非課税売上高がなかったものとする全額控除があります。95％ルールは、その課税期間の課税売上高が5億円以下である場合に適用されます。

⑶　簡易課税制度

　仕入税額控除については、複雑な区分と計算が必要であり、帳簿及びインボイスの保存が適用の要件とされています。

　簡易課税制度は、この納税事務負担を受忍することができない中小事業者に配慮して設けられた制度であり、基準期間における課税売上高が5,000万円以下である課税期間について、実際の課税仕入れ等についての計算を一切行わず、みなし仕入率によって控除対象仕入税額を計算する特例です。

　簡易課税に対して、本来の計算方法によって控除対象仕入税額を計算する方法を「一般課税」といいます。

⑷　小規模事業者に係る税額控除に関する経過措置（2割特例）

　令和8年9月30日の属する課税期間まで、免税事業者がインボイス発行事業者の登録をした場合は、売上税額の2割相当額を納付税額とする経過措置があります。

⑸　一定規模以下の事業者に係る事務負担軽減の経過措置（少額特例）

　令和11年9月30日まで、基準期間における課税売上高が1億円以下又は特定期間における課税売上高が5,000万円以下である事業者は、1万円未満の課税仕入れについて、インボイスの保存なしで帳簿のみの保存で仕入税額控除が認められる経過措置があります。

第2章

仕入税額控除制度の役割

1 前段階税額控除

　消費税は、一つの商品が消費者に届けられるまで流通の段階で取引のたびに課税されます。そして、税の累積を避けるため、その前段階で課税された消費税を排除する前段階税額控除方式を採用しています。

　すなわち、消費者に対する取引だけに限らず事業者間取引も含めてすべての取引を課税の対象とする一方で、納付税額の計算においては、その前段階で課税された消費税を排除する仕入税額控除を行うのです。

　消費税は、申告納税手続を行う事業者を通して、実質的に消費者が税を負担することが予定されている間接税ですから、消費に対する課税を実現するためには、税の転嫁が確実に行われなければなりません。この転嫁の手続が仕入税額控除です。

　したがって、仕入税額控除は、他の税においてみられるような一定の納税者に対する優遇や特典として存在する税額控除とは、その位置づけが異なります。売上げに係る消費税額と仕入れに係る消費税額とは車の両輪であり、そのいずれもが正しく把握されてこそ、納付すべき適正な税額の算定が可能となります。

2 転嫁の仕組み

(1) 仕入税額控除による税の排除

　消費税の転嫁の仕組みは、次のとおりです（便宜上、地方消費税を含む税率10％で計算しています）。

メーカー		卸売業者		小売業者		消費者	
課税売上	200	課税売上	300	課税売上	600		
課税仕入	0	課税仕入	200	課税仕入	300		
利益	200	利益	100	利益	300		
						支払額	660
売上税額	20	売上税額	30	売上税額	60		
仕入税額	0	仕入税額	20	仕入税額	30		
納付税額	20	納付税額	10	納付税額	30	税負担	60

13

各事業者は、売上げの税額から仕入れの税額を控除して納付税額を計算します。各事業者が納付した税額の合計額は、最終的に消費者が負担した税額と一致します。

メーカー　　卸売業者　　小売業者　　　合計

| 20 | + | 10 | + | 30 | = | 60 | （消費者が負担した税額と一致） |

(2)　非課税による隠れた税負担

非課税資産の譲渡等については、その前段階の課税仕入れは仕入税額控除の対象となりません。

卸売業者の売上げが非課税である場合を考えてみましょう。

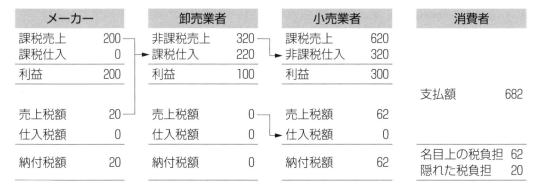

メーカー		卸売業者		小売業者		消費者	
課税売上	200	非課税売上	320	課税売上	620		
課税仕入	0	課税仕入	220	非課税仕入	320		
利益	200	利益	100	利益	300		
						支払額	682
売上税額	20	売上税額	0	売上税額	62		
仕入税額	0	仕入税額	0	仕入税額	0		
納付税額	20	納付税額	0	納付税額	62	名目上の税負担	62
						隠れた税負担	20

卸売業者がメーカーに支払った仕入税額は控除することができません。控除できない税額20は卸売業者のコストとなり、100の利益を確保するためには売値を320に設定しなければなりません。これを受けて小売業者の売値は620となり、これに消費税が課税されます。ここではタックス・オン・タックスとなって負担は増幅し、消費者は、全てが課税取引である場合よりも22多く支払うことになります。

メーカー　　卸売業者　　小売業者　　　合計

| 20 | + | 0 | + | 62 | = | 82 | （名目上の税負担62＋隠れた税負担20） |

このように、流通の過程に非課税が存在すると、隠れた税負担が生じることになります。

消費者の負担を増やさないためには、卸売業者が控除できない税額の分だけ利益を減らすしかありません。非課税は、事業者にとっても消費者にとっても、決して歓迎すべきものではないのです。特に、転々流通する物品について非課税を設定することは極力避けるべきであり、そのため、非課税には、必要に応じて譲渡を行う者を限定するといった要件が付されています。

(3)　免税事業者の存在による隠れた税負担

インボイスを交付しない免税事業者の価格設定は、本体価格に自身が課税仕入れにおい

て負担した消費税額等を加えることが標準であるとされています。財務省が考える「消費税の転嫁のあり方」は、次のとおりです。

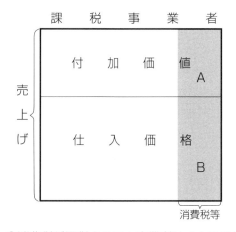

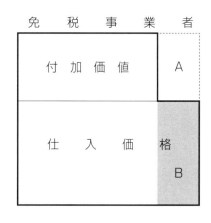

○消費税が課税されると事業者はA＋Bの値上げを行い、納税者としてAの納税を行う。
（Bは仕入価格が高くなるという形で負担済）

○免税事業者はAの納税を行う必要はないが、仕入価格が高くなるという形でBを負担しているので、その分の値上げを行う必要がある。
（免税事業者がBを超えてAの全部または一部に相当する転嫁を行う場合にのみ、いわゆる「益税」の問題が生ずることとなる。）

先に示した全てが課税取引である事例において、卸売業者が免税事業者である場合には、次のようになります。

メーカー		卸売業者 （免税事業者）		小売業者		消費者	
課税売上	200	課税売上	320	課税売上	620		
課税仕入	0	課税仕入	220	課税仕入	320		
利益	200	利益	100	利益	300		
						支払額	682
売上税額	20	売上税額	－	売上税額	62		
仕入税額	－	仕入税額	－	仕入税額	0		
納付税額	20	申告納税なし		納付税額	62	名目上の税負担	62
						隠れた税負担	20

　免税事業者である卸売業者は、課税仕入れについてメーカーに支払った消費税額の控除ができません。これをコストとして利益100を確保するために、売値を320に設定しなければなりません。

　小売業者は、卸売業者からの課税仕入れについて仕入税額控除を適用することができないため、300の利益を確保するために、売値を620に設定することになります。結果として、流通の過程に非課税が存在した場合と同様に、「隠れた税負担」20が生じ、消費者の負担

が増加することとなります。

　ただし、市場の価格競争にあって、卸売業者が本体価額を320に設定できるとは限りません。小売業者は課税事業者に比べて割高となる免税事業者からの仕入れを嫌うでしょう。提供する商品や技術の希少性、人手不足や供給不足といった事情がない限り、免税事業者である売手の希望が尊重されるケースは少ないと考えられます。

3 　付加価値税の性格

　仕入税額控除には、もうひとつ重要な論点があります。消費税は、前段階の税を控除することによって、付加価値税の性格をもつことになります。日本の消費税は、昭和40年頃からEU諸国の付加価値税を参考に研究されていました。

　付加価値とは、原材料の製造から製品の小売までの各段階において事業が国民経済に新たに付加した価値のことです（金子宏『租税法（24版）』805ページ、令和3年）。

　例えば、A材料を200円、B材料を100円で購入し、これらを加工して製品を製造し、1,000円で販売したとします。材料のままでは300円しか価値がなかったものが1,000円の製品となりました。これが付加価値です。

　また、問屋街に出かけて、10個入り1パックの商品を10,000円で仕入れ、商店街にある店舗に運び、一つずつ分けて陳列し、1個2,000円、計20,000円で販売したとします。事業者が行った一連の行為が、単価1,000円の商品の価値を2,000円に引き上げたことになります。これが付加価値です。付加価値を構成するのは、主に企業の利益と人件費ということになります。

　売上げに係る消費税額から仕入れに係る消費税額を控除する計算は、企業の付加価値に対する税額を算出する計算に等しく、各事業者が納付する付加価値に対する税額の総和は、最終消費者が負担する消費税の額と一致することになります。

第 3 章

課 税 売 上 割 合

　上述のとおり、非課税売上げについては、その前段階における仕入税額を控除することができません。課税仕入れ等の税額は、控除することができる税額（控除対象仕入税額）と控除できない税額（控除対象外消費税額等）とに区分されることになります。

　事業者には様々な売上げと仕入れがあり、控除対象仕入税額の計算は、相当に複雑になります。この計算の鍵となるのが、課税売上割合です。課税売上割合は、控除できない税額をゼロとする「全額控除」の適用を判断し、全額控除の適用がない場合には、具体的な計算に用いられます。

　課税売上高は、課税標準額を計算するために把握しなければなりません。これに加え、課税売上割合の計算要素となる免税売上高及び非課税売上高についても、正確に集計する必要があります。

売上げの区分	課税	免税	非課税	不課税
課税標準額	算入する	算入しない		
課税売上割合	計算要素となる			計算要素とならない
対応する課税仕入れ等	控除対象となる		控除対象とならない	控除対象となる部分がある

　※　「電気通信利用役務の提供」に係る課税売上割合の計算は、「第14章第1節　電気通信利用役務の提供」を参照してください。

第1節 課税売上割合の計算

　課税売上割合とは、その課税期間中に国内において行った資産の譲渡等の対価の額の合計額からその対価の返還等の金額の合計額を控除した残額のうちに、その課税期間中に国内において行った課税資産の譲渡等の対価の額の合計額からその対価の返還等の金額の合計額を控除した残額が占める割合をいいます（消令48①）。

　課税売上割合は、課税資産の譲渡等の対価の額に含まれる消費税額及び地方消費税額を除いて計算します（消令48①）。

課税売上割合

$$= \frac{\text{その課税期間中に国内において行った課税資産の譲渡等の対価の額の合計額（税抜き）} - \text{その課税期間中に国内において行った課税資産の譲渡等に係る対価の返還等の金額の合計額（税抜き）※}}{\text{その課税期間中に国内において行った資産の譲渡等の対価の額の合計額（税抜き）} - \text{その課税期間中に国内において行った資産の譲渡等に係る対価の返還等の金額の合計額（税抜き）※}}$$

$$= \frac{\text{税抜き課税売上高} + \text{免税売上高（税抜き対価の返還等の金額を控除）※}}{\text{税抜き課税売上高} + \text{免税売上高} + \text{非課税売上高（税抜き対価の返還等の金額を控除）※}}$$

　※　対価の返還等に係る課税資産の譲渡等を行った課税期間において免税事業者であった場合には、消費税等を含む金額となります。

① 課税売上割合の計算単位

Q 課税資産を販売する部門と非課税資産を販売する部門とがある場合、その部門ごとに課税売上割合を算出して、控除対象仕入税額の計算に用いることはできますか。

A その課税期間の課税売上割合は、一人の個人事業者、一の法人ごとに計算します（消法30⑥）。

部門ごとに事業内容が異なっており、それぞれ課税資産又は非課税資産を取り扱う場合には、部門ごとに課税売上割合を算出して控除対象仕入税額を計算した方が合理的と考えられるかもしれません。しかし、そのような場合であっても、事業所や支店、事業部門等の単位で課税売上割合を計算することはできません。

また、個人事業者においては、物品販売業を行う傍ら、不動産賃貸業を行っているなど、所得税において異なる所得区分となる事業を行っている例はよくありますが、その場合でも、これらの所得区分にかかわらず、すべての売上高の総額により、その個人事業者のその課税期間の課税売上割合を計算します。

なお、個別対応方式による場合において、部門ごとに算出した割合の方が課税売上割合よりも合理的であるときは、その合理的な割合を課税売上割合に準ずる割合として税務署長の承認を受け、控除対象仕入税額の計算に用いることができます（消法30③）。

② 非課税又は免税の対価の返還等

Q 課税売上割合の計算上、非課税売上げや免税売上げについても、対価の返還等の金額を控除するのですか。

A 課税売上割合の計算上、対価の返還等を控除するのは、値引きや割戻しを考慮した正味の売上高による計算を行うためです。したがって、課税売上高だけではなく、免税売上高又は非課税売上高についても、対価の返還等がある場合には、課税売上割合の計算上、これを控除します（消令48①）。

③　免税事業者であった課税期間に行った課税売上げの対価の返還等

> **Q**　課税売上げに係る対価の返還等については、税抜きの金額を売上高から控除するのですか。
>
> ---
>
> **A**　課税売上げについて対価の返還等があった場合には、課税売上割合の計算上、これを税抜きにして課税売上高から控除します。
>
> 　しかし、課税売上げを行った課税期間において免税事業者であった場合には、その課税売上げについて課税されていないため、その売上高に消費税等の額は含まれていないことになります。したがって、税抜処理をせず、その対価の返還等をした金額の全額を「資産の譲渡等の対価の額」及び「課税資産の譲渡等の対価の額」から控除します（消基通11－5－2）。
>
> | 課税売上割合の計算上控除する売上対価の返還等の金額 |
> |---|
> | 課税資産の譲渡等を行った課税期間に課税事業者であった場合
 …税抜処理をして控除する |
> | 課税資産の譲渡等を行った課税期間に免税事業者であった場合
 …税抜処理をしないで控除する |
>
> 　なお、免税事業者であった課税期間において行った課税売上げについては、課税事業者となった後に売上対価の返還等を行っても、売上対価の返還等に係る税額控除の規定は適用されません。

④　売上割引

> **Q**　売上割引は、支払利息に相当するものと認識していますが、課税売上割合の計算に影響しますか。
>
> ---
>
> **A**　売掛金がその支払期日前に決済されたことにより得意先に支払う売上割引は、会計上は、利子に準ずる性格があることから営業外費用に計上することとされています。
>
> 　しかし、消費税法において、利息に係る非課税取引は「利子を対価とする金銭の貸付け」と定義されており、債務者において買掛金等の金銭債務から非課税売上げとしての利息の受入れが発生するという考え方はなじみません。したがって、売上割引は売上対価の返還等とされ（消基通6－3－4、14－1－4）、課税売上割合の計算上も、課税売上げに係る売上割引は税抜処理を行ったうえ（免税事業者であった課税期

間の売上げに係るものは税抜処理しない）で分母及び分子の金額から控除し、非課税売上げに係る売上割引は分母の金額から控除することとされています。

⑤ 売掛金の支払免除

Q 得意先の業績が低迷していることから、長年の取引に対する感謝の意を表し、業績回復を支援する目的で、売掛金の一部につき、その支払を免除しました。この免除は、売上対価の返還等として、課税売上割合の計算から控除することになりますか。

A **(1) 寄附に該当する場合**

売上対価の返還等は、「国内において行った課税資産の譲渡等につき、返品を受け、又は値引き若しくは割戻しをしたことにより、当該課税資産の譲渡等の税込価額の全部若しくは一部の返還又は当該課税資産の譲渡等の税込価額に係る売掛金その他の債権の額の全部若しくは一部の減額」とされています（消法38①）。

また、課税資産の譲渡等に係る債権について更生計画認可の決定により債権の切捨てがあったこと等の事実が生じたため回収不能となったときには、貸倒れの税額控除の適用があるものとされています（消法39①）。

ご質問の売掛金の支払免除は、商品についての値引きや割戻しではなく、また、貸倒れの事実も生じておらず、得意先に対する寄附に相当するものと考えられます。したがって、これらの税額控除の規定は適用されません。

また、売上対価の返還等ではないため、課税売上割合の計算にあたっては、その免除した金額を課税売上高から控除する必要はありません。

(2) 被災者への支援である場合

なお、法人税においては、法人が、災害を受けた得意先等の取引先に対してその復旧を支援することを目的として災害発生後相当の期間内に債権の全部又は一部を免除した場合には、その免除したことによる損失の額は、寄附金の額に該当しないものとされています（法基通9－4－6の2）。

これを受け、消費税においても、このような被災を原因とする債権の免除については、売上対価の返還等があったものとして処理することが認められるものと考えられます。この場合には、課税売上割合の計算上、その免除した金額を控除します。

国税庁は、「災害に関する法人税、消費税及び源泉所得税の取扱いFAQ」として次のようなQ&Aを公表しています。

【売掛債権の免除】

[Q28]　被災した取引先に対して、その取引先が復旧過程にある期間内に復旧支援を目的として売掛金等の債権の全部又は一部を免除した場合、消費税法上はどのように取り扱われますか。

[A]　消費税の課税取引に係る売掛金等の債権の額の全部又は一部の減額により、売上げに係る対価の返還等を行った場合は、その返還等をした対価に含まれる消費税額を課税標準額に対する消費税額から控除することとされています（消法38①）。

　　したがって、法人が被災した取引先に対して、その取引先が復旧過程にある期間内に復旧支援を目的として売掛金等の債権（課税取引に係る債権に限ります。）の全部又は一部を免除した場合で、その売掛金の免除による損失の額が法人税法上の寄附金及び交際費等以外の費用とされるものについては、当該費用として処理した売掛債権に係る消費税額を、その処理した課税期間の課税標準額に対する消費税額から控除することができます。

　　なお、その場合、原則として取引先に対して適格返還請求書の交付が必要となります（消法57の4③）。

(注)　金銭の貸付けは不課税取引ですので、その貸付金の全部又は一部の返済を免除した場合は消費税の課税関係は生じません。

⑥　貸倒れと貸倒回収

Q　課税売上げについて貸倒れが生じた場合又はその貸倒金額の回収を行った場合には、課税売上割合に影響しますか。

A　課税売上げにつき貸倒れが生じた場合には、売上対価の返還等があった場合と同様に、貸倒れの税額控除の規定により、納付すべき消費税額から控除することとされています（消法39①）。

　しかし、課税売上割合の計算においては、売上対価の返還等とは違って、貸倒れの金額は、売上高から控除しません。

　また、貸倒れの税額控除の適用を受けた後に、その債権を回収した場合には、その回収した金額に係る消費税額は、控除過大調整税額として納付することとなりますが、

この場合も、課税売上割合の計算には影響しません。

⑦ 多額の対価の返還等により課税売上高が0となる場合

Q 前課税期間に販売した商品の瑕疵が発見され、当課税期間の売上高を超える多額の対価の返還等を行いました。課税売上割合の計算はどうなりますか。

A 課税売上割合の計算に用いる金額は、対価の返還等の金額を控除した「残額」と規定されているため（消令48①）、対価の返還等の金額の合計額がその課税期間の資産の譲渡等の対価の額の合計額を超える場合には、売上高を0として課税売上割合を計算することになります。

　ところで、課税売上割合は、一般に、分子を課税資産の譲渡等の対価の額、分母を資産の譲渡等の対価の額とする分数式で説明されますが、法令の規定ぶりは、「除する」という割り算ではなく、「占める割合」とされており（消法30⑥、消令48①）、この分数式は割り算ではありません。したがって、売上げが発生しない場合、又は対価の返還等の金額が売上高を上回ったことにより売上高が0となった場合であっても、「0で割ってはいけない」といった数学的な問題を考える必要はありません。

　売上高がないということは、上記の分数式に当てはめると、分子又は分母が0ということになります。この場合の課税売上割合を考えてみましょう。

　分子が0ということは、「課税資産の譲渡等の対価の額がない」ということなので、資産の譲渡等の対価の額の合計額のうちに、課税資産の譲渡等の対価の額の合計額の「占める割合」は、0％ということになります。

　分母が0で、分子に数値があるということは、課税資産の譲渡等及び非課税資産の譲渡等の対価の額の合計額以上の非課税資産の譲渡等に係る対価の返還等の額がある場合が想定されます。

　例えば、次のような場合です。

課税売上高　　　　100

非課税売上高　　　200

非課税値引き額　　300

→　資産の譲渡等の対価の額　　　（分母）　100＋200－300＝0

→　課税資産の譲渡等の対価の額（分子）　100

　そうすると、この課税期間においては、全体の売上高がなく、課税売上げだけが生じている、という少し奇妙な感じになります。しかし、非課税売上高はないわけです

から、100という課税売上高が全体に「占める割合」は、100％ということになります。

⑧　課税売上割合の端数処理

Q　課税売上割合の端数処理は四捨五入ですか。

A　前問のとおり、課税売上割合は割り算ではないため、割り切れない場合の端数処理をどうするかという考え方はなじみません。

　　ただし、便宜上、割り算として計算し、任意の位以下の数値を切り捨てることは認められています（消基通11－5－6）。

　　しかし、四捨五入や切上げは認められません。

第2節　計算の基礎となる取引

　課税売上割合の計算は、国内において行った資産の譲渡等の対価の額を基礎とします。

　資産の譲渡等とは、「事業として対価を得て行う資産の譲渡及び貸付け並びに役務の提供」をいいます（消法2①八）。すなわち、取引の相手方に資産を譲渡するなど何らかの給付をし、その見返りとして対価を受け取る行為が資産の譲渡等です。

　国内において行った資産の譲渡等は、課否判定としては、課税・免税・非課税のいずれかとなるものです。

　資産の譲渡等以外の取引から生じる収入を、一般に不課税収入といい、例えば、保険金収入、損害賠償金収入、寄附金収入などがこれにあたります。

　これらは、課税標準額の計算の基礎とならない点では非課税と同じ取扱いとなりますが、課税売上割合の計算にあたっては、非課税資産の譲渡等の対価の額と厳格に区分する必要があります。

資産の譲渡等	国内において行う資産の譲渡等	非課税資産の譲渡等以外	輸出取引等以外 課税	課税売上割合の計算の基礎
			輸出取引等 免税	
		非課税資産の譲渡等 非課税		
	国外において行う資産の譲渡等 不課税			
資産の譲渡等以外	「事業として対価を得て行う資産の譲渡及び貸付け並びに役務の提供」に該当しない取引 不課税 例えば次のような収入は、資産の譲渡等の対価の額に該当しない。 保険金、共済金、寄附金、見舞金、祝金、補助金、助成金、借家人が家主から受ける立退料、受取配当金、利益の分配金等、損害賠償金等			

課税、免税、非課税区分について、よく見られる誤りに、次のようなものがあります。

① 銀行預金の受取利息、使用人に対する貸付金の利息を非課税売上げに計上していない。

② 受取配当金を非課税売上げに計上している。

③ 雑収入に計上された売上げが内容にかかわらず不課税とされている。

④ 課税仕入れとするべき費用を課税売上げから控除している。

⑤ 仕入対価の返還等とするべき仕入先からの販売促進費の受取りを非課税売上げとしている。

⑥ 輸出証明等の保存がないのに免税売上げとしている。

⑦ 輸出業者からの下請け業務であり自己が輸出していないのに免税売上げとしている。

⑧ 株券等の譲渡について、その譲渡対価の5％相当額ではなく譲渡利益の金額を非課税売上げとしている。

⑨ 土地の譲渡について、その譲渡対価の額ではなく譲渡利益の金額を非課税売上げとしている。

⑩ 社宅の家賃収入を非課税売上げに計上していない。

1 資産の譲渡等

「資産の譲渡等」の範囲を明らかにすることは、「資産の譲渡等」以外の取引から生じる

収入、すなわち、課税売上割合の計算に算入してはいけない金額を明らかにすることです。

(1) 事業として

　法人はその種類を問わず事業者となり（消法2①四）、法人が行う取引は営利を目的として行ったかどうかにかかわらず、そのすべてが事業として行った取引となります（消基通5－1－1（注2））。

　したがって、事業性の判断は、個人が行う取引に限った論点です。「事業として」とは、対価を得て行われる資産の譲渡及び貸付け並びに役務の提供が反復、継続、独立して行われることをいいます（消基通5－1－1）。また、反復、継続、独立して行われていなくても、事業の用に供している建物の売却など、その性質上事業に付随して行われるものも「事業として」に該当することになります（消令2③、消基通5－1－7）。

(2) 資産とは

　資産とは、取引の対象となる一切の資産をいい、棚卸資産又は固定資産のような有形資産のほか、権利その他の無形資産が含まれます（消基通5－1－3）。

　すなわち、資産とは、売買や貸付けが可能なすべての財産です。

(3) 譲渡とは

　譲渡とは、有償、無償を問わず、資産の同一性を保持しつつ、その所有権が他に移転することをいいます（消基通5－2－1）。したがって、資産の販売や売却のほか、資産の交換や贈与、現物出資等も譲渡の一形態と位置づけられています。

　ただし、贈与等の無償の譲渡は、対価の額がないため課税の対象となりません。

資産の譲渡		対　価　の　額
売　買　取　引	一般的な資産の譲渡	売買代金
特殊な譲渡	収　　用　国や地方公共団体が土地等を強制的に取得	対価補償金の額
	代物弁済　借入金を返済する代わりに商品等を引き渡す	借入金の額
	負担付贈与　残ローンを返済する条件で車などを贈与	残ローンの額
	現物出資　金銭以外（土地や建物、有価証券等）による出資	受け取る株式の時価
	交　　換　物と物とを交換	受け入れた資産の時価

　また、資産の譲渡はその原因を問いません。例えば、他の者の債務の保証を履行するために行う資産の譲渡や強制換価手続により換価された場合であっても、自己の保有する資産を他に移転した場合は、資産の譲渡に該当することになります（消基通5－2－2）。

⑷ 貸付けとは

　資産の貸付けとは、資産を他者に貸し付けたり使用させたりすることであり、資産に係る権利の設定その他他の者に資産を使用させる一切の行為が含まれます（消法2②、消令1③）。

　「資産に係る権利の設定」とは、例えば、土地に係る地上権若しくは地役権、特許権等の工業所有権に係る実施権若しくは使用権又は著作物に係る出版権の設定をいいます（消基通5－4－1）。

　また、「資産を使用させる一切の行為」とは、例えば、次のものをいいます（消基通5－4－2）。

⑴　特許権等の工業所有権並びにこれらの権利に係る出願権及び実施権（工業所有権等）の使用、提供又は伝授

⑵　著作物の複製、上演、放送、展示、上映、翻訳、編曲、脚色、映画化その他著作物を利用させる行為

⑶　工業所有権等の目的になっていないが、生産その他業務に関し繰り返し使用し得るまでに形成された創作（特別の原料、処方、機械、器具、工程によるなど独自の考案又は方法についての方式、これに準ずる秘けつ、秘伝その他特別に技術的価値を有する知識及び意匠等をいう。）の使用、提供又は伝授

⑸ 役務の提供とは

　役務の提供とは、土木工事、修繕、運送、保管、印刷、広告、仲介、興行、宿泊、飲食、技術援助、情報の提供、便益、出演、著述その他のサービスを提供することをいい、弁護士、公認会計士、税理士、作家、スポーツ選手、映画監督、棋士等によるその専門的知識、技能等に基づく役務の提供もこれに含まれます（消基通5－5－1）。

⑹ 対価を得てとは

　「対価を得て」とは、資産の譲渡、貸付け、役務の提供に対して反対給付を受けることをいいます。

　消費税は、事業者の売上げを通して消費の担税力を測定するものですから、消費する側の支出があるもの、すなわち対価の支払を受けるものであることが、課税の要件となります。

　金銭以外の物その他の経済的利益を受け入れた場合も、対価を得て行う取引となります。

　消費税は、資産の譲渡、貸付け、役務の提供とその反対給付である対価とが交換される取引を課税の対象としています。

2　資産の譲渡等の対価の額

(1)　対価の額

　資産の譲渡等の対価の額は、「対価として収受し、又は収受すべき一切の金銭又は金銭以外の物若しくは権利その他経済的な利益の額であり、課税資産の譲渡等につき課されるべき消費税額及び当該消費税額を課税標準として課されるべき地方消費税額に相当する額を含まないもの」とされています。

　したがって、譲渡等をした資産の時価にかかわりなく、当事者間で授受することとした金銭の額であり、金銭以外の物や権利を取得した場合には、その取得した物や権利の取得時の時価となります（消令45①、消基通10-1-1）。

(2)　みなし譲渡の対価の額

　法人が自社の役員に対して資産を贈与した場合、個人事業者が事業用資産を家事のために消費し又は使用した場合には、対価を得て行う資産の譲渡とみなされ、その資産の時価を譲渡の対価として認識します（消法4⑤、28③）。これをみなし譲渡といいます。

　課税資産についてみなし譲渡の対象となる取引を行った場合には、その資産の時価を課税標準額に算入するとともに、課税売上割合の計算においても課税売上高に算入します。

　みなし譲渡に係る資産が非課税資産である場合には、課税売上割合の計算において、その資産の時価が非課税売上高に算入されます。

　なお、みなし譲渡をした資産が棚卸資産である場合には、その棚卸資産の販売価額の50％相当額又は課税仕入れ等の金額に相当する金額のいずれか大きい金額を売上高とすることができます（消基通10-1-18）。

(3)　低額譲渡の対価の額

　低額譲渡とは、法人が自社の役員に対し、資産を時価の50％相当額未満の金額で譲渡することをいいます（消基通10-1-2）。法人が行う取引が低額譲渡に該当する場合には、その譲渡の現実の対価の額ではなく、その低額譲渡を行った資産の時価を売上高として、課税標準額又は課税売上割合を計算します（消法28①）。

　棚卸資産については、販売価額の50％相当額以上の支払があっても、その金額がその棚卸資産の課税仕入れ等の金額に満たない場合には、低額譲渡となります。

　なお、個人事業者には、低額譲渡の取扱いはありません。

3　内外判定

　消費税は、資産の譲渡等を国内取引と国外取引とに区分します。

課税売上割合は、国内において行った資産の譲渡等の対価の額を基礎に算定します。

その資産の譲渡等が、国内において行われたものであるかどうかは、資産の種類ごと、役務の提供ごとに定められています。

なお、輸出は、輸出の許可を受けて国内から国外へ貨物を送り出すことをいい、輸出の許可を受ける時には貨物は国内に所在することから、国内取引の一形態と認識されます。

(1) 資産の譲渡又は貸付けの内外判定

資産の譲渡又は資産の貸付けについては、その譲渡又は貸付けを行った時にその資産が所在していた場所により、内外判定を行います（消法4③一）。

譲渡又は貸付けの時に資産が所在していた場所	国内……国内取引
	国外……国外取引

不動産以外の資産は、その所在場所が移転するため、譲渡又は貸付けの時はいつか、ということがポイントになります。

① 譲渡の場合

譲渡については、原則として、その資産を引き渡した時が譲渡の時となることから、譲渡資産を引き渡した場所で判断します。

譲渡をする者、譲渡を受ける者がともに国内の事業者であっても、国外に所在する資産の譲渡をした場合には、国外取引となります（消基通5－7－10）。

また、事業者が国外において購入した資産を国内に搬入することなく他へ譲渡した場合には、その経理処理の如何を問わず、国外取引となります（消基通5－7－1）。

② 貸付けの場合

資産の貸付けについても、貸付資産を引き渡した場所で判断します。貸し付けた資産の所在場所が引渡しの後に移動した場合においても、その判定は変わりません。ただし、契約において貸付資産の使用場所が定められている場合にはその定めにより、また、契約に定めた使用場所を合意変更した場合にはその変更の前後に分けて契約内容により、判断します（消基通5－7－12）。

③ 特殊な資産の譲渡又は貸付け

次の資産については、その譲渡又は貸付けの時における資産の所在場所を明確に判断することが困難である等の理由から、それぞれ、個別にその判定場所が定められています（消令6①、消基通5－7－2～9、5－7－11）。

資　産　の　種　類		判　定　場　所
船舶	登録する船舶	登録機関の所在地 （譲渡者が非居住者である日本船舶の譲渡等一定の場合には国外取引）
	登録のない船舶	譲渡又は貸付けに係る事務所等の所在地
航空機	登録する航空機	登録機関の所在地
	登録のない航空機	譲渡又は貸付けに係る事務所等の所在地
鉱業権		鉱業権に係る鉱区の所在地
租鉱権		租鉱権に係る租鉱区の所在地
採石権その他土石を採掘、採取する権利		採石権等に係る採石場の所在地
特許権、実用新案権、意匠権、商標権、回路配置利用権、育成者権（これらの権利を利用する権利を含む。）		これらの権利の登録をした機関の所在地（同一の権利について複数の国において登録をしている場合には、譲渡又は貸付けを行う者の住所地）
著作権（出版権及び著作隣接権その他これに準ずる権利を含む。）、特別の技術による生産方式（いわゆるノウハウ）及びこれに準ずるもの		譲渡又は貸付けを行う者の住所地
法令や行政指導による登録等に基づく営業権、漁業権、入漁権		権利に係る事業を行う者の住所地
金融商品取引法2条1項に規定する有価証券等（ゴルフ場利用株式等を除く。）		振替機関の所在地（振替機関がない場合は有価証券の所在地（有価証券に表示されるべき権利については当該権利に係る法人の本店又は主たる事務所等の所在地））
登録国債		登録国債の登録をした機関の所在地
合名会社、合資会社、合同会社の社員の持分、協同組合等の組合員又は会員の持分その他法人の出資者の持分、株主又は投資主となる権利、優先出資者となる権利、特定社員又は優先出資社員となる権利その他法人の出資者となる権利		当該持分に係る法人の本店又は主たる事務所等の所在地（持分等については振替機関等が取り扱う場合は振替機関の所在地）
貸付金、預金、売掛金その他の金銭債権（ゴルフ場利用の預託金銭債権を除く。）		金銭債権に係る債権者の譲渡に係る事務所等の所在地
ゴルフ場利用株式等、ゴルフ場利用の預託金銭債権		ゴルフ場その他の施設の所在地
船荷証券		その証券に表示されている荷揚地
上記以外の資産でその所在していた場所が明らかでないもの		譲渡又は貸付けを行う者の譲渡又は貸付けに係る事務所等の所在地

※　住所地とは、住所又は本店若しくは主たる事務所の所在地をいいます（消令6①一）。

⑵　役務の提供の内外判定

①　原　則

　役務の提供については、その役務の提供を行った場所により、内外判定を行います（消法4③二）。

役務の提供を行った場所	国内……国内取引
	国外……国外取引

②　特殊な役務の提供

　その役務の提供が、次に該当する場合には、それぞれ次に掲げる場所により判定します（消令6②）。

　なお、電気通信利用役務の提供については、「第14章第1節　電気通信利用役務の提供」を参照してください。

役務の提供の種類	判定場所
国 際 輸 送	旅客の出発地又は到着地、貨物の発送地又は到着地
国 際 通 信	発信地又は受信地
国 際 郵 便	差出地又は配達地
保　　　険	保険事業を営む者（代理店を除く）の保険の契約の締結に係る事務所等の所在地
専門的な科学技術に関する知識を必要とする調査、企画、立案、助言、監督又は検査に係る役務の提供で生産設備等の建設又は製造に関するもの	建設等に必要な資材の大部分が調達される場所
上記以外で国内及び国外の地域にわたって行われる役務の提供その他の役務の提供が行われた場所が明らかでないもの	役務の提供を行う者の役務の提供に係る事務所等の所在地

⑶　利子を対価とする金銭の貸付け

　金銭の貸付けや預金又は貯金の預入れ等は、その貸付け等を行う者のその貸付け等に係る事務所等の所在地が国内にあるかどうかにより判定を行います（消令6③）。

①　資産の譲渡等の対価以外の収入の具体例

> **Q**　資産の譲渡等以外の収入には、例えばどのようなものがありますか。

A 資産の譲渡等以外の取引から生じた収入は、課税売上割合の計算に影響しません。

　資産の譲渡等以外の取引から生じた収入とは、資産の譲渡、貸付け、役務の提供を行わない場合に受ける収入であり、例えば次のようなものがあります。

資産の譲渡等以外の収入の例	
保険金又は共済金	保険事故の発生に伴い受けるもの（消基通5－2－4）
損害賠償金	心身又は資産につき加えられた損害の発生に伴い受けるもの（ただし、その実質が資産の譲渡等の対価に該当すると認められるものを除く）（消基通5－2－5）
容器等の保証金等	容器等込みで資産を引き渡す際に収受し、空の容器等を返却したときは返還することとされている保証金等（消基通5－2－6）
建物等の賃貸借契約の解除に伴う立退料	建物等賃貸人から賃借人へ、契約の解除に伴い賃貸借の権利が消滅することに対する補償、営業上の損失又は移転等に要する実費補償として支払われるもの（消基通5－2－7）
剰余金の配当、利益の配当、剰余金の分配	株主又は出資者たる地位に基づき、出資に対する配当又は分配として受けるもの（消基通5－2－8）
自己株式の取得と処分	証券市場での買入れを除き資本等取引となる（消基通5－2－9）
収用に係る補償金のうち対価補償金以外のもの	収益補償金、休業補償金、移転補償金、その他対価補償金たる実質を有しない補償金（消基通5－2－10）
寄附金、祝金、見舞金等	寄附金等として受領した金銭が実質的に資産の譲渡等の対価を構成すべきものと認められるときを除く（消基通5－2－14）
補助金、奨励金、助成金等	国又は地方公共団体等から受ける特定の政策目的の実現を図るための給付金（消基通5－2－15）
下請先に対する原材料等の支給	無償支給及び外注先等に対する原材料等の有償支給のうちその支給に係る原材料等を自己の資産として管理するもの（消基通5－2－16）

② 収用に係る補償金

Q 土地を収用された場合の対価補償金、建物に係る移転補償金等の額は、課税売上割合を計算する売上高に算入しますか。

A (1) 対価補償金
「資産の譲渡」とは、資産につきその同一性を保持しつつ他人に移転すること

をいい、単に資産が消滅したという場合はこれに含まれません。

　土地収用法等に基づく資産の収用は、原権利者の資産の所有権その他の権利はいったん消滅し、起業者（収用をする者）がその権利を原始取得するものと解されます。したがって、その資産につきその同一性を保持しつつ他人に移転することとみることはできず、収用は、本来、「資産の譲渡」には当たらないということになります。しかし、起業者がその権利を取得し、その資産をそのまま使用するという実態に着目すれば、実質的には資産の譲渡と変わらないことから、消費税法施行令2条2項は、原権利者が収用の目的となった資産の所有権その他の権利を取得する者から、その収用によって消滅する権利の対価として対価補償金を取得した場合には、「対価を得て資産の譲渡」を行ったものとして取り扱うことを定めています。

　したがって、土地を収用されその対価として補償金を受け取る行為は課税の対象となり、その対価補償金の額が非課税売上高となります。

(2) 移転補償金

　土地の収用にあたって、その土地の上にある建物の移転を要請され、その建物の移転に係る移転補償金が支払われることがあります。この移転補償金を受け取り、実際には建物を移転せず取り壊した場合、収用される側にとっては、資産がなくなって補償金を受け取ったわけですから、その建物に係る移転補償金は土地の収用に係る対価補償金と何ら変わるものではありません。しかし、建物に係る移転補償金は、収用によって権利が消滅したことの対価ではありません。建物は、所有者において取り壊され、収用されることはなかったわけですから、消費税法施行令2条2項に定める「資産の譲渡」にあたらず、課税の対象となりません（消基通5－2－10）。

　したがって、建物に係る移転補償金は不課税の収入とし、土地に係る対価補償金は非課税売上げとしてその課税期間の課税売上割合の計算に算入することになります。

課税の対象とならない補償金
①　事業について減少することとなる収益又は生ずることとなる損失の補てんに充てるものとして交付を受ける補償金
②　休廃業等により生ずる事業上の費用の補てん又は収用等による譲渡の目的となった資産以外の資産について実現した損失の補てんに充てるものとして交付を受ける補償金
③　資産の移転に要する費用の補てんに充てるものとして交付を受ける補償金
④　その他対価補償金たる実質を有しない補償金
（注）　公有水面埋立法の規定に基づき公有水面の埋立てによる漁業権又は入漁権の消滅若しくはこれらの価値の減少に伴う補償金は、補償金を支払う者はこれらの権利を取得せず、資産の移転がないことから、資産の譲渡等の対価に該当しない。

　なお、法人税においては、建物の移転補償金であっても、その建物を取り壊したときは、その移転補償金をその建物の対価補償金とみなす取扱いがあります（措置法通達64(2)－8）が、これは、所得の金額の計算にあたり、法所定の特例の適用範囲を

定めるものであって、そのことが消費税の課税対象の範囲を定める規定の解釈に影響することはありません（札幌地裁平成17年11月24日判決）。

⑶　収用の請求により収用された場合

　ただし、土地収用法78条は、物件を移転することが著しく困難である場合等には、その収用を請求することができるものとしています。本来移転すべき建物であっても、土地収用法78条による収用の請求が認められ、収用された場合には、起業者が収用の後にこれを利用することなく取り壊すものであっても、その補償金は、消費税法施行令2条2項に規定する「権利の消滅に係る補償金」に該当します。

③　商品を引き取らせた場合の損害賠償金

> **Q** 事故により損害を受けた商品を引き取らせて受け取った損害賠償金は、不課税の収入としてよろしいですか。
>
> ────────────────────────
>
> **A** 損害賠償金が不課税の収入となるかどうかは、その内容を確認して判断することとなります。
>
> 　例えば、損害を受けた商品（課税資産）を引き取らせた上で損害賠償金を受け取った場合において、その商品がそのまま又は軽微な修理で使用できるものであるときは、損害賠償の名目であっても、実質的には資産の譲渡を行ったものとなり、受領した損害賠償金は、課税資産の譲渡等の対価となります（消基通5-2-5）。
>
> 　したがって、その損害賠償金の額は課税標準額の計算の基礎となり、課税売上割合の計算においても、課税資産の譲渡等の対価の額に算入することとなります。
>
> 　なお、引き取らせた商品が、そのまま又は軽微な修理で使用できるものではなく、廃棄されるべきものである場合には、その商品の引取りは損害賠償の一環として廃棄物の処理をさせるものであるため、その損害賠償金は対価性のない収入となります。
>
> 　また、商品を引き取らせることなく損害賠償金を受領した場合には、資産の譲渡がありませんから、商品の損傷の程度にかかわらず、対価性のない収入となります。

④　特許権の無断使用による損害賠償金

> **Q** 当社は、日本で登録した特許権を有していますが、これを無断で使用され、裁判を経て、その無断使用による遺失利益を補てんする損害賠償金を受け取りました。この損害賠償金は、国内における資産の譲渡等の対価となりますか。

A 　約束していた資産の譲渡や貸付けが行われなかった場合には、その取引の消滅に伴う遺失利益を賠償するため、損害賠償金が支払われるものと思われます。これは、資産の譲渡や貸付けが行われなかったことを原因として授受するものであることから、資産の譲渡等の対価ではありません。ただし、損害賠償金という名目であっても、資産の譲渡や貸付けの事実に基づくものである場合には、資産の譲渡等の対価となります。

　貴社は、有する特許権を無断使用され、その無断使用によって失われた利益を補てんするものとして、損害賠償金を受け取っています。そうすると、自ら望んだわけではありませんが、結果として、特許権を他者に使用させ、その使用料に見合う金銭を受け取ったことになります。

　したがって、その損害賠償金が実質的に特許権の使用料と考えられる場合には、資産の譲渡等の対価となります。

　日本のみで登録された特許権は、その譲渡又は貸付けは国内で行われたものとなります。日本のみで登録されている場合の判定に、その取引の当事者の本店がどこにあるかは関係ありません。特許権の内外判定については、第3章第4節 〈Q&A〉 ②特許権の貸付けに係る内外判定と免税の判定 を参照してください。

⑤　サービス品の進呈、自社使用

Q 　宣伝のためにサービス品を進呈する場合、法人においては、みなし譲渡となるのでしょうか。

A 　法人のみなし譲渡は、自社の役員に対する贈与に限られています。したがって、広告宣伝のために他者に対して行うサービス品の進呈はみなし譲渡に該当しません。

　また、試験研究等のために商品や原材料等を消費し使用することは、資産の譲渡等に該当しない行為です（消基通5−2−12）。

第3節　非課税資産の譲渡等

　事業者が行う資産の譲渡等が非課税とされた場合は、そのために行った課税仕入れ等は、控除できないものに区分しなければなりません。また、非課税資産の譲渡等対価の額は、課税売上割合の計算上、分母の金額に算入されます。

　したがって、非課税資産の譲渡等は、課税標準額の計算には関係しませんが、控除対象仕入税額の計算のために、正確に把握する必要があります。

　非課税となるのは、次の13項目です（消法別表二）。

非課税取引（税の性格上、課税の対象としてなじまないもの）
(1)　**土地の譲渡及び貸付け** 　　土地、土地の上に存する権利の譲渡及び貸付け 　　※貸付けの契約期間が１か月未満であるものを除く 　　※施設の利用に伴って土地が使用される場合の貸付けを除く
(2)　**有価証券等の譲渡** 　　金融商品取引法２条１項に規定する有価証券（国債証券、社債券、株券等）、これらの有価証券に表示されるべき権利、合名会社、合資会社、合同会社の社員の持分、協同組合等の出資者持分、貸付金、預金、売掛金その他の金銭債権等の譲渡。外国為替及び外国貿易法６条１項７号に規定する支払手段（紙幣、硬貨、小切手、手形等）の譲渡 　　※株主方式及び預託金方式のゴルフ会員権、船荷証券等の譲渡を除く 　　※収集品及び販売用の支払手段の譲渡を除く
(3)　**利子を対価とする金銭の貸付け等** 　　利子を対価とする金銭の貸付け、預貯金の預入れ、集団投資信託、償還差損益を得る債権の取得、手形の割引、合同運用信託等の信託報酬を対価とする役務の提供、金銭債権の譲受けその他の承継（包括承継を除く）、割賦手数料を対価とする役務の提供、有価証券の貸付け、保険料を対価とする役務の提供、保証等
(4)　**郵便切手類、印紙、証紙及び物品切手等の譲渡** 　　郵便切手類の譲渡については日本郵便株式会社等が行うものに限る 　　印紙及び証紙の譲渡については地方公共団体等が行うものに限る 　　物品切手等の譲渡については譲渡する者を限定しない
(5)　**行政サービス及び外国為替業務** 　　国、地方公共団体、公共法人等が法令に基づいて行う登記、認可、承認、検査、証明等の事務の手数料、裁判所の執行官又は公証人の手数料を対価とする役務の提供 　　外国為替取引、対外支払手段の発行、対外支払手段の売買又は債権の売買

非課税取引（社会政策的配慮に基づくもの）
(6) **社会保険医療** 　　健康保険法等の規定に基づく医療、療養、看護、その他公費負担医療、自動車事故の被害者に対する損害賠償額の支払に係る療養等としての資産の譲渡等
(7) **社会福祉事業、介護サービス** 　　第1種社会福祉事業、第2種社会福祉事業、更生保護事業 　　介護保険法の規定に基づく居宅介護サービス費の支給に係る居宅サービス、施設介護サービス費の支給に係る施設サービス等
(8) **助　産** 　　医師、助産師等による助産に係る資産の譲渡等
(9) **火葬・埋葬** 　　埋葬料又は火葬料を対価とする役務の提供
(10) **身体障害者物品の譲渡等** 　　厚生労働大臣が告示した身体障害者用物品の譲渡、貸付け、修理等
(11) **教育として行う役務の提供** 　　学校教育法に規定する学校等が学校等における教育として行う役務の提供
(12) **教科用図書の譲渡** 　　検定済教科書、文部科学省が著作名義を有する教科用図書の譲渡
(13) **住宅の貸付け** 　　契約又は状況により居住用であることが明らかな建物の貸付け 　　※旅館業に該当するものを除く 　　※契約期間が1か月未満のものを除く

① **非課税の対象となる土地の範囲**

 譲渡又は貸付けが非課税となる土地の範囲は、どのように定められていますか。

A 譲渡又は貸付けが非課税となる土地及び土地の上に存する権利の範囲は、次のとおりです（消基通6−1−1～2）。

区　分	非課税となるもの	非課税とならないもの
土　地	・土地 ・宅地と一体として譲渡する庭木、石垣、庭園、庭園の附属設備等	・宅地とともに譲渡する建物及びその附属施設 ・立木その他独立して取引の対象となる土地の定着物
土地の上に存する権利	・地上権、土地の賃借権、地役権、永小作権等の土地の使用収益に	・鉱業権、土石採取権、温泉利用権及び土地を目的物とした抵当権

	関する権利	・採石法、砂利採取法等の規定により認可を受けて行われるべき土石等の採取に係る権利

　したがって、土地そのものの譲渡や貸付けが非課税となるほか、借地権の設定の対価や更新料、名義書換料も土地の貸付けに係る非課税売上げとなります（消基通 6 － 1 － 3 ）。

②　非課税とならない土地の貸付け

Q　土地の貸付けのうち、非課税とならないものがありますか。

A　土地の貸付けのうち、次のものは非課税となりません。したがって、その対価の額は、課税資産の譲渡等の対価の額として課税標準額の計算の基礎となり、課税売上割合の計算上、分母分子の金額に算入されます。

(1)　1 か月未満の土地の貸付け

　その土地の貸付けに係る期間が 1 か月に満たない場合には、非課税となりません（消令 8 ）。

　「土地の貸付けに係る期間が 1 か月に満たない場合」に該当するかどうかは、その土地の貸付けに係る契約において定められた貸付期間によって判定します（消基通 6 － 1 － 4 ）。

　合意した契約において 1 か月以上の貸付けであった場合には、契約の後に生じた何らかの事情により、結果的に 1 か月未満の貸付けとなったときであっても、非課税として取り扱います。

(2)　建物等の施設の貸付けを行う場合の敷地の使用

　施設の利用に伴って土地が使用される場合におけるその土地を使用させる行為は、土地の貸付けから除かれます。例えば、建物、野球場、プール又はテニスコート等の施設の利用が土地の使用を伴うことになるとしても、その土地の使用は、非課税となる土地の貸付けに該当しません（消令 8 、消基通 6 － 1 － 5 ）。建物等の貸付けに係る対価と土地の貸付けに係る対価とに区分しているときであっても、その対価の額の合計額が建物等の貸付けに係る対価の額となります（消基通 6 － 1 － 5 ）。

　これに対して、土地建物を一括で譲渡した場合には、建物部分と土地部分とを合理的に区分し、建物部分については課税、土地部分については非課税とします（消基通 10 － 1 － 5 ）。

③ 保険代理店収入

> **Q** 保険の代理店収入、集金事務手数料は、非課税売上げですか。

> **A** 保険料を対価とする役務の提供は非課税です（消法別表二3号）。
> ただし、保険代理店が収受する代理店手数料又は保険会社等の委託を受けて行う損害調査又は鑑定等の役務の提供に係る手数料は、課税資産の譲渡等の対価に該当します（消基通6－3－2）。
> また、給与等の支払者が、生命保険料を給与から天引きし保険料の集金を代行することに対する集金事務手数料は、保険会社から手数料として支払われる場合、保険料の割引を行うことによって割引前の保険料との差益を得る場合等がありますが、いずれも課税売上げとなります。

④ 課税資産の販売のみを行う事業者

> **Q** 当社は、課税資産である商品の販売を行う会社です。非課税売上げはどのようなものが生じますか。

> **A** 本来の業務から非課税売上げが生じる事業者においては、その本来業務から生じる非課税売上げは、十分検討され、適正に把握されているものと思われます。例えば、金融業における受取利息、不動産貸付業における住宅や土地の賃貸料、不動産販売業における土地の販売収入、病院等における診療報酬、介護事業者における介護保険収入、学校における授業料などです。
> 他方、本来業務から生じる売上げが課税売上げである事業者においては、非課税売上げのほとんどは金融取引から生じるものと考えられ、金融取引が課税売上割合を左右するといえます。
> 課税売上割合の計算上、金融取引、特に有価証券等取引については、特別の取扱いが定められており、注意が必要です。

⑤ 非課税となる金融取引

> **Q** 非課税となる金融取引の範囲を説明してください。

A おおむね次のものを対価とする資産の貸付け又は役務の提供が、金融取引に係る非課税の範囲です（消令10、消基通6-3-1）。

非課税となる金融取引に係る対価

(1) 国債、地方債、社債、新株予約権付社債、投資法人債券、貸付金、預貯金の利子
(2) 信用の保証料
(3) 合同運用信託、公社債投資信託又は公社債等運用投資信託の信託報酬
(4) 保険料（厚生年金基金契約等に係る事務費用部分を除く）
(5) 集団投資信託、法人課税信託又は退職年金信託若しくは特定公益信託等の収益の分配金
(6) 相互掛金又は定期積金の給付補填金及び無尽契約の掛金差益
(7) 抵当証券（これに類する外国の証券を含む）の利息
(8) 割引債（利付債を含む）の償還差益
(9) 手形の割引料
(10) 金銭債権の買取又は立替払に係る差益
(11) 割賦販売、ローン提携販売、包括信用購入あっせん又は個別信用購入あっせんの手数料（契約においてその額が明示されているものに限る）
(12) 割賦販売等に準ずる方法により資産の譲渡等を行う場合の利子又は保証料相当額（その額が契約において明示されている部分に限る）
(13) 有価証券（ゴルフ場利用株式等を除く）の賃貸料
(14) 物上保証料
(15) 共済掛金
(16) 動産又は不動産の貸付けを行う信託で一定の特約がつけられたものの利子又は保険料相当額（契約において明示されている部分に限る）
(17) リース取引に係るリース料のうち、利子又は保険料相当額（契約において利子又は保険料の額として明示されている部分に限る）

⑥ 非課税となる有価証券等の範囲

Q その譲渡が非課税となる有価証券等の範囲を説明してください。

A 有価証券等の譲渡は非課税とされています（消法別表二2号）。

株券等の有価証券の発行は、出資金の払込みによる株主等の持分を証するために行われるものです。金銭による出資は、資産の譲渡等にはあたらないことから、消費税の課税の対象とはなりません。

他方、すでに発行されている有価証券の譲渡は、資産である有価証券を他の者に引き渡して対価を収受する行為ですから資産の譲渡等にあたり、非課税の規定が適用されます。

その譲渡が非課税となる有価証券等には、おおむね次のものが該当します（消基通6-2-1）。

その譲渡が非課税となる有価証券等	
(1) 金融商品取引法2条1項《定義》に規定する有価証券	イ　国債証券
	ロ　地方債証券
	ハ　農林中央金庫の発行する農林債券その他の特別の法律により法人の発行する債券
	ニ　資産流動化法に規定する特定社債券
	ホ　社債券（相互会社の社債券を含む）
	ヘ　日本銀行その他の特別の法律により設立された法人の発行する出資証券
	ト　優先出資法に規定する優先出資証券
	チ　資産流動化法に規定する優先出資証券又は新優先出資引受権を表示する証券
	リ　株券又は新株予約権証券
	ヌ　投資信託法に規定する投資信託又は外国投資信託の受益証券
	ル　投資信託法に規定する投資証券若しくは投資法人債券又は外国投資証券
	ヲ　貸付信託の受益証券
	ワ　資産流動化法に規定する特定目的信託の受益証券カ　信託法に規定する受益証券発行信託の受益証券
	ヨ　CP(金融商品取引法2条に規定する定義に関する内閣府令2条に規定するコマーシャルペーパー)
	タ　抵当証券法に規定する抵当証券
	レ　外国債、海外CPなど外国又は外国の者の発行する証券又は証書でイからリまで又はヲからタまでの性質を有するもの
	ソ　外国の者の発行する証券又は証書で銀行業を営む者その他の金銭の貸付けを業として行う者の貸付債権を信託する信託の受益権又はこれに類する権利を表示するもの
	ツ　オプションを表示する証券又は証書
	ネ　預託証券
	ナ　譲渡性預金（払戻しについて期限の定めがある預金で、指名債権でないもの）の預金証書のうち外国法人が発行するもの
(2) (1)に類するもの	イ　(1)イからヨまで及びレ（タに掲げる有価証券の性質を有するものを除く）に掲げる有価証券に表示されるべき権利で有価証券が発行されていないもの
	ロ　合名会社、合資会社又は合同会社の社員の持分、協同組合等の組合員又は会員の持分その他法人（人格のない社団等、匿名組合及び民法上の組合を含む）の出資者の持分
	ハ　株主又は投資主（投資信託法2条16項に規定する投資主をいう）となる権利、優先出資者（優先出資法13条の優先出資者をいう）となる権利、特定社員（資産流動化法2条5項に規定する特定社員をいう）又は優先出資社員（同法26条に規定する優先出資社員をいう）となる権利その他法人の出資者となる権利
	ニ　貸付金、預金、売掛金その他の金銭債権

※　居住者が発行する譲渡性預金証書は預金に該当します。

※　(2)イには、例えば、消令1条2項3号《登録国債》に規定する登録国債、社債、社債等振替法の規定による振替口座簿の記載又は記録により定まるものとされるもの、株券の発行がない株式、新株予約権、優先出資法又は資産流動化法に規定する優先出資証券の発行がない優先出資及び投資信託法に規定する投資証券の発行がない投資口が該当します。

また、紙幣や硬貨等は、資産の譲渡等の対価を支払う手段であり、これを相手方に引き渡したことをもって消費税の課税関係が発生するというのは、一般の理解になじみません。そこで、これら支払手段の譲渡は非課税とされています。ただし、収集や販売の対象となる古銭や記念硬貨等は、それ自体が商品となることから、その譲渡は課税資産の譲渡等となります。

⑦ 課税売上割合の計算上分母の金額に算入する金額

Q 金融取引等を行った場合に、課税売上割合の計算上、非課税売上高に算入すべき金額はどうなりますか。

A 金融取引又は有価証券取引を行った場合に、課税売上割合の計算上、非課税売上高に算入するべき金額を一覧表にまとめると、次のようになります（消法30②⑥、消令6①九、9①一、48、消基通11－2－11）。なお、いずれもゴルフ会員権等を除きます。

1．債券

区　　分			非課税売上高に算入する金額
振替機関（振替機関がない場合は券面）の所在地が国内	債務者が居住者	債券の譲渡	譲渡対価の5％相当額
		債券の償還 利子の受取り	償還差益、利子の額
	債務者が非居住者	債券の譲渡	譲渡対価の5％相当額
		債券の償還 利子の受取り	償還差益、利子の額（免税となるため、課税売上高にも算入）
振替機関（振替機関がない場合は券面）の所在地が国外	債務者が居住者	債券の譲渡	算入しない（不課税）
		債券の償還 利子の受取り	償還差益、利子の額
	債務者が非居住者	債券の譲渡	算入しない（不課税）
		債券の償還 利子の受取り	償還差益、利子の額（免税となるため、課税売上高にも算入）
振替機関の取扱いも券面の発行もない債券	権利を発行した法人の本店が国内	債券の譲渡	譲渡対価の5％相当額
		債券の償還 利子の受取り	償還差益、利子の額
	権利を発行した法人の本店が国外	債券の譲渡	算入しない（不課税）
		債券の償還 利子の受取り	償還差益、利子の額（免税となるため、課税売上高にも算入）

２．株式

区　分		非課税売上高に算入する金額
振替機関（振替機関がない場合は券面）の所在地が国内である株式の譲渡		譲渡対価の５％相当額
振替機関（振替機関がない場合は券面）の所在地が国外である株式の譲渡		算入しない（不課税）
振替機関の取扱いも券面の発行もない株式の譲渡	株式を発行した法人の本店が国内	譲渡対価の５％相当額
	株式を発行した法人の本店が国外	算入しない（不課税）
利益の配当、剰余金の分配		算入しない（不課税）

３．金銭債権等

区　分		非課税売上高に算入する金額
支払手段の譲渡		算入しない
暗号資産（仮想通貨）の譲渡		算入しない
資産の譲渡等の対価として取得した売掛金等の金銭債権の譲渡		算入しない
貸付金、預金、売掛金等（資産の譲渡等の対価として取得したものを除く）、その他の金銭債権の譲渡		譲渡対価の５％相当額
貸付金、預金、売掛金等、その他の金銭債権を譲り受けて回収	債務者が居住者	償還、弁済等の差益の額
	債務者が非居住者	償還、弁済等の差益の額（免税となるため、課税売上高にも算入）
利子の受取り	債務者が居住者	利子の額
	債務者が非居住者	利子の額（免税となるため、課税売上高にも算入）

　以下の **Q&A** において、これらの一覧表の詳細を説明しています。また、免税となるものについては、「第４節　輸出取引等」を参照してください。

⑧　利益の配当、剰余金の分配

Q 利益の配当、剰余金の分配を受けた場合、非課税売上げとなりますか。

A 受取配当金は、課税売上割合の計算に含めません。

　利益の配当、剰余金の分配は、株主又は出資者たる地位に基づき、出資に対する配当又は分配として受けるものであり、資産の譲渡等の対価ではありません（消基

通 5 - 2 - 8）。

⑨ 利子、手形の受取割引料

Q 貸付金、預貯金、公社債等の利子の取扱いはどうなりますか。

A 利子等の全額を非課税売上高に算入します。
　　利子を対価とする金銭の貸付けは、非課税資産の譲渡等に該当します。
　金銭の貸付けや預貯金の預入れによる受取利息、公社債等の利子の他、前渡金等に係る利子のように、その経済的実質が貸付金に係る利子であるものは、利子を対価とする資産の貸付けに該当します（消基通 6 - 3 - 5）。

⑩ 預金利息に係る非課税売上高

Q 預金利息は、源泉所得税及び源泉復興特別所得税の額が控除されて入金されます。消費税は実際の取引額により売上高を認識するとのことですから、非課税売上高とするべき金額は、この入金額でよいのですか。

A 銀行等が源泉所得税及び源泉復興特別所得税の額を控除するのは、利息の支払にあたり、源泉徴収義務があるからです。
　貴社が銀行等に預金を預け入れたことによって発生した利子の額は、源泉所得税及び源泉復興特別所得税の額が控除される前の金額ですから、控除前の利子等の全額を非課税売上高に算入します。

⑪ 使用人等に対する貸付金

Q 次の利息は、課税売上割合の計算上、非課税売上げとなりますか。
　(1)　使用人に対する貸付金につき収受した利息
　(2)　役員に対する無利息貸付金につき法人税において認定した利息

A **(1)　使用人に対する貸付金につき収受した利息**
　　利子を対価とする金銭の貸付けは、その目的や相手にかかわらず非課税資産の譲渡等に該当します。したがって、使用人に対して金銭を貸し付け収受した利息は、課税売上割合の計算上分母の金額に算入します。

(2) 役員に対する無利息貸付金につき法人税において認定した利息

　法人税においては、役員に対する無利息貸付けについては、利息相当額を計算し益金の額に算入するものとされています。この利息相当額の認定は、法人が役員に無利息で金銭を貸し付けた場合に行うものですから、現実の取引として利息の支払はありません。したがって、法人税において益金の額に算入した金額は、消費税における非課税売上げではありません。

⑫　金銭債権の譲渡

Q　金銭債権を譲渡した場合に課税売上割合の計算はどうなりますか。

A　金銭債権の譲渡は、非課税売上げです。
　　ただし、商品等の販売を行い、その対価として取得した売掛金等を譲渡した場合には、その譲渡対価の額は、課税売上割合の計算上、非課税売上高に算入しません（消令48②二）。商品販売の際に売上げを認識し、売掛金等の譲渡の際にも非課税売上げを認識すれば、実質的に一つの商品販売について二度の売上げの認識を行うことになるからです。
　しかし、他の者が行った資産の譲渡等に係る売掛債権等を譲り受けたものや貸付金等の譲渡については、その取得の際又は貸付け等を行う際には売上げが認識されていません。この場合には、有価証券等の譲渡と平仄を合わせ、その譲渡対価の5％相当額を非課税売上高として課税売上割合を計算します。
　また、受取手形は「支払手段」であり、受取手形の裏書譲渡や割引が課税売上割合に影響することはありません（消令48②一）。

⑬　金銭債権の譲受け

Q　金銭債権を譲り受けた場合の取扱いはどうなりますか。

A　貸付金、預金、売掛金等の金銭債権（ゴルフ会員権等を除く）を譲り受けた場合には、その償還差益、弁済差額、立替差益等の額を非課税売上高として課税売上割合の計算に算入します。
　貸付金その他の金銭債権の譲受けその他の承継（包括承継を除く）は、資産の譲渡等となります（消令2①四）。債権等の譲受けが資産の譲渡等になるのは、これが利

子を対価とする金銭の貸付けにあたるからです。譲り受けた債権については、その債権の回収をした時に売上げが実現することなり、その取得の対価と回収額との差額を非課税売上高とします（消令48④）。

　なお、譲り受けた債権であっても、回収をせずに他に譲渡した場合には、その譲渡による対価の額の5％相当額を非課税売上高として課税売上割合を計算します。

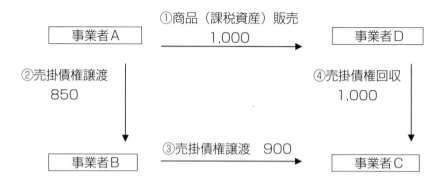

　上記の取引において、

　事業者Aは、①の商品販売により1,000を課税売上高に算入します。②の債権譲渡の収入850は、資産の譲渡等の対価として取得した金銭債権の譲渡であるため、非課税売上高に算入しません。

　事業者Bが行った③の売掛債権の譲渡は、自己が行った資産の譲渡等の対価として取得したものの譲渡でありませんから、その譲渡対価の額900の5％相当額45を非課税売上高に算入します。

　事業者Cは、譲り受けた債権の回収をしたものであるため、③による譲受けの対価と④による回収額との差額100を非課税売上高に算入します。

⑭　遅延損害金

> **Q**　次の遅延損害金は、非課税売上げになりますか。
> ①　貸付金の返済が遅れた場合の遅延損害金
> ②　売掛金の支払が遅れた場合の遅延損害金
>
> ---
>
> **A**　貸付金の返済遅延による遅延損害金のうち、遅延期間に応じて一定の利率に基づき算定されるものは、貸付期間の延長に伴う利息に相当するものであり、非課税売上げとなります。
> 　その債権が、課税資産の譲渡等による売掛金であっても同様です。

⑮ 国債、社債等の償還差損益

Q 国債、社債等の償還差損益は非課税売上高に算入しますか。

A 国債、社債等の償還に係る差益の額は非課税売上高に算入し、差損の額は非課税売上高から控除します。

　債権の取得は、利子を対価とする金銭の貸付けに該当し、利払いを受けた場合の利息や割引債を償還した場合の償還差益は、非課税売上高となります。

　また、債権の償還に当たって償還差損が生じた場合には、その償還差損はマイナスの非課税売上高となります（消令48⑥）。債権の償還差損が生じる場合には、通常、それを上回る利息の受取があり、これらが相殺された金額が、正味の運用益と考えられるからです。

　法人税においては、法人が取得した有価証券は、売買目的有価証券、満期保有目的等有価証券、その他有価証券に区分され（法令119の2②）、売買目的有価証券以外の有価証券で償還期限及び償還金額の定めのある有価証券については、償還有価証券として償還までの期間に応じた調整差益の額又は調整差損の額を益金の額又は損金の額に算入することとされています（法令139の2①）。消費税法上、非課税となる償還差益には、各事業年度における法人の所得の金額の計算において、益金の額に算入した調整差益のすべてが含まれます（消令10③六、消基通6-3-2の2）。

　償還差益の計上の時期は、原則としてその償還が行われた日ですが、その調整差益の額をその計上した課税期間の非課税資産の譲渡等の対価とすることもできます（消令10③六、消基通9-1-19の2）。

　なお、償還を待たず他に売却した場合は、その売却収入の5％相当額を非課税売上高に算入します（消令48⑤）。

　また、転換社債の株式への転換は、社債の償還と新たな出資の払込みという2つの取引が同時に行われたことになります。

⑯ 有価証券等の内外判定

Q 国外の事業者への有価証券の譲渡や外国株式の譲渡は、国外取引ですか。

A 有価証券の内外判定は、原則として、その有価証券の振替機関の所在地により判定します。

　平成18年5月の会社法の施行により株式は株券不発行が原則となっており、有価証

券の取引は振替制度によるペーパーレスが一般化しています。株券の発行がない株式は、消費税法施行令9条1項1号に掲げる権利に該当します。その権利の譲渡が国内取引に該当するかどうかは、その権利の振替機関等の所在地により判定することとされています（消令6①九ハ、ニ）。

国内外の複数の振替機関等により取り扱われている場合には、その売買の決済に際して、振替に係る業務が国内の振替機関やこれに係る口座管理機関で行われるものについては国内取引となり、それ以外のものは国外取引となります。

振替機関等が取り扱わない有価証券は、券面の発行があるものはその券面の所在地により、券面の発行がない権利については、その権利を発行した法人の本店等の所在地によって判定します（消令6①九ハ、ニ）。

有価証券の区分		内外判定基準
振替機関が取り扱う ● 上場株式 ● 振替債　等		振替機関の所在地
振替機関が取り扱わない ● 非上場株式 ● 振替債以外の債券	券面発行なし	その権利を発行した法人の本店等の所在地
	券面発行あり	有価証券の所在地

⑰　株の譲渡

Q　株の譲渡を行った場合の課税売上割合の計算はどうなりますか。

A　国内において行った株式の譲渡は、有価証券の譲渡に該当し非課税売上げとなります（⑯　有価証券等の内外判定 を参照してください）。有価証券の譲渡は、それが繰り返し行われた場合には膨大な非課税売上げの計上につながることから、預金利息等との平仄を合わせる趣旨で、その譲渡対価の5％相当額を非課税売上高に算入して課税売上割合を計算するものとされています（消令48⑤）。

この取扱いを受ける有価証券は、金融商品取引法2条1項に規定する有価証券及びこれらの有価証券に表示されるべき権利、株主又は投資主となる権利等であり、株券や株券の発行のない株式、社債券、国債証券、登録国債等、現先取引以外の海外CD、CPがこれに当たります（⑥　非課税となる有価証券等の範囲 を参照してください）。これらの有価証券の譲渡が信用取引に係るものであっても同様の取扱いとなります。

合資会社、合名会社、合同会社、協同組合等の持分は、一般に、運用益を得るため

に売買を行う対象とは考えられないため、これらの持分の譲渡については、その全額が課税売上割合の計算の基礎となります。

　また、ゴルフ場利用株式は非課税となる有価証券から除かれており、国債等の現先取引は別に取扱いが定められています。

⑱　ゴルフ会員権の譲渡

Q　ゴルフ会員権の譲渡収入は、どのように取り扱いますか。

A　ゴルフ会員権の譲渡収入は、その全額を課税売上高に算入します。
　ゴルフ会員権の法的性質は、ゴルフ場施設の優先的利用権、預託金返還請求権及び会費納入の義務等が一体となった契約上の地位と解され（最高裁第三小法廷昭和50年7月25日判決）、その譲渡が非課税となる有価証券等から除かれています（消法別表二2号、消令9②、消基通6-2-2）。したがって、ゴルフ会員権の譲渡については、預託金に相当する金額も含めて課税売上高に算入します。
　ゴルフ場を経営する事業者が行う買入償還に応じた場合の譲渡も課税取引です。
　ただし、ゴルフ場施設利用権等が消滅し、預託金返還請求権のみとなった場合に、これを行使してそのゴルフ場を経営する事業者から預託金の返還を受けたときには、その預託金の返還は金銭債権の回収であり、課税対象外取引となります。

⑲　現先取引

Q　現先取引を行った場合の取扱いについて説明してください。

A　債券等の売買に際して、売買の目的たる債券等と同種、同量の債券等を将来の所定期日に所定の価額（所定の計算方法により算出される価額を含む）で買い戻すこと又は売り戻すことを内容とする特約を付した債券等の条件付売買取引を「現先取引」といいます。
　現先取引は、債券を担保として行う金融取引であり、有価証券の譲渡は資産の譲渡等として認識せず、その約定価格の差額を金銭の貸付けの利息と考えます。
　買現先取引（売り戻すことを約する買付け）は、債券を担保に資金を貸し付ける行為です。その約定価格の差額は受取利息にあたり、売戻価格から買付価格を控除した金額を非課税売上高とします。なお、買付価格が売戻価格を超える場合には、その差

額は、非課税売上高から控除します（消令48③）。

　売現先取引（買い戻すことを約する売付け）は、債券を担保に資金の借入れを行う行為です。したがって、その約定価格の差額は支払利息にあたり、課税売上割合の計算に算入する金額はありません（消令48②三）。

買現先取引	・資金の貸付けにあたる ・約定価格の差額を利息として非課税売上高に算入する
売現先取引	・資金の借入れにあたる ・非課税売上げは生じない

⑳　自己株式の取得と処分

Q　法人が行う自己株式の取得と処分について説明してください。

A　法人が自己株式を取得する場合における株主から法人への株式の引渡し及び法人が自己株式を処分する場合における他の者への株式の引渡しは、いずれも資本取引であり、資産の譲渡等に該当しません。

　したがって、その自己株式に係る法人及び株主のいずれにおいても、課税売上割合の計算上、非課税売上高に算入する必要はありません。

　ただし、株主から法人へのその法人の自己株式の譲渡が、証券市場において行われる場合には、その株主においては、資本の払戻しではなく、通常の株式の譲渡として非課税資産の譲渡等を認識します（消基通5－2－9）。

㉑　船荷証券等の譲渡

Q　船荷証券の譲渡は非課税ですか。

A　非課税となる有価証券等には、船荷証券（B/L：Bill of Lading）は含まれません。船荷証券は運送人が荷送人との運送契約に基づき貨物を預かったことを証明するものであり、金融商品取引法に規定する有価証券ではなく、また、有価証券に類するものにも掲げられていません。船荷証券の譲渡は、その証券に表象されている貨物の譲渡となります。

　したがって、船荷証券を譲渡した場合の内外判定は、その譲渡の時における船荷証券に表象されている貨物の所在場所によって判断するのが原則です。しかし、輸送中

の貨物の所在場所を確認して内外判定を行うには様々な問題が生じることから、その船荷証券に表示されている「荷揚地」（PORT OF DISCHARGE）が国内である場合には、その船荷証券の譲渡については、その写しの保存を要件として国内取引と判断することができるものとされています（消基通5－7－11）。したがって、その船荷証券の譲渡をどこで行ったにかかわらず、その証券に表示された荷揚地が国内の港である場合には、国内において行った資産の譲渡等に該当し、課税の対象となります。

この場合、船荷証券に表象された貨物は、まだ日本に到着する前の貨物あるいは輸入の許可を受ける前の貨物ですから、船荷証券の譲渡は外国貨物の譲渡に該当し、輸出免税の対象となります（消法7①二）。

なお、荷揚地が国外の港である場合には国外取引に該当し、課税対象外となります（消基通5－7－11）。

㉒ 借上げ家賃から控除する社宅の賃貸料

Q 当社は、建物一棟を社宅として借り上げ、契約に基づき、毎月100万円の賃料を支払っています。

使用人への社宅の貸付けに係る賃料は、毎月、各使用人の給与明細に記載して徴収していますが、その総額は80万円と借上げ家賃よりも低額であることから、これを借上げ家賃（費用）から減額する会計処理を行っています。

したがって、会計上、家賃収入として認識している金額はありませんので、この社宅の貸付けに係る非課税売上高はないものとして課税売上割合を計算してよろしいですか。

A 貴社において行った会計処理の方法にかかわらず、使用人から徴収した賃料を非課税売上高として課税売上割合を計算します。

消費税は、個々の取引について、課税の対象外、非課税、免税、課税の判断を行います。

貴社が社宅として借り上げた建物につき支払う借上げ家賃は、家主にとって、住宅の貸付けの対価であり、その貸付けは非課税資産の譲渡等に該当しますから、貴社において、その借上げ家賃は課税仕入れの対価ではありません。

また、貴社が使用人に社宅を貸し付ける行為も非課税資産の譲渡等に該当しますから、その賃料は貴社において非課税売上げとなります。

これらの取引は、それぞれ別の契約による独立した取引ですから、たとえ、会計上、その賃料収入を認識せず、費用を減額する処理を行っていても、課税売上割合の計算においては、使用人から受け取った賃料を非課税売上高に計上する必要があります。

第4節 輸出取引等

　国内から国外に向けて行われる資産の譲渡等は、国外において行う消費の供給です。仕向地課税主義の原則からすればこのような取引に課税することはできず、輸出取引等は免税とされています。

　輸出取引等については、売上げに課税しない一方で、それに係る仕入れの税を控除する免税（いわゆる「0％課税」）の措置がとられています。

　したがって、課税売上割合の計算上は、その対価の額を分母分子の金額に算入し、輸出取引等のために要した課税仕入れ等は、課税売上対応の課税仕入れ等に区分します。

1 輸出取引等の範囲

　0％課税の取扱いを受けるのは、次の取引のうち、輸出許可書や契約書等により輸出取引等であることが証明されたものです（消法7、消令17、消基通7－2－1、措置法85～86の2）。

輸出取引等の範囲
(1)　本邦からの輸出として行われる資産の譲渡又は貸付け
(2)　外国貨物の譲渡又は貸付け
(3)　国際輸送
(4)　外航船舶等の譲渡又は貸付けで船舶運航事業者等に対するもの
(5)　外航船舶等の修理で船舶運航事業者等の求めに応じて行われるもの
(6)　専ら国際輸送又は国外輸送用に供されるコンテナーの譲渡、貸付けで船舶運航事業者等に対するもの又はその修理で船舶運航事業者等の求めに応じて行われるもの
(7)　外航船舶等の水先、誘導等の役務の提供等で船舶運航事業者等に対するもの
(8)　外国貨物の荷役、運送、保管、検数又は鑑定等の役務の提供
(9)　国際通信又は国際郵便
(10)　非居住者に対する無形固定資産等の譲渡又は貸付け
(11)　非居住者に対する役務の提供で次に掲げるもの以外のもの 　　イ　国内に所在する資産に係る運送又は保管 　　ロ　国内における飲食又は宿泊 　　ハ　イ又はロに準ずるもので国内において直接便益を享受するもの
(12)　外交官等に対する一定の資産の譲渡等その他一定のもの

2 　非課税資産の輸出取引等

　非課税資産の譲渡等が消費税法7条に規定する輸出取引等に該当するもの（非課税資産の輸出取引等）として行われた場合には、仕入税額控除の計算にあたっては、その非課税資産の輸出取引等は、課税資産の輸出取引等とみなして、その譲渡対価の額を課税売上高として課税売上割合を計算し、その非課税資産の譲渡等のために要した課税仕入れ等は、課税資産の譲渡等にのみ要するものに区分されます（消法31①）。

　この取扱いは、輸出を証明する書類の保存が要件となっており、有価証券、支払手段、金銭債権の譲渡については、適用除外とされています（消法31①、消令51①）。

　非課税資産の輸出取引等には、例えば、国内において非居住者から貸付金の利息を受け取る行為や、国内において外国債に係る利息を受け取る行為が該当します。

　利子を対価とする金銭の貸付けの内外判定は、その貸付けを行う者のその貸付けを行う事務所等の所在地によります。外国銀行の外国預金口座への預金の預入れや非居住者に対する金銭の貸付けであっても、債権者のその貸付けに係る事務所等が国内にあれば、国内取引となります。したがって、国内において非居住者から貸付金の利息を受け取る行為は、非課税資産の譲渡等であり（消法6①、別表二3号、消令6③）、さらに、消費税法7条に規定する輸出取引等にも該当することになります（消令17③）。

3 　国外への資産の移送

　課税売上割合は、国内において行った資産の譲渡等によって計算することとされているため、国外において行った資産の譲渡等があっても、その対価の額は課税売上割合の計算に含まれません（消令48①、消基通11－5－4）。

　他方、輸出取引等は、国内において行った課税資産の譲渡等に該当し、その対価の額は課税売上割合の計算に算入されます（消基通11－5－4）。

　国内において仕入れた商品について、国内から国外の者に対して直接商品を輸出販売した場合も、国外の支店に移送してその支店において商品を販売した場合も、国内で仕入れた商品を国外の消費者に販売するものという点では変わりがありません。したがって、国外の支店にいったん移送して販売した場合であっても、輸出取引等に係る免税の取扱いと同様に控除対象仕入税額の計算を行うものでなければ、結果的に、国外の消費者に日本の消費税を負担させることとなります。

　こうしたことから、控除対象仕入税額の計算に当たっては、国外において行う資産の譲渡等又は国外における自己の使用のためにする資産の輸出について、これを課税資産の譲渡等に係る輸出取引等とみなし、その輸出する資産の本船甲板渡し価格を課税売上割合の分母及び分子に算入し（非課税資産であっても分子に算入する）、その資産の課税仕入れ

等は課税資産の譲渡等にのみ要するものに区分することとされています。

この取扱いについては、輸出を証明する書類の保存が要件になっています（消法31②）。

また、これに該当する取引を恣意的に行って課税売上割合を操作することを防止するため、有価証券、支払手段、金銭債権の譲渡については、適用除外とされています（消法31②、消令51①）。

① 国外取引と輸出取引

> **Q** 国外において行う資産の譲渡等と輸出として行う資産の譲渡等とは、どのように違うのですか。
>
> ---
>
> **A** 課税売上割合は、国内において行った資産の譲渡等によって計算することとされています。国外において行った資産の譲渡等があっても、その対価の額は課税売上割合の計算に含まれません（消令48①、消基通11－5－4）。
>
> 他方、輸出取引等は、国内において行った課税資産の譲渡等に該当し、その対価の額は課税売上割合の計算に算入されます（消基通11－5－4）。
>
> 事業者が国内で仕入れた商品を国外の者に譲渡する場合に、次の2つの取引を行ったとします。
>
> ① 国内にある商品を販売し、これを相手方の納品先である国外に運び出して引き渡す取引
>
> ② あらかじめ国外に運び出した商品を国外で販売する取引
>
> ①は、国内にある商品を販売したものですから国内取引と判定され、さらに相手方に引き渡すために商品の輸出の許可を受けて国外に送り出すものですから「本邦からの輸出として行う資産の譲渡」に該当し、輸出免税の対象となります。
>
> 他方、②の取引は、商品を国外に運び出した後に譲渡したものですから、内外判定は国外となり、国外における資産の譲渡等となります。この場合には、前ページの「**3** 国外への資産の移送」の取扱いがあります。

② 特許権の貸付けに係る内外判定と免税の判定

> **Q** 当社は、日本国内に本店をおく内国法人です。
>
> 当社は、複数の外国で登録した特許権を有しており、これを外国企業に使用させる使用許諾契約を締結し、使用料を受け取っています。
>
> これは、国外で登録した特許権の国外事業者への貸付けですから、課税対象外とな

るのでしょうか。

A 特許権等の登録をすることによって発生する権利は、原則として、その権利の登録機関の所在地により内外判定を行います。ただし、排他独占的にその権利を実施するためには、日本だけではなく、関係諸国においても登録しておくことが多いと思われます。このような複数国で登録をした特許権等については、その譲渡又は貸付けを行う者の住所地（法人の場合には本店所在地）が国内にあるかどうかにより、国内取引であるかどうかを判定します。

　したがって、内国法人である貴社が行う特許権の貸付けは、

① 　日本のみで登録しているものである場合には国内取引

② 　日本以外の一つの国で登録したものである場合には国外取引

③ 　複数の国で登録したものである場合には、たとえ日本で登録していなくても、貴社の本店所在地により国内取引

と、それぞれ判断します。

　なお、国内取引と判断した貸付けが、非居住者に対して行われる場合には、輸出取引等に該当することになるので、契約書等の保存を要件に、輸出免税の適用を受けることとなります。

③　非居住者への貸付金に係る受取利息

Q 事業者Ａは、非居住者である債務者Ｂに対する貸付金に係る利息を受け取り、その後その債権を非居住者である事業者Ｃに譲渡しました。

課税売上割合の計算はどうなりますか。

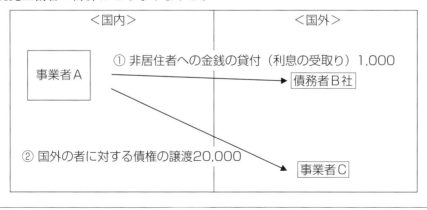

A ①の非居住者からの利息の受取りは、非課税資産の輸出取引等に該当し、その利息収入1,000を課税売上高として課税売上割合の計算を行うことになります。

この取扱いは、仕入税額控除の計算において定められたものであり、この1,000を課税標準額に算入することはありません。

②の貸付債権の譲渡は、非課税資産の輸出取引等の特例の適用の対象から除かれる金銭債権の譲渡です。その譲渡対価の額20,000の5％相当額を非課税売上高として課税売上割合の計算を行います。

※　非居住者とは、外国為替及び外国貿易法6条1項6号に規定する非居住者をいいます（消令1②二）。

④　国外支店への商品等の移送

Q 当社は、国内にある本社から英国支店に、次の資産を送りました。
①　英国支店で使用する備品
②　英国支店で販売する商品（課税資産及び非課税資産）

A ①②の資産の輸出は、いずれも国外において行う資産の譲渡等又は国外における自己の使用のためにする資産の輸出に該当し、課税資産の譲渡等に係る輸出取引等とみなして、仕入税額控除の規定を適用することとなります。

①の備品及び②の商品に係る本船甲板渡し価格は課税売上割合の計算上、課税売上高に算入します。

なお、商品には、国内で販売すれば非課税となるものもあるようですが、その非課税資産に係る本船甲板渡し価格についても、課税資産と同様に課税売上高に算入します。

その備品又は商品に係る国内での課税仕入れは、課税売上対応の課税仕入れ等に区分します。

第4章

適格請求書等保存方式（インボイス制度）の概要

　インボイス制度は、「適格請求書発行事業者登録制度」（いわゆる事業者登録制度）を基礎としています。適格請求書発行事業者（インボイス発行事業者）には、仕入れを行う課税事業者からの求めに応じ、インボイスを交付し、その写しを保存する義務があります（消法57の4①）。

　仕入税額控除は、原則として、インボイス発行事業者から交付を受けたインボイスの保存及び帳簿の保存が適用の要件となります（消法30①⑦）。

売手（インボイス発行事業者）	買手
インボイスを交付し、その写しを保存する義務がある	帳簿及びインボイスの保存が仕入税額控除の要件となる

　インボイスは、売手がその取引に係る消費税を申告納付する証拠として機能し、売手による納税義務の履行を前提に、買手における控除の権利が確保されることになります。

　ただし、業種や取引の特殊性を考慮して、一定の範囲で「インボイスの保存を要しない取引」が設けられています（第7章第3節**3**(1)参照）。

登録制度	・課税事業者は、登録拒否要件に該当する場合を除き、申請により、随時、税務署長の登録を受けることができる 【経過措置】 　6年間 … 免税事業者は登録申請書の提出により課税期間の途中で登録可能（課税事業者選択届出書不要） 　3年間 … 免税事業者が登録した場合は、納付税額を売上税額の2割とすることが可能（2割特例）
インボイスの交付	・インボイス発行事業者にはインボイスの交付義務がある（交付義務の免除あり） ・小売業者等はインボイスに代えて簡易インボイスを交付することができる ・1万円以上の売上対価の返還等には返還インボイスの交付義務がある ・電子インボイスの提供が可能である ・免税事業者など登録していない事業者はインボイスの交付ができない ・不正交付（偽インボイス）に対する罰則がある

仕入税額控除	・原則として、帳簿及びインボイスの保存が仕入税額控除の適用要件 ・免税事業者など登録していない者からの仕入れは仕入税額控除ができない 【経過措置】 6年間 … インボイスの保存がない課税仕入れにつき8割（後半3年間は5割）の控除が可能 6年間 … 基準期間における課税売上高1億円以下又は特定期間における課税売上高5,000万円以下の事業者が行う1万円未満の課税仕入れは、帳簿のみで仕入税額控除可能（少額特例）

　インボイスは、売手が買手に対して正確な適用税率や消費税額等を伝える手段であり、買手の納税額を減少させる金券のような存在であるといえます。適法であることはもちろん、顧客の信頼に応えるために、記載事項が明瞭に記載されたものを作成し、交付の方法についても顧客の利便性に配慮し、適時に交付することが求められます。

　インボイス制度においては、インボイス発行事業者であることが事業者のステイタスとなり、交付するインボイスの適正性が事業者の評価の一つに加えられるものと考えられます。

第5章

適格請求書発行事業者登録制度

第1節　インボイス発行事業者の登録

　インボイス発行事業者とは、課税事業者であって、インボイスを交付することのできる事業者として登録を受けた事業者をいいます（消法57の2①～③）。

　登録は、課税事業者が自ら税務署長に申請して行うものです。したがって、課税事業者であってもインボイス発行事業者として登録しない者が存在することになりますが、仕入れを行う事業者は、仕入税額控除を行うためにインボイス等の交付を求めますから、大半の課税事業者は登録をするものと考えられます。

　また、納税義務が免除される事業者であっても、インボイス等を交付する必要に応じて、課税事業者となることを選択して登録することができます。

1　登録の要件

　インボイス発行事業者の登録は、課税事業者でなければできません。

　また、消費税法の規定に違反して罰金以上の刑に処せられ、その執行が終わり、又は執行を受けることがなくなった日から2年を経過しない者は、登録拒否要件に該当し、登録を受けることができません（消法57の2⑤）。

　また、国外事業者については、上記の他に、国税の滞納がありその徴収が著しく困難であるなどの登録拒否要件があります（消法57の2⑤）。

2　登録の申請と通知

(1)　申請書の提出

　インボイス発行事業者の登録を受けようとする事業者は、所轄税務署長に対して、「適

格請求書発行事業者の登録申請書（登録申請書）」を提出します（消法57の2②）。

⑵　登録通知

　事業者から、登録申請書の提出を受けた税務署長は、登録拒否要件に該当しない場合には、適格請求書発行事業者登録簿に法定事項を登載して登録を行い、登録を受けた事業者に対して、その旨を書面で通知します（消法57の2③④⑤⑦）。

⑶　e-Tax による申請

　国税庁は、e-Tax による申請を推奨しています。

　e-Tax で申請する際に「本申請に係る通知書等について、電子情報処理組織（e-Tax）による通知を希望します」にチェックを入れると、登録とほぼ同時に、登録通知がメッセージボックス内に格納され、1,900日間保管されます。

　また、事前に登録したメールアドレスに、登録通知がメッセージボックス内に格納された旨を知らせるメールが送信されます。関与税理士のメールアドレスをあわせて登録しておけば、事業者と関与税理士の双方にメールが送信されます。

　登録通知の電子データには、税務署による認証が付されているため、改ざんのないデータであることが確認でき、取引先に対しても、メールに登録通知のデータを添付して連絡することができます。

　また、通知書面と同様の形式で印刷することができます。

3　新たに事業を開始した場合

　事業者が、事業を開始した日の属する課税期間の初日から登録を受ける旨を記載した登録申請書をその事業を開始した日の属する課税期間の末日までに提出した場合において、税務署長の登録を受けたときは、その課税期間の初日に登録を受けたものとみなされます（消令70の4、消規26の4）。

4　相続によるみなし登録

⑴　被相続人の死亡届

　インボイス発行事業者が死亡した場合は、その相続人は「適格請求書発行事業者の死亡届出書」を提出する必要があります（消法57の3①）。

⑵　相続人の登録申請

　相続により事業を承継した相続人がインボイス発行事業者の登録を受けるためには、相

続人の名で登録申請書を提出する必要があります（消基通１－７－４）。相続人が既に登録申請書を提出している場合は、重ねて提出する必要はありません。

(3) 相続人をインボイス発行事業者とみなす措置

相続によりインボイス発行事業者の事業を承継した相続人については、被相続人が死亡した日の翌日から、次の①又は②のいずれか早い日までの期間（みなし登録期間）において、インボイス発行事業者とみなされます（消法57の３②③④、消基通１－７－４）。

①相続人がインボイス発行事業者の登録を受けた日の前日

②被相続人が死亡した日の翌日から４月を経過する日

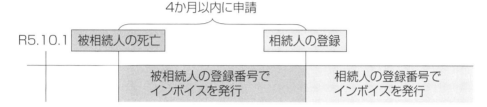

みなし登録期間は、被相続人の登録番号は相続人の登録番号とみなされます（消法57の３②③④、消基通１－７－４）。

この取扱いの適用を受けるためには、登録申請書に、相続によりインボイス発行事業者の事業を承継した旨を記載しなければなりません（消令70の６①）。

相続人が、みなし登録期間中に登録申請書を提出した場合において、みなし登録期間の末日までに登録通知がないときは、その翌日から通知が到達するまでの期間もみなし登録期間となります（消令70の６②）。

5 国外事業者の登録

(1) 令和５年９月30日までの取扱い

電気通信利用役務の提供のうち、事業者向け電気通信利用役務の提供以外のもの（消費者向け電気通信利用役務の提供）については、その役務の提供を行った事業者が申告納税を行うこととなります。消費者向け電気通信利用役務の提供を行う者が国外事業者である場合は、原則として仕入税額控除の適用はなく、登録国外事業者制度による登録国外事業者から受ける消費者向け電気通信利用役務の提供について、その仕入税額控除を行うことができることとされていました（平成27改法附則38①②）。

(2) 令和５年10月１日以後の取扱い

登録国外事業者制度は、インボイス制度の施行に伴い、令和５年10月１日に廃止されました。令和５年９月１日において登録国外事業者であって、「登録国外事業者の登録の取

消しを求める旨の届出書」を提出していない者については、令和5年10月1日にインボイス発行事業者の登録を受けたものとみなされ、適格請求書発行事業者登録簿に登載されるとともに、書面によりその旨が通知され、公表サイトに公表されています（平成28改法附則45①②）。

　この経過措置によりインボイス発行事業者となった国外事業者については、インボイスにインボイス発行事業者の登録番号を記載等することにつき困難な事情がある場合には、令和5年10月1日から令和6年3月31日までの間は、登録国外事業者名簿に記載された登録番号を記載することができることとされています（平成28改法附則45③）。

6　職権による登録の取消し

　税務署長は、インボイス発行事業者が次の事実に該当すると認めるときは、その登録を取り消すことができます（消法57の2⑥）。

---

① 　そのインボイス発行事業者が一年以上所在不明であること。

② 　そのインボイス発行事業者が事業を廃止したと認められること。

③ 　そのインボイス発行事業者が合併により消滅したと認められること。

④ 　納税管理人を定めなければならないインボイス発行事業者が国税通則法117条2項の納税管理人の届出をしていないこと。

⑤ 　そのインボイス発行事業者が消費税法の規定に違反して罰金以上の刑に処せられたこと。

⑥ 　登録拒否事由について、虚偽の記載をして登録申請書を提出し登録を受けた者であること。

　また、特定国外事業者については、正当な理由なく消費税の期限内申告書の提出がなかったこと等も取消事由となります。

第2節　インボイス発行事業者の公表

1　国税庁の公表サイト

インボイス発行事業者の登録を受けているかどうかを客観的に確認できるように、適格請求書発行事業者登録簿に登載された事項は、国税庁ホームページの「適格請求書発行事業者公表サイト」（公表サイト）に公表されます（消法57の2④⑪、消令70の5②）。

公表される事項は、次のとおりです（消令70の5①）。

国税庁ホームページに公表される事項	
法人	個人事業者
①　インボイス発行事業者の名称 ②　登録番号 ③　登録年月日 ④　登録取消年月日、登録失効年月日 ⑤　本店又は主たる事務所の所在地	①　インボイス発行事業者の氏名 ②　登録番号 ③　登録年月日 ④　登録取消年月日、登録失効年月日
	個人事業者から申出があった場合には次の事項も追加 ⑤　主たる事務所の所在地等 ⑥　主たる屋号

※　特定国外事業者（事務所、事業所等を国内に有しない国外事業者）は、消費税に関する税務代理人があること等が登録の要件となります（消法57の2⑤二）。

※　特定国外事業者以外の国外事業者については、国内において行う資産の譲渡等に係る事務所、事業所その他これらに準ずるものの所在地が公表されます。

※　人格のない社団等の本店又は主たる事務所の所在地は、申出があった場合に公表されます。

※　法定公表情報の変更の届出

　インボイス発行事業者は、名称や法人の本店所在地など、法定の公表事項に変更があった場合は、「適格請求書発行事業者登録簿の登載事項変更届出書」を提出する必要があります（消法57の2⑧）。届出書の提出は、e-Taxによる提出が推奨されています。

　なお、法人の「名称」又は「本店又は主たる事務所の所在地」の変更について異動届出書の提出を行っている場合は、適格請求書発行事業者登録簿の登載事項変更届出書の提出を省略することができます。

2　個人事業者の公表事項

個人事業者は、「適格請求書発行事業者の公表事項の公表（変更）申出書」を提出して、

次の事項を公表し、又は、変更することができます。申出書の提出は、e-Tax による提出が推奨されています。

(1) 旧姓又は外国人の通称

　個人事業者は、申出により、「住民票に併記されている旧氏（旧姓）」を氏名として公表することや、氏名と旧姓を併記して公表することができます。

　また、外国人は、申出により、上記の旧姓使用と同様に、「住民票に併記されている外国人の通称」を使用することができます（インボイス QA 問19、22）。

(2) 屋号等

　個人事業者は、税務署長への申出をして、「主たる屋号」や「主たる事務所の所在地」を公表することができます（インボイス QA 問19、22）。

3　公表期間等

(1) 公表の時期

　公表サイトへの掲載は、税務署での登録処理後、原則として、適格請求書発行事業者登録簿への登載日の翌日に行われます。

(2) 公表の期間

　公表サイトでは、過去に行われた取引についても取引時点での取引先の登録状況を確認できるよう、登録の取消や失効があった場合でも、取消・失効後 7 年間は、インボイス発行事業者情報と取消・失効年月日が公表サイトに掲載され、7 年経過後に公表サイトから削除されます。

4　公表サイトによる検索

(1) 登録番号による検索

　登録番号による検索が可能です。

　個人事業者は、「登録番号」以外のたとえば「氏名又は名称」などは、表記可能な字体に置換えを行っている場合や同姓同名の場合など、正しく検索できない可能性もあるため、「登録番号」以外では検索できません。

(2) 法人の名称等による検索

　法人は、サイト内に法人番号の検索機能が付加されているため、名称等による検索が可

能です。

なお、「本店又は主たる事務所の所在地」の異動履歴などは確認できません。確認できるのは、検索時点での情報です。

(3) 効率的な利用

登録番号の有効性を効率的に確認する方法として、公表サイトの Web-API 機能又は公表情報ダウンロード機能を利用する、あるいはこれらの機能に対応している会計ソフト等を利用するなどの方法が考えられます（インボイス QA 問21）。名簿に入力された取引先について、自動で定期的に登録の確認を行うシステム等が開発されています。

① Web-API 機能

利用者が保有するシステムからインターネットを経由して、簡単なリクエストを送信することで、指定した登録番号で抽出した情報、指定した期間で抽出した更新（差分）情報を取得するための、システム間連携インターフェース（データ授受の方式）を提供するものです。

② 公表情報ダウンロード機能

前月末時点に公表しているデータの最新情報を、全件データファイルとして提供するとともに、新規にインボイス発行事業者として登録された事業者の情報のほか、公表情報の変更・追加や失効年月日等の情報をダウンロードすることができます。

※個人事業者については氏名等の情報を削除して提供しています。

第3節　インボイス発行事業者の義務

第1項　インボイスの交付義務

インボイス発行事業者は、課税事業者から求められたときは、原則として、インボイスを交付し、その写しを保存しなければなりません（消法57の4①⑥）。

また、1万円以上の売上対価の返還等を行った場合には、返還インボイスを交付しなければなりません。

書類の交付に代えて、その記載事項に係るデータ（電子インボイス）を提供し、そのデータを保存することができます（消法57の4⑤）。

インボイス発行事業者が交付し保存するもの	
課税資産の譲渡等 ……	インボイス又は簡易インボイス
1万円以上の売上対価の返還等 ……	返還インボイス

1 インボイスとは

　適格請求書（インボイス）とは、売手が買手に対して、正確な適用税率や消費税額等を伝える手段です。インボイスによって、売手がその課税売上げについて申告納税をしていることが証明され、買手の仕入税額控除が保障されます。

　インボイスは、買手の納付税額を減らす金券であるといえます。

⑴　インボイスの記載事項

　具体的には、インボイス発行事業者が次に掲げる事項を記載して交付する請求書や領収書等をいいます（消法57の4①、消基通1-8-1）。様式の定めはありません。適格請求書やインボイスといった名称を付ける必要はなく、❶～❽の記載事項を満たしているものはインボイスに該当します。

御請求書

11月分　131,200円

❽ 株式会社△△御中

❶ ○○商店株式会社
❷ 登録番号　T1234567890123
令和○年11月30日

日付	品名		金額
❸11月1日	❹キッチンタオル		8,000
11月2日	魚※		7,800
11月3日	ジュース※		11,000
11月4日	ビール		8,000
…	…		…
合計	120,000	消費税	11,200
❻8％対象	❺ 40,000	消費税	❼3,200
❻10%対象	❺ 80,000	消費税	❼8,000

❹ ※　軽減税率対象

インボイスの記載事項

❶ 売手（インボイス発行事業者）の氏名又は名称

法人はその名称、個人事業者は氏名を記載します。

電話番号の記載などにより事業者が特定できる場合は、屋号や略称などを記載することができます。

❷ 登録番号

登録番号の構成は、「T（ローマ字）」＋ 数字13桁（例：T1234567890123）です。

法人は、マイナンバー法による法人番号が数字13桁の部分となります。

個人事業者の登録番号は、登録申請の後、税務署から通知されます。

表記は、半角・全角を問いません。

❸ 取引年月日

商品を納品した日やサービスの提供を行った日です。

月まとめの請求書などは、その期間を記載することもできます。

❹ 取引の内容

商品名等を記載します。「野菜・果実」「文房具」といった商品の種類ごとの記載でもかまいません。

軽減税率の対象にはその旨（「※」などの記号を付し、「※は軽減税率対象」と示しておく）を記載します。

❺ 対価の額の合計額

税抜き又は税込みで、税率ごとに合計します。

❻ 適用税率

10%の売上げしかない場合も「10%」と記載します。

❼ 消費税額等

消費税額及び地方消費税額の合計額です。

1円未満は税率ごとに、切上げ、切捨て、四捨五入など、一のインボイスにつき1回の端数処理を行います。個々の商品ごとに端数処理を行うことは認められません。

❽ 買手の名称

インボイスの宛名です。

正式名称のほか、屋号や略称などを記載することもできます。

(2) 消費税額等の計算

インボイスに記載する消費税額等は、消費税額及び地方消費税額の合計額です。

次のいずれかによって算出します（消法57の4①五、②五、消令70の10）。

1. 税抜価額を税率の異なるごとに区分して合計した金額により計算する方法

① 標準税率適用の課税資産の譲渡等の税抜価額の合計額 $\times \dfrac{10}{100}$ ＝標準税率の消費税額等

② 軽減税率適用の課税資産の譲渡等の税抜対価の合計額 $\times \dfrac{8}{100}$ ＝軽減税率の消費税額等

　１円未満は、一のインボイスにつき、税率ごとに、切上げ、切捨て、四捨五入など１回の端数処理を行います（消令70の10、消基通１－８－15、インボイスQA問57）。

　一のインボイスに記載されている個々の商品ごとに消費税額等を計算し、１円未満の端数処理を行い、その合計額を消費税額等として記載することは認められません。

(3)　複数の書類による交付

　インボイスの交付に関して、一の書類に全ての事項を記載するのではなく、例えば、納品書と請求書等の二以上の書類であっても、これらの書類について相互の関連が明確であり、その交付を受ける事業者が記載事項を適正に認識できる場合には、これら複数の書類全体でインボイスの記載事項を満たすものとなります（消基通１－８－１）。

(4)　家事共用資産を譲渡した場合

　個人事業者であるインボイス発行事業者が、事業と家事の用途に共通して使用するものとして取得した資産を譲渡する場合には、その譲渡に係る金額を事業としての部分と家事使用に係る部分とに合理的に区分するものとし、インボイスに記載する「課税資産の譲渡等に係る税抜価額又は税込価額を税率の異なるごとに区分して合計した金額」及び「消費税額等」は、その事業としての部分に係る金額に基づき算出することとなります（消基通１－８－６）。

(5)　共有物の譲渡等をした場合

　インボイス発行事業者が、インボイス発行事業者以外の者である他の者と共同で所有する資産（以下「共有物」といいます。）の譲渡又は貸付けを行う場合には、その共有物に係る資産の譲渡等の金額を所有者ごとに合理的に区分するものとし、インボイスに記載する「対価の額の合計額（税抜き又は税込みで税率ごとに合計）」及び「消費税額等」は、自己に帰属する部分に係る資産の譲渡等の金額に基づき算出することとなります（消基通１－８－７）。

　ただし、共有者の全員がインボイス発行事業者である場合には、媒介者交付特例により、いずれかの共有者が代表して、その対価の額の全額について、その者の氏名又は名称及び登録番号を記載したインボイスを交付することができます。

2 簡易インボイスとは

小売業者等は、インボイスに代えて適格簡易請求書（簡易インボイス）を交付することができます（消法57の4②、消令70の11）。

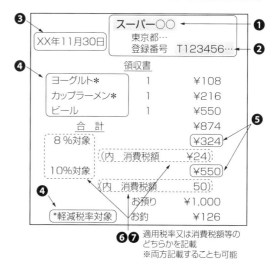

⑴ 簡易インボイスの記載事項

簡易インボイスでは、❻適用税率、又は、❼消費税額等のいずれかを記載すればよいとされています。

また、❽買手の氏名又は名称の記載は不要です。

⑵ 対象となる事業

簡易インボイスを交付することができる事業は、次の事業です。

簡易インボイスの交付ができる事業	
①小売業、②飲食店業、③写真業 ④旅行業、⑤タクシー業	不特定かつ多数の者に対するものに限らない
⑥駐車場業 ⑦上記に準ずる事業	不特定かつ多数の者に資産の譲渡等を行う事業に限る

①から⑤までの事業については、「不特定かつ多数の者に対するもの」という限定はありません。例えば、小売業として行う課税資産の譲渡等は、その形態を問わず、簡易インボイスを交付することができます。

他方、⑥と⑦は、不特定かつ多数の者に対するものが対象です。

⑦について、「不特定かつ多数の者に資産の譲渡等を行う事業」であるかどうかは、個々の事業の性質により判断しますが、例えば、資産の譲渡等を行う者が資産の譲渡等を行う際に相手方の氏名又は名称等を確認せず、取引条件等をあらかじめ提示して相手方を問わず広く資産の譲渡等を行うことが常態である事業などは、これに該当します。

3 返還インボイスとは

インボイス発行事業者は、インボイスを交付した課税売上げについて1万円以上の値引きや割戻しといった対価の返還等を行った場合には、次の事項を記載した返還インボイス（適格返還請求書）を交付しなければなりません。

販売奨励金支払明細書

❸ XX年12月5日   ❶ △△商事株式会社

株式会社○○御中   ❷ 登録番号　T0123456789012

販売奨励金支払額　13,160円

日付	品名	奨励金金額
❹ 11/30	❺野菜※	540円
11/30	日本酒	1,100円
⋮	⋮	⋮
合計	13,160円　内消費税	1,160円
8％対象 ❼	❻ 2,160円　内消費税 ❼	160円
10%対象 ❼	❻ 11,000円　内消費税 ❼	1,000円

※　軽減税率対象 ❺

適用税率又は消費税額等のどちらかを記載（両方を記載することも可能です。）

返還インボイスの記載事項

❶　売手（インボイス発行事業者）の氏名又は名称
❷　登録番号
❸　対価の返還等を行う年月日
❹　対価の返還等のもとになる取引の年月日
❺　対価の返還等のもとになる取引の内容（軽減税率の対象にはその旨）
❻　対価の返還等の金額
❼　消費税額等又は適用税率

　インボイスと返還インボイスは、それぞれに必要な記載事項を一枚の書類に記載して交付することができます。たとえば、月まとめの請求書に、販売した商品についてインボイスとして必要な事項を記載するとともに、返品や販売奨励金について返還インボイスとして必要な事項を記載するといった方法です。インボイスと返還インボイスの記載事項を一枚の書類に記載する場合には、継続適用を条件に、対価の額及び消費税額等は、その差額を記載することができます（消基通1－8－20）。

インボイスの記載事項	返還インボイスの記載事項	両者を兼ねた書類
対価の額の合計額	対価の返還等の金額	差額を記載することができる
対価の額に係る消費税額等	返還等の額に係る消費税額等	

4　電子インボイスとは

　インボイス、簡易インボイス及び返還インボイスは、これらの書面の交付に代えて、そ

の記載事項に係る電子データ（電子インボイス）を提供することができます（消法57の4⑤）。

　EUでは、紙のインボイスに起因する事業者のコスト負担が大きな問題となり、電子インボイスへの転換が進められてきたという経緯があります。したがって、インボイス制度による事務コストを最小化するためには、電子インボイスの活用が必須であると考えられます。

5　登録通知前のインボイスの交付

　インボイス発行事業者の登録は、適格請求書発行事業者登録簿に登載された日（以下「登録日」といいます。）からその効力を有するので、登録の通知を受けた日にかかわらず、登録日以後に行った課税資産の譲渡等についてインボイスを交付することとなります（消基通1－7－3）。

　登録日から登録の通知を受けた日までの間に行った課税資産の譲渡等について、既に請求書等の書類を交付している場合には、その通知を受けた日以後に登録番号等を相手方に通知することにより、インボイスの記載事項を満たすことができます（消基通1－7－3）。

6　記載事項に誤りがあった場合

　インボイス、簡易インボイス又は返還インボイスを交付したインボイス発行事業者は、これらの書類の記載事項に誤りがあった場合には、これらの書類を交付した他の事業者に対して、修正したインボイス、簡易インボイス又は返還インボイスを交付しなければなりません（消法57の4④）。

　当初に交付したインボイス、簡易インボイス又は返還インボイスとの関連性を明らかにした上で、修正した事項を明示した書類等を交付することもできます（消基通1－8－21）。

7　インボイスの写しの保存義務

　インボイス、簡易インボイス若しくは返還インボイスを交付し、又は電子インボイスを提供したインボイス発行事業者は、これらの書類の写し又はその電子データを整理し、その交付又は提供した日の属する課税期間の末日の翌日から2月を経過した日から7年間、これを納税地又はその取引に係る事務所等の所在地に保存しなければなりません（消法57の4⑥、消令70の13①）。

なお、上記の２月を経過した日から５年を経過した日以後の期間における保存（電磁的記録の保存を除きます。）は、財務大臣の定めるマイクロフィルムによる帳簿書類の保存の方法によることができます（消令70の13②）。

また、電子インボイスの保存は、次のいずれかの方法により行います（消法57の４⑥、消令70の13①、消規26の８）。

---

① 電子データを、電子帳簿保存法に規定する要件に準ずる要件に従って保存する方法。
② 電子データを出力することにより作成した書面（整然とした形式及び明瞭な状態で出力したものに限る。）を保存する方法

---

8 委託販売等における代理交付と媒介者交付特例

(1) 代理交付

委託者が、媒介又は取次ぎに係る業務を行う者（以下「媒介者等」といいます。）を介して国内において課税資産の譲渡等を行う場合は、媒介者等は、委託者を代理して、委託者のインボイスを交付することができます。

(2) 媒介者交付特例

次の①及び②の要件を満たすときは、その媒介者等は、媒介者等の氏名又は名称及び登録番号を記載したインボイスをその委託者に代わって交付することができます（消令70の12①④、消基通１－８－10）。

① 委託者及び媒介者等の双方がインボイス発行事業者であること
② その媒介者等がその課税資産の譲渡等の時までにその事業者からインボイス発行事業者の登録を受けている旨の通知を受けていること（委託者がインボイス発行事業者でなくなった場合には、委託者は、媒介者等に対し、速やかにその旨を通知しなければなりません）。

【通知の方法の例】
・ 委託者が個々の取引の都度、事前に登録番号をその媒介者等へ書面等により通知する方法
・ 委託者とその媒介者等との間の基本契約書等に委託者の登録番号を記載する方法

なお、媒介者交付特例は、物の販売などを委託し、受託者が買手に商品を販売しているような取引だけではなく、請求書の発行事務や集金事務といった商品の販売等に付随する行為のみを委託しているような場合も対象となります（消基通１－８－11）。

(3)　インボイスの写しの保存

　委託者にはインボイスの写しを保存する義務があるので、代理交付又は媒介者交付特例によりインボイスを交付した媒介者等は、そのインボイスの写しをその委託者に対して交付しなければなりません。例えば、そのインボイスに複数の事業者に係る記載がある場合や、日々、多数のインボイスを交付している場合などによりそのインボイスの写しをそのまま交付することが困難な場合には、そのインボイスに記載された事項のうちその委託者に係る事項を記載した精算書等を交付することができます。

　媒介者交付特例については、媒介者等においてもそのインボイスの写しを保存しなければならないものとされています。精算書等を交付した場合には、その媒介者等においても交付したその精算書等の写しを保存することになります（消令70の12①③、消基通1－8－11）。

(4)　公売等に係る特例

　インボイス発行事業者が、国税徴収法2条12号に規定する強制換価手続により執行機関を介して国内において課税資産の譲渡等を行う場合には、その執行機関は、その執行機関の名称及びこの特例の適用を受ける旨を記載したインボイスをその事業者に代わって交付することができます。

　この場合において、執行機関は、そのインボイスの写しを保存しなければなりません（消令70の12⑤）。

第2項　交付義務の免除

1　インボイスの交付義務の免除

　次の課税資産の譲渡等については、インボイスの交付義務が免除されます（消法57の4①、消令70の9②、消規26の5、26の6）。その場合、買手の仕入税額控除についてもインボイスの保存を要しない措置があります。

① 　公共交通機関特例…3万円未満の公共交通機関（船舶、バス又は鉄道）による旅客の運送

② 　自動販売機特例　…3万円未満の自動販売機・自動サービス機による商品の販売等

③ 　郵便切手特例　　…郵便切手類を対価とする郵便サービス（郵便ポストに差し出されたもの）

④ 　卸売市場特例　　…出荷者が卸売市場において行う生鮮食料品等の譲渡（受託者が卸売業務として行うもの）

⑤ 　農協特例　　　　…生産者が農協、漁協等に委託して行う農林水産物の譲渡（無条件委託方式かつ共同計算方式）

交付義務が免除されるのは、公共交通機関、郵便局、生鮮食料品の卸売市場への出荷、農協等への無条件委託といった非常に限られた業種であり、一般の事業では、自動販売機特例に該当しない限り、消費税の課税事業者から求められた場合には、インボイスを交付しなければなりません。

2 返還インボイスの交付義務の免除

⑴ インボイスの交付義務が免除される取引

上記❶のインボイスの交付義務が免除される課税売上げについて行った対価の返還等については、返還インボイスの交付義務も免除されます（消法57の4③、消令70の9③）。

⑵ 1万円未満の対価の返還等

インボイス発行事業者が行うものであっても、税込1万円未満の対価の返還等については、返還インボイスの交付義務が免除されます（消法57の4③、消令70の9③二）。適用対象者に制限はなく、すべてのインボイス発行事業者が対象です。

また、適用期限のない恒久的な措置です。

3 登録に変更があった場合

⑴ インボイス発行事業者でなくなった場合

インボイス発行事業者でなくなった後、インボイス発行事業者であった課税期間において行った課税資産の譲渡等を受ける他の事業者から、その課税資産の譲渡等に係るインボイスの交付を求められたときは、これを交付しなければなりません（消基通1-8-8）。

また、インボイス発行事業者でなくなった後において、インボイス発行事業者であった課税期間において行った課税資産の譲渡等につき、1万円以上の売上げに係る対価の返還等を行った場合には、返還インボイスを交付しなければなりません（消基通1-8-19）。

⑵ 登録前に行った課税売上げに係る対価の返還等

インボイス発行事業者が、インボイス発行事業者の登録を受ける前に行った課税資産の譲渡等について、登録を受けた日以後に売上げに係る対価の返還等を行う場合には、その対価の返還等に関する返還インボイスの交付義務はありません（消基通1-8-18）。

第 3 項　偽インボイスの禁止

　インボイス制度は、売手による消費税の納税がインボイスによって証明された場合に、買手における仕入税額控除を認める厳格な制度です。

　したがって、偽インボイスの交付は厳しく禁止されており、禁止行為を行った者は、1年以下の懲役又は50万円以下の罰金に処するものとされています（消法57の 5 、65四）。

区　分	禁止行為
インボイス発行事業者以外	適格請求書類似書類等（インボイス発行事業者が作成したインボイスであると誤認されるおそれのある表示をした書類）の交付又はデータの提供
インボイス発行事業者	偽りの記載をしたインボイスの交付又はデータの提供

第6章

インボイス制度と事業者免税点制度

第1節 インボイス発行事業者の登録の検討

⑴ 取引からの排除

　インボイス発行事業者の登録は、課税事業者でなければできません。登録番号を記載しない請求書等を交付するということは、自らが消費税の申告納税を行わない免税事業者であることを告白することです。

　売手がインボイスを交付しない場合において、インボイス発行事業者と同じ価格設定を行うときは、控除することができない消費税相当額は買手のコストになります。

　したがって、免税事業者は、インボイスの交付をしないという理由で、取引から排除される可能性、あるいは、消費税相当額を支払わない交渉をされる可能性があります。

　もちろん、提供する商品や技術の希少性、人手不足や供給不足といった状況により、免税事業者である売手が交渉において優位に立つケースも想定されます。インボイス発行事業者として登録するかどうかは、取引先との関係や状況を正しく把握し、慎重に検討する必要があります。

　検討の材料として、免税事業者については、次の経過措置があります。

登録しない場合	免税事業者からの課税仕入れに係る経過措置（8割控除・5割控除）
登録する場合	課税事業者選択届出書の提出を不要とする経過措置 小規模事業者に係る税額控除に関する経過措置（2割特例） 簡易課税制度選択届出書の提出時期の経過措置

⑵ 8割控除・5割控除の経過措置

　インボイス制度の導入後6年間は、免税事業者などインボイス発行事業者でない者からの課税仕入れにつき、区分記載請求書等の保存を要件に、制度開始から3年間は80％、続く3年間は50％の仕入税額控除を認める「8割控除・5割控除」の経過措置が設けられて

います（94ページ参照）。

　「8割控除・5割控除」の経過措置は、買手の仕入税額控除の調整、すなわち、買手における事務負担及び控除できない税額の負担あるいは独占禁止法等を踏まえた交渉などの負担を前提として、売手が免税事業者に留まることを保護する施策であると評価することができます。

⑶　2割特例の経過措置

　インボイス制度の開始から3年間（令和8年9月30日の属する課税期間まで）は、免税事業者が課税事業者となる場合にその納付税額を売上税額の2割相当額とすることができる経過措置「2割特例」があります。

　2割特例は、売手が課税事業者となった場合の8割控除であり、「8割控除・5割控除」の経過措置とのバランスを図るものです。免税事業者が課税転換するための支援であり、仕入先に免税事業者がある課税事業者への支援となります。

第2節　小規模事業者に係る税額控除に関する経過措置（2割特例）

　課税売上高が1,000万円以下の事業者は、少ない収入と高い利益率で事業を維持していると思われます。

　例えば、プログラマーやデザイナーのように棚卸資産の課税仕入れがない事業では、一般に簡易課税制度を選択するのが有利です。簡易課税制度を選択した場合、たとえ課税仕入れがなくても、サービス業の納付税額は売上税額の50％相当額となるからです。

　2割特例によればさらに有利です。納付税額は売上税額の20％相当額となり、簡易課税による納付税額の6割をカットすることができます。

```
プログラマーの税抜課税売上高が800万円である場合
                                    【納付税額】
                    簡易課税      40万円
    売上税額80万円 →
                    2割特例      16万円
```

　2割特例によれば、標準税率10％が適用される売上げについては、1.8％の値上げができれば、免税事業者である場合と同じ利益を確保することができます。

適用税率	売上税額に対する 納付税額の割合	税抜売上高に対する 納付税額の割合	税込売上高に対する 納付税額の割合
標準税率10%	20%	2.0%	約1.8%
軽減税率8%		1.6%	約1.5%

1 具体的な計算方法

　2割特例の具体的な計算は、みなし仕入率が80%である場合の簡易課税と同様です（平成28改法附則51の2①②）。

①　課税標準額に対する消費税額は、積上げ計算、割戻し計算又は両者の併用のうち、いずれの方法によってもかまいません。

②　控除対象仕入税額は、次の特別控除税額となります。

$$
\boxed{\begin{array}{c}\text{控除対象仕入税額}\\ \text{（特別控除税額）}\end{array}} = \boxed{\begin{array}{c}\text{課税標準額に対する消費税額}\\ \triangle\text{対価の返還等に係る消費税額}\\ +\text{貸倒回収に係る消費税額}\end{array}} \times 80\%
$$

③　納付税額は、①の課税標準額に対する消費税額から、②の特別控除税額、売上対価の返還等に係る税額及び貸倒れに係る税額の合計額を控除して算出します。

④　売上対価の返還等に係る税額及び貸倒れに係る税額がなければ、課税標準額に対する消費税額の2割相当額が納付税額となります。

2 経過措置期間

2割特例は、令和8年9月30日の属する課税期間を期限とする経過措置です。

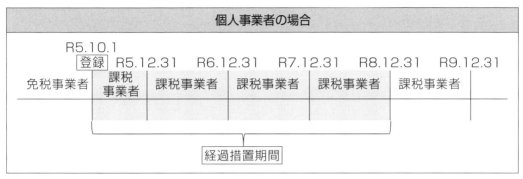

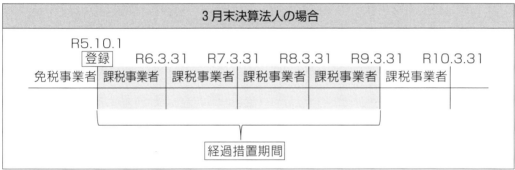

3 適用対象

　2割特例は、免税事業者が、インボイス発行事業者の登録により課税事業者となった場合に適用されます。インボイス発行事業者の登録と関係なく事業者免税点制度の適用を受けないこととなる課税期間には適用がありません。

　また、課税期間を1か月又は3か月に短縮する特例の適用を受ける場合についても、2割特例の適用はできません（平成28改法附則51の2①）。

2割特例の対象とならない課税期間
① 基準期間における課税売上高が1,000万円を超える課税期間
② 特定期間における課税売上高が1,000万円を超える課税期間
③ 次の特例により課税事業者となる課税期間
イ．相続があった場合の特例（相続があった年については登録日の前日までに相続があった場合）
ロ．合併又は分割があった場合の特例
ハ．新設法人又は特定新規設立法人の特例
ニ．調整対象固定資産又は高額特定資産を取得した場合等の特例
ホ．金又は白金の地金を200万円以上取得した場合の特例

ヘ．法人課税信託の特例
④　課税期間を短縮する特例の適用を受ける課税期間
⑤　国外事業者のその課税期間の初日において恒久的施設を有しない課税期間
⑥　上記の他、課税事業者選択届出書の提出により令和5年10月1日前から引き続き課税事業者となる課税期間

⑴　相続があった場合（上記③イ．）

　上記③イ．について、相続により、基準期間における課税売上高が1,000万円を超える被相続人に事業を承継した相続人は、自己の基準期間における課税売上高が1,000万円以下であっても、相続開始の日の翌日から課税事業者となります（消法10①）。

　その年については、相続開始後に登録した場合は、2割特例の適用はありません。登録を受けた後に相続が開始した場合は、2割特例を適用することができます。

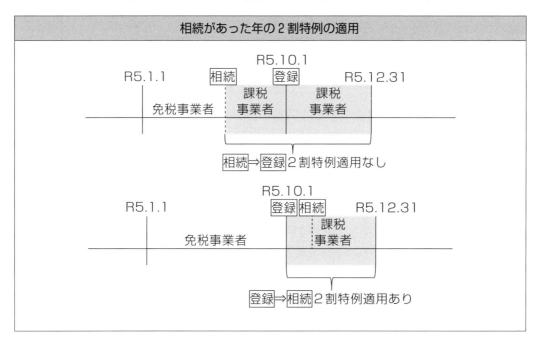

相続があった年の2割特例の適用

⑵　恒久的施設を有しない国外事業者（上記⑤）

　令和6年10月1日以後に開始する課税期間においては、その課税期間の初日において所得税法又は法人税法上の恒久的施設を有しない国外事業者は、2割特例を適用することができません。

⑶　簡易課税制度選択届出書を提出している場合

　2割特例は、簡易課税を選択している場合でも、適用が可能です。すでに簡易課税制度選択届出書を提出している場合であっても取り下げる必要はありません。

簡易課税制度選択届出書	申告書において選択
提出あり	簡易課税と２割特例のいずれか選択
提出なし	一般課税と２割特例のいずれか選択

4 適用の手続

申告書に２割特例で計算した納付税額を記載し、２割特例適用欄にチェックを入れることで適用することができます。

簡易課税制度と違って、選択届出書・不適用届出書の提出などの手続はなく、２年間の継続適用といったルールもありません。

第3節 簡易課税制度選択届出書の届出時期の特例

1 ２割特例を適用した課税期間の翌課税期間

２割特例の適用を受けたインボイス発行事業者が、その適用を受けた課税期間の翌課税期間の末日までに簡易課税制度選択届出書を提出した場合には、その提出した日の属する課税期間から簡易課税制度を適用することができます（平成28改法附則51の２⑥）。

この場合、簡易課税制度選択届出書に、この提出時期の特例の適用を受ける旨を記載しなければなりません（平成28改法附則51の２⑥）。

個人事業者が経過措置終了により簡易課税制度を選択する場合				
R5.10.1 [登録]　　R5.12.31　　R6.12.31　　R7.12.31　　R8.12.31　　R9.12.31				
免税事業者	課税事業者	課税事業者	課税事業者	課税事業者
	特例適用	特例適用	特例適用	特例適用	簡易課税制度適用可能

経過措置期間終了

簡易課税制度選択届出書
R9.12.31まで

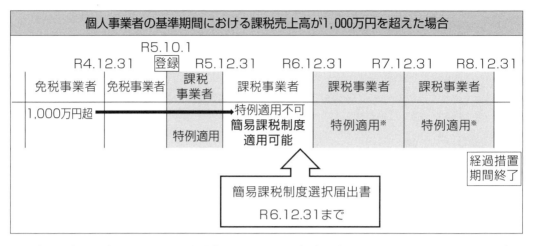

個人事業者の基準期間における課税売上高が1,000万円を超えた場合

※　令和7年、8年については、基準期間における課税売上高が1,000万円以下であるなど適用要件を満たせば、再び2割特例を適用することができます。

2　新たにインボイス発行事業者の登録をした場合の特例

　令和5年10月1日から令和11年9月30日の属する課税期間においてインボイス発行事業者の登録をする免税事業者が、登録日の属する課税期間の末日までに「簡易課税制度選択届出書」を提出した場合には、その課税期間の初日の前日に提出したものとみなされ、提出した日の属する課税期間から簡易課税制度を適用することができます。

　この場合、簡易課税制度選択届出書に、この提出時期の特例の適用を受ける旨を記載しなければなりません（平成30改令附則18）。

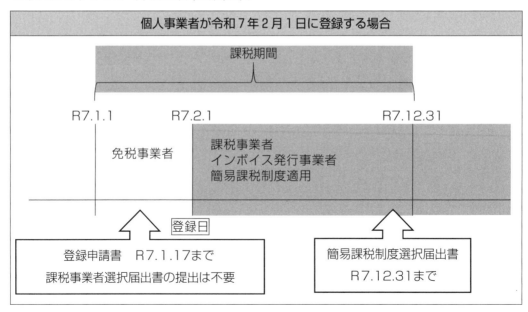

個人事業者が令和7年2月1日に登録する場合

3 簡易課税制度選択届出書の取下げ

簡易課税制度選択届出書は、その届出書の提出ができる日までは、取下げが可能であると取り扱われています。

例えば、前ページの例のとおり、免税事業者が登録申請により令和7年2月1日に登録を受けて課税事業者となる場合には、経過措置により、簡易課税制度選択届出書は令和7年12月31日まで提出することができます。すでに簡易課税制度選択届出書を提出しているけれど、一般課税と2割特例の選択ができるようにしたいという場合には、令和7年12月31日までに取下げ書を提出してその届出を取り下げることができます。

なお、取下げ書の書式は定められていません。取下対象となる届出書が特定できるよう、提出日、届出書の様式名（表題）、提出方法（書面又はe-Tax）、届出者の氏名・名称、納税地及び提出した届出書を取り下げる旨の記載をし、署名の上、所轄の税務署に提出してください。

4 簡易課税制度選択不適用届出書の制限

簡易課税制度選択不適用届出書は、事業を廃止した場合を除き、選択届出書の効力が生じた日から2年を経過する日の属する課税期間の初日以後でなければ提出することができません（消法37⑥）。

なお、2割特例を適用したために一度も簡易課税制度を適用しなかったとしても、不適用届出書が提出可能となる期日に影響はありません。

第4節 免税事業者の登録の手続

1 課税事業者選択届出書の提出を不要とする経過措置

(1) 原則

免税事業者がインボイス発行事業者の登録を受けるためには、課税事業者選択届出書を提出して課税事業者を選択する必要があります。

課税事業者の選択は課税期間単位で行うものであるため、インボイス発行事業者の登録も、原則として課税期間を単位として行うこととなります（消基通1-7-1）。

⑵　6年間の経過措置

インボイス制度の開始から令和11年9月30日までの日の属する課税期間においては、課税事業者選択届出書を提出することなく、登録申請書の提出によって課税事業者となり、インボイス発行事業者となる経過措置が設けられています（平成28改法附則44④）。

課税事業者選択届出書により課税事業者となることを選択する場合には翌課税期間が開始するまで待つ必要がありますが、この6年間は課税事業者選択届出書の提出が不要なので、課税期間の途中から登録することができます。

⑶　課税期間の初日に登録する場合の申請期限

免税事業者が、課税期間の初日から登録を受けようとする場合には、その課税期間の初日から起算して15日前の日までに登録申請書を提出しなければなりません。15日前の日までに提出すれば、登録の通知等が遅れても、翌課税期間の初日が登録日となります。

⑷　課税期間の途中で登録する場合の登録希望日

令和11年9月30日までの日の属する課税期間において、免税事業者が課税期間の途中から登録を受けようとする場合は、申請書の提出日から15日を経過する日以後の日を登録希望日として記載します。15日を経過する日以後の日を登録希望日とした場合は、登録の通知等が遅れても、登録希望日が登録日となります。

具体的には、登録希望日の「2週前の日の前日」までに提出します。登録希望日が木曜日であれば、2週前の水曜日までに申請しなければなりません。

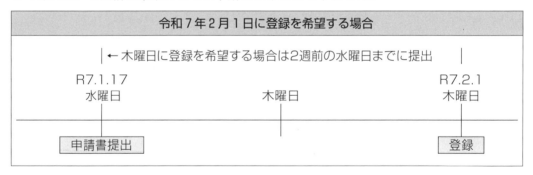

⑸　2年縛りの適用

「課税事業者選択届出書」を提出した場合は、「課税事業者選択不適用届出書」の提出の制限により、少なくとも2年間は継続して課税事業者となります。いわゆる「2年縛り」です。

免税事業者が「課税事業者選択届出書」を提出しないで登録申請書の提出のみでインボイス発行事業者となった場合は、「課税事業者選択不適用届出書」の提出という手続きがありませんから、2年縛りの対象ではありません。

　ただし、「課税事業者選択届出書」を提出した事業者と平仄をあわせるために、令和5年10月1日の属する課税期間に登録する場合を除いて、登録開始日から2年を経過する日の属する課税期間までの間は、継続して課税事業者として申告するものとされています（平成28改法附則44⑤）。

　令和9年1月1日から1月31日までの間に、課税期間を1か月に短縮する課税期間特例選択届出書を提出すれば、継続する期間を2年にすることができます。この場合、令和9年1月1日から1月31日までの1か月間は2割特例を適用することはできません。

2 納付税額の計算

(1) 課税期間の途中で登録した場合の課税の対象

　課税期間の途中からインボイス発行事業者（課税事業者）となる場合には、その登録の日からその課税期間の末日までの期間に行った課税資産の譲渡等及び課税仕入れ等を基礎に申告書を作成することになります。

(2) 2割特例

　免税事業者がインボイス発行事業者の登録をして課税事業者となった場合は、「小規模事業者に係る税額控除に関する経過措置（2割特例）」を適用することができます。簡易課税制度選択届出書を提出している場合には、申告書において、簡易課税制度と2割特例のいずれかを選択することができます。

(3) 棚卸資産に係る調整

　一般課税による場合は、課税事業者となる日の前日において所有する棚卸資産（※）に係る消費税額を、課税事業者になった課税期間の仕入税額控除の対象とします（平成30改令附則17）。

※　納税義務が免除されていた期間において仕入れた棚卸資産が対象です。

3 免税事業者となるための登録の取消し

インボイス発行事業者には、事業者免税点制度は適用されません（消法9①、消基通1－4－1の2）。したがって、インボイス発行事業者は、基準期間における課税売上高及び特定期間における課税売上高が1,000万円以下となっても、「登録取消届出書」（「適格請求書発行事業者の登録の取消しを求める旨の届出書」）を提出しない限り、免税事業者となることはできません。

登録取消届出書は、免税事業者になりたい課税期間の初日から起算して15日前の日までに提出しなければなりません（消法57の2⑩一、消令70の5③）。「15日前の日」は、「2週前の日の前日」です。

取消しを希望する課税期間の初日が水曜日であれば、2週前の火曜日になります。

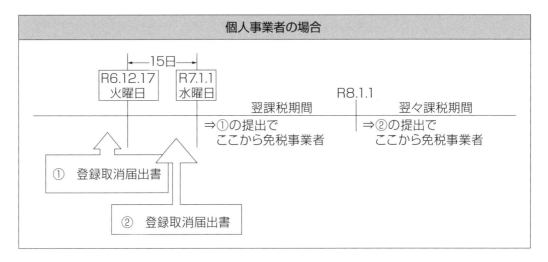

① 令和6年12月17日までに提出すると、翌課税期間の初日（令和7年1月1日）に登録が失効し、令和7年から免税事業者となります。

② 令和6年12月18日に提出すると、翌々課税期間の初日（令和8年1月1日）に登録が失効し、令和8年から免税事業者となります。

なお、登録取消しの手続きはその効力を定めるものであるため、国税通則法10条2項の期限の延長の特例は適用されません。「翌課税期間の初日から起算して15日前の日」が日曜日、国民の祝日に関する法律に規定する休日その他一般の休日、土曜日又は12月29日、30日、31日であったとしても、これらの日の翌日とはなりません。

※ 15日前の日までの提出を失念した場合には、課税期間の特例を選択するなどの対応を検討しましょう。ただし、課税期間の特例を選択した課税期間においては、2割特例を適用することができません（平成28改法附則51の2①四）。

第5節 免税事業者が交付する請求書等

1 偽インボイスの交付の禁止

インボイス発行事業者でない者が、インボイス発行事業者が作成したインボイスであると誤認されるおそれのある表示をした書類（適格請求書類似書類等）を交付することは禁止されています。具体的には、T＋13桁の数字といった登録番号と誤認されるような記載をすることはできません。

禁止行為には、1年以下の懲役又は50万円以下の罰金という罰則が設けられています。

2 消費税額等の記載は禁止されない

消費税額等の記載については、「免税事業者は、取引に課される消費税がないことから、請求書等に「消費税額」等を表示して別途消費税相当額等を受け取るといったことは消費税の仕組み上、予定されていません」（QA 個別事例編問111）と説明しています。

しかし、消費税額等の記載を禁止する法令はありません。例えば、国税庁は、インボイス発行事業者でない者に支払う報酬・料金の源泉徴収について、次のように説明しています（平成元年1月30日直法6－1、令和3年12月9日「インボイス制度開始後の報酬・料金等に対する源泉徴収」）。

1．現行の取扱い

　報酬・料金等の支払を受ける者からの『請求書等』において、報酬・料金等の額と消費税等の額が明確に区分されている場合には、その報酬・料金等の額のみを源泉徴収の対象とする金額として差し支えありません。

2．インボイス制度開始後の取扱い（現行の取扱いからの変更なし）

　インボイス制度開始後においても、上記1の『請求書等』とは、報酬・料金等の支払を受ける者が発行する請求書や納品書等であればよく、必ずしも適格請求書（インボイス）である必要はありませんので、適格請求書発行事業者以外の事業者が発行する請求書等において、報酬・料金等の額と消費税等の額が明確に区分されている場合には、その報酬・料金等の額のみを源泉徴収の対象とする金額として差し支えありません。

3　消費税額等の記載は避けるべき

　ただし、登録番号の記載のない請求書等に消費税額等の記載がある場合には、取引額として買手の納得を得にくい状況となることは想像に難くありません。値下げ交渉の材料になるでしょう。

　インボイス発行事業者の登録をしない場合には、請求書等への消費税額等の表示や消費税額等を上乗せする価格表示は避けるべきです。

免税事業者である場合

消費税額を請求書や領収書に記載することを禁じる法令はないが、顧客が持つ印象を考えれば、消費税額を上乗せする価格表示やレシートへの消費税額の表示は避けるべき。

第7章

仕入税額控除の要件

　仕入税額控除は、原則として、所定の事項が記載された帳簿及び請求書等の保存が適用の要件となります（消法30⑦）。

　帳簿及び請求書等は、次の期間、納税地又はその取引に係る事務所、事業所その他これらに準ずるものの所在地に保存しなければなりません（消令50①）。

① 　帳簿は、その閉鎖の日の属する課税期間の末日の翌日から2月を経過した日に保存を開始し、その後7年間

② 　請求書等は、その受領した日の属する課税期間の末日の翌日から2月を経過した日に保存を開始し、その後7年間

　ただし6年目以後は、いずれか一方の保存で足ります（消令50①③、消規15の6）。

第1節　帳簿の記載事項

1　課税仕入れ

　課税仕入れに係る帳簿の記載事項は、次のとおりです（消法30⑧一）。

課税仕入れ
① 　課税仕入れの相手方の氏名又は名称（登録番号は不要）
② 　課税仕入れを行った年月日
③ 　課税仕入れに係る資産又は役務の内容（軽減税率の対象にはその旨）
④ 　課税仕入れに係る支払対価の額

※　取引先コード・商品コード等の記載

　帳簿に記載する「課税仕入れの相手方の氏名又は名称」及び「課税仕入れに係る資産又は役務の内容」は、取引先コード、商品コード等の記号や番号等により表示することができます（消基通11－6－1）。

※　軽減税率の適用対象である場合

　軽減税率の対象である旨は、「軽減」等と省略して記載することや事業者が定めた記号を付す方法によ

ることが可能です。

　財務会計システムを使用する場合は、その税区分を「軽減税率」としていれば、この要件を満たすことになります。

2 　特定課税仕入れ

　特定課税仕入れに係る帳簿の記載事項は、次のとおりです（消法30⑧二）。

課税仕入れ
①　特定課税仕入れの相手方の氏名又は名称
②　特定課税仕入れを行った年月日
③　特定課税仕入れに係る資産又は役務の内容
④　課税仕入れに係る支払対価の額
⑤　特定課税仕入れに係るものである旨

3 　課税貨物の引取り

　保税地域から引き取った課税貨物に係る帳簿の記載事項は、次のとおりです（消法30⑧三）。

課税貨物の引取り
①　課税貨物を保税地域から引き取った年月日
②　課税貨物の内容
③　課税貨物の引取りに係る消費税等の額

第2節　保存するべき請求書等

1 　課税仕入れ

　課税仕入れについては、帳簿の保存に併せて、原則として、次に掲げる請求書等の保存が仕入税額控除の要件となります（消法30⑦、⑨）。ただし、取引の特殊性から、その保存がなくても仕入税額控除を認める特例が設けられています。

課税仕入れにつき保存するべき請求書等
① 適格請求書（インボイス）
② 適格簡易請求書（簡易インボイス）
③ 事業者が課税仕入れについて作成する仕入明細書、仕入計算書等の書類で、インボイスの記載事項が記載されているもの（インボイス発行事業者の確認を受けたものに限る。）
④ 卸売市場特例の適用がある場合に卸売業者が交付する書類
⑤ 農協特例の適用がある場合に農協等が交付する書類

　上記の書類はいずれも、その記載事項に係るデータの提供を受けて保存することができます。

2　特定課税仕入れ

　特定課税仕入れとは、国外の事業者から提供される「事業者向け電気通信利用役務の提供」であり、リバースチャージ方式の対象となるものです。

　特定課税仕入れについては、請求書等の保存は不要とされています（消法30⑦、消令49①二）。

3　課税貨物の引取り

　課税貨物の引取りについては、課税貨物の輸入の許可書等の保存が必要です。

第3節　仕入税額控除の要件の特例

1　災害等の被災者の特例

　災害その他やむを得ない事情により、帳簿及び請求書等の保存をすることができなかったことをその事業者において証明した場合は、帳簿及びインボイスの保存は不要です（消法30⑦）。

2　簡易課税制度・2割特例

　簡易課税制度は、仕入税額控除に係る事務負担から中小事業者を救済するために設けら

れています。実際の課税仕入れについて一切の事務を行わず、課税標準額に対する消費税額にみなし仕入率を適用して控除対象仕入税額を算出するものです。したがって、インボイスの保存は必要ありません。

また、2割特例についても、帳簿及び請求書等の保存は不要です。

3　個別取引に係る特例

(1)　インボイスの保存を要しない課税仕入れ

次に掲げる課税仕入れについては、インボイスの保存は不要です。所定の事項が記載された帳簿のみの保存により仕入税額控除が認められます（消令49①一、消規15の4）。

インボイスの保存を要しない課税仕入れ
①　売手のインボイス交付の義務が免除されるもの 　イ．公共交通機関特例が適用される3万円未満の旅客の輸送 　ロ．自動販売機特例が適用される3万円未満の自動販売機・自動サービス機からの商品の購入等 　ハ．郵便局特例が適用される郵便サービス ②　インボイス発行事業者以外からの仕入れが常態であるもの 　ニ．古物営業を営む者が、インボイス発行事業者でない者から、古物を棚卸資産として購入する取引（古物商特例） 　ホ．質屋を営む者が、インボイス発行事業者でない者から、質物を棚卸資産として取得する取引（質屋特例） 　ヘ．宅地建物取引業を営む者が、インボイス発行事業者でない者から、建物を棚卸資産として購入する取引（宅建業特例） 　ト．インボイス発行事業者でない者から、再生資源及び再生部品を棚卸資産として購入する取引（再生資源特例） 　チ．従業員等に支給する通常必要と認められる出張旅費、宿泊費、日当及び通勤手当（出張旅費特例） ③　簡易インボイスが回収されるもの 　リ．簡易インボイスの記載事項（取引年月日以外）を満たす入場券等が使用の際に回収される取引（入場券等回収特例）

イ、ロ、ハは、売手においてインボイスの交付が免除される取引であり、買手においてはインボイスの保存を要しません。

ニ、ホ、ヘ、トは、インボイス発行事業者以外の者から買い受けた場合に限り、帳簿のみの保存で仕入税額控除が認められます（消法30⑦、消令49①一ハ(1)～(4)）。相手方がインボイス発行事業者である場合は、インボイスの交付を受けて保存する必要があります。

(2)　帳簿の記載事項

帳簿には、通常必要な記載事項に加え、上記イ～リのいずれかの特例に該当する旨を記

載します。

　簡潔に、例えば次のような記載でかまいません。

　「3万円未満の鉄道料金」「公共交通機関特例」「入場券等」「古物商特例」「質屋特例」「出
　張旅費特例」　など

⑶　「古物商特例」「質屋特例」「宅建業特例」について

　「ニ　古物商特例」「ホ　質屋特例」「ヘ　宅建業特例」については、古物営業法、質屋
営業法又は宅地建物取引業法により、業務に関する帳簿等へ相手方の氏名及び住所を記載
することとされているものは、住所又は所在地の記載が必要です。各業法における台帳を
保存します。

　また、買取りの相手方が「インボイス発行事業者でないこと」が要件となっているので、
事業の実態に応じた方法で、買取り相手方がインボイス発行事業者でないことを客観的に
明らかにしておく必要があります。例えば、買取りの際に相手方に記載させる書類に、イ
ンボイス発行事業者か否かのチェック欄を設けるなどの方法が考えられます。

　なお、古物商が、古物営業法上の「古物」に該当しないもの（例：金、白金の地金等）
を、古物営業と同等の取引方法（古物台帳に記帳する等）により買い受ける場合には、そ
の仕入れも古物商特例の対象となります。

⑷　「再生資源特例」について

　「ト　再生資源特例」については、事業者から購入する場合には、その事業者の住所又
は所在地の記載が必要です。つまり、買取りの相手方がインボイス発行事業者である場合
はインボイスの保存が必要となり、インボイス発行事業者でない事業者である場合は、帳
簿への住所又は所在地の記載が必要となります。

　また、不特定かつ多数の者から課税仕入れを行う事業に係る課税仕入れについては仕入
先の氏名の記載は省略することができます（消令49②）。したがって、買取りの相手方が
事業者でない場合は、帳簿に仕入先の氏名を記載する必要はありません。

買取りの相手方		仕入税額控除の要件
事業者	インボイス発行事業者	帳簿及びインボイスの保存が必要
	インボイス発行事業者でない	インボイスの保存は不要 帳簿の記載事項に次を追加 ・　この特例の対象である旨 ・　買取りの相手方の住所又は所在地
事業者でない		インボイスの保存は不要 帳簿の記載は次のとおり ・　「課税仕入れの相手方の氏名又は名称」は 　記載不要 ・　この特例の対象である旨の記載を追加

⑸　「回収特例」について

　入場券などのように、物品切手等で簡易インボイスの記載事項（取引年月日を除きます）が記載されているものが、引換給付の際にインボイス発行事業者により回収される場合には、インボイスの保存は不要とされています。一回の取引の税込価額の合計額が３万円以上である場合には、帳簿に仕入先の「住所又は所在地」を記載しなければなりません（消令49①一ロ、令和５年８月10日国税庁告示第26号）。

4　免税事業者等からの仕入れに係る経過措置（８割控除・５割控除）

　仕入先が免税事業者であるなどインボイス発行事業者でない場合は、インボイス又は簡易インボイスの交付を受けることができないため、仕入税額控除を適用することはできません。

　ただし、令和11年９月30日までの６年間は、区分記載請求書等を保存することにより、次の割合で控除することができます（平成28改法附則52、53）。

インボイス制度開始

R5
10/1　　　　　　　R8
　　　　　　　　　10/1　　　　　　　R11
　　　　　　　　　　　　　　　　　　10/1

　　　　3年間　　　　　　　3年間　　　　　　その後

インボイスの保存がない
課税仕入れにつき
80%控除可能

インボイスの保存がない
課税仕入れにつき
50%控除可能

インボイスの保存がない
課税仕入れは
控除できない

　ただし、令和 6 年度改正により、令和 6 年10月 1 日以後に開始する課税期間においては、一のインボイス発行事業者以外の者からの課税仕入れの額の合計額がその年又はその事業年度で10億円を超える場合には、その超えた部分の課税仕入れについて、この経過措置の適用を認めないこととされています。

(1)　帳簿の記載

　この経過措置の適用を受けるためには、帳簿に、たとえば、「80％控除対象」、「免税事業者からの仕入れ」など、経過措置の適用を受ける課税仕入れである旨を記載しておかなければなりません。この記載については、適用対象となる取引に、「※」や「☆」といった記号・番号等を表示し、これらの記号・番号等が「経過措置の適用を受ける課税仕入れである旨」を別途「※（☆）は80％控除対象」などと表示する方法も認められます。

(2)　区分記載請求書等の保存

　適用には、区分記載請求書等と同様の記載事項が記載された請求書等の保存が必要です。
　軽減対象課税資産の譲渡等である旨及び税率ごとの税込対価の額の合計額は、買手が追記することができます（消基通21- 1 - 4 ）。
　また、インボイス制度導入前は、区分記載請求書等は「紙」に限られており、区分記載請求書等の記載事項に係るデータの提供を受けて「紙」として保存しない場合には、区分記載請求書等の保存がないものと整理されていましたが、インボイス制度においては、区分記載請求書等の記載事項に係るデータの提供を受け、そのデータを保存する場合にも、経過措置の適用が認められます（令和 4 年度改正、平成28改法附則52①②、53①②）。

5　一定規模以下の事業者の 1 万円未満の課税仕入れに係る経過措置（少額特例）

(1)　少額特例の要件

　基準期間における課税売上高が 1 億円以下又は特定期間における課税売上高が5,000万円以下の事業者が、インボイス制度の開始から令和11年 9 月30日までの期間において行う税込 1 万円未満の課税仕入れについては、インボイスの保存を要せず、帳簿の保存のみで仕入税額控除の要件を満たすことができます。

(2)　経過措置の背景

　少額特例は、「軽減税率制度の実施により、少額な取引であっても正確な適用税率の判定のために領収書等の証憑が必要となることから、こうした取引についてもインボイスの保存が必要となる」ところ、「インボイス制度への円滑な移行とその定着を図る観点から、中小事業者を含めた一定規模以下の事業者の実務に配慮し、柔軟に対応できるよう事務負

担の軽減措置を講ずる」※と説明されています。すなわち、インボイス制度導入の趣旨からすれば、少額であることを理由にインボイスの保存を不要とすることは適切ではないけれども、中小事業者対策として、制度の定着までの経過措置を設けるというものです。

　課税売上高１億円は、全事業者の90.7%、現状の課税事業者の76.1%をカバーする水準であり、取引額１万円は、クレジットカードの平均決済単価およそ5,000円（推計）をカバーするとされています。

※　「インボイス制度の改正案に関する資料」財務省ホームページ（https://www.mof.go.jp/tax_policy/summary/consumption/invoice/materials.html#a02）。

(3)　留意点

① 　適用にあたって、帳簿に「少額特例」といった記載をする必要はありません。

② 　特定期間における課税売上高の5,000万円は、課税売上高による判定に代えて給与支払額の合計額の判定によることはできません。

③ 　課税期間の途中であっても、令和11年10月１日以後に行う課税仕入れについては、適用はありません。

④ 　新たに設立された法人は、基準期間がない課税期間においては、たとえ特定期間における課税売上高が5,000万円を超える場合であっても適用することができます。

⑤ 　１万円の判定は、１商品ごとの金額により判定するのではなく、１回の取引の合計額が税込１万円未満であるかどうかにより判定します。

例1	9,000円の商品と8,000円の商品を同時に購入した場合は、合計17,000円（１万円以上）の課税仕入れとなります。
例2	月額20万円（稼働日21日）の外注は、約した役務の取引金額によることになります。月単位の取引と考えられ、月単位で20万円（１万円以上）の課税仕入れとなります。

①　公表サイトの活用

> **Q** 受け取ったインボイスについて、記載された登録番号が正しいかどうか、公表サイトで確認しなければなりませんか。
>
> ――――――――――――――――――――――――――
>
> **A** 日々の業務として、受け取ったインボイスに記載された登録番号が正しいかどうか、公表サイトで確認する作業の必要性は極めて低いといえます。
>
> 　公表サイトは、どの場面で活用するのかが重要です。控除できない消費税額等を支払うことを避けるためには、価格交渉の前に、その仕入先が「インボイス発行事業者であること」を確認しておかなければなりません。課税仕入れの時点で仕入先がイン

ボイス発行事業者であることを確認していれば、受け取ったインボイスに記載された登録番号を公表サイトで確認する必要はありません。

　継続して営業を行っている事業者がインボイス発行事業者の登録をやめることは通常は考えられませんが、登録は、登録取消届出書の提出により、課税期間ごとにやめることができます。したがって、仕入税額控除の要件を満たすため、また、価格交渉や取引内容、発注先の選定について登録の有無の変更をリアルタイムで反映させるために、仕入先の登録状況を継続的に管理する体制を整える必要があります。

　このような登録状況の管理を人の手によって行うことには限界があります。会計ソフト等に附属する機能として、公表サイトの Web-API 機能又は公表情報ダウンロード機能を利用して、名簿に入力された取引先について、自動で定期的に登録の確認を行うシステム等が開発されています。

② インボイス発行事業者の名称が一致しない場合

Q 受領したインボイスに記載されている登録番号で公表サイトを検索したところ、次のようにインボイスの記載と検索結果の画面の表示が一致しません。このインボイスは、不正なものと判断されますか。

インボイスの記載	公表サイトの表示
名　　　　称：ショップ TODAY 店舗所在地：東京都港区 9 － 9 店舗電話番号：03 － 9999 － 9999	名　　　　称：株式会社 ABC 本店所在地：東京都世田谷区 1 － 1

A **(1) 屋号を記載したインボイスの交付**

　インボイス発行事業者の名称は公表サイトで公表されていますが、法人については屋号の公表がないことから、法人の商号によらなければならないのではないかとの疑問が生じます。しかし、法人がその商号以外の屋号やブランド名で営業を行うことは珍しくなく、商号の記載のみを認めるというのは、取引の慣行上現実的ではありません。

　また、個人事業者においても、屋号（ペンネーム、芸名等を含みます）を公表していない場合が、想定されます。

　インボイス Q&A 問55は、「電話番号を記載するなどし、インボイスを交付する事業者を特定することができれば、屋号や省略した名称などの記載でも差し支えありません」としています。これは、インボイスを受け取った者が、記載された電話番号により発行者の営業所や店舗に問い合わせてインボイス発行事業者であることを確認で

きる状況であれば、問題はないということです。もちろん、現実に電話をして確認することを推奨するものではありません。確認できる状況であればよいということです。

また、交付を受ける事業者の氏名又は名称についても、正式名称のほか、その事業者であると認識することができる屋号や略称を記載することができます。

⑵　買手の対応

インボイス発行事業者が屋号を公表しない場合において、氏名又は名称の代わりに屋号を記載したインボイスを交付するときは、その記載された登録番号を基にして検索しても、公表サイトの表示とインボイスの記載が一致しません。

この場合、国税庁は、「公表サイトは、取引先から受領した請求書等に記載されている登録番号が取引時点において有効なものかを確認するために利用されるものであるため、その登録番号の有効性が確認できれば、一義的には有効な適格請求書等として取り扱うこととして差し支えありません」（インボイスQA問21-2）としています。

③　複数の書面によるインボイス

Q 仕入先から、納品書と月まとめの請求書をあわせるとインボイスになると説明されましたが、これで仕入税額控除が認められますか。

A インボイスは、交付された複数の書面や、提供を受けた複数のデータによってその記載事項を満たすことができます。書面とデータの組合せでもかまいません（消基通1-8-1）。ご質問の場合は、納品書と月まとめの請求書をあわせてインボイスとして保存してください。

④　受け取ったインボイスの記載事項に誤りがあった場合

Q 受け取ったインボイスの記載事項に誤りがあった場合や、記載事項が欠けている場合は、どうすればいいのですか。

A 交付を受けたインボイスの記載事項に誤りがあった場合や、記載事項が欠けている場合は、仕入税額控除の要件を満たすために、売手であるインボイス発行事業者から、修正したインボイスの交付を受けて保存する必要があります。自ら追記

や修正を行っただけでは、仕入税額控除の要件を満たすことはできません。

　ただし、買手は、売手が交付するインボイスに代えて、自らが作成した仕入明細書等で、インボイスの記載事項が記載されており、売手であるインボイス発行事業者の確認を受けたものを保存することもできます（消法30⑨三）。

　したがって、買手においてインボイスの記載事項の誤りを修正し、売手の確認を受けた場合は、あらためて修正したインボイスの交付を受ける必要はありません。結果として、両者が、正しく一致したインボイスとその写しを保存していればよいということです。

インボイスの記載事項に誤りがあった場合	
交付したインボイス発行事業者（売手）	交付を受けた事業者（買手）
修正インボイスを交付する義務がある ※買手による修正を確認した場合は写しを修正する	修正インボイスの交付を受けて保存する必要がある ※自ら修正した場合は売手の確認を受ける

⑤　前月の請求金額に訂正がある場合

Q　前月の請求書（インボイス）において請求金額が過少であった場合において、前月の修正インボイスによらず、当月のインボイスに加算されていますが、いいのでしょうか。

A　過少請求について、継続的に、その翌月の請求書（インボイス）において、過少であった金額を対価の額に直接加算し、その加算した金額に基づき計算した消費税額等を記載する方法で調整している場合には、その調整により、修正したインボイスの交付があったものとすることができます。

　過大請求である場合も同様に、過大であった金額を翌月の請求書で調整することができます。

⑥　インボイス制度下の税務調査

Q　インボイス制度が開始すると、税務調査においてインボイスの記載事項が満たされているかどうか、一枚ずつチェックされるのですか。

次のような国会答弁※があります。

○鈴木俊一財務大臣

　国税当局が行います税務調査につきましては、大口で悪質な不正計算が想定されるなど調査必要度の高い納税者を対象としているところでありまして、これまでも、請求書等の保存書類についてなどの軽微な記載事項の不足を確認するための税務調査は実施していない、そのように承知をしております。

　インボイス制度導入後も、こうした方針に特に変更はないと聞いております。

○末松義規委員（立憲民主党）

　ということであれば、制度が定着するようなところも含めて、そういう軽微なことについて中小事業者をある意味じゃいじめるような、そういったことは、国税庁としてもそこは十分に勘案して、そういった方々に極力面倒をかけないということを是非お約束していただきたいと思います。これは国税庁に聞きます。

○星屋政府参考人（国税庁次長）

　お答え申し上げます。

　国税庁といたしましては、インボイス制度について、制度の定着を図るため、調査の過程でインボイスの記載不備を把握したとしても、インボイスだけでなく他の書類等を確認するなど柔軟に対応していくということで考えてございます。

○末松義規委員（立憲民主党）

　そういうことであれば、極めて柔軟に対応するということで、そこは多くの中小事業者も本当に安心するということだと思います。

　インボイスに必要な記載事項を相互の関連が明確な複数の書類により確認できれば、それらをあわせると適正なインボイスとなります。仮に調査等の過程で、調査官が、買手が保存しているインボイスにて記載事項の不足等を把握した場合であっても、他の書類等を確認するといった対応を行うこととなり、直ちに仕入税額控除が否認されるものではありません。

※　第211回国会　衆議院　財務金融委員会　第2号（令和5年2月10日）議事録

⑦ 売手が故意に適正なインボイスを交付しない場合

Q 売手が故意に適正なインボイスを交付しない場合であっても、インボイスの保存がないことを理由に、その課税仕入れについて仕入税額控除が否認されるのでしょうか。

A 売手が、インボイス発行事業者の登録をしていないにもかかわらず、登録番号のような英数字が記載されているインボイス又は簡易インボイスであると誤認されるおそれのある表示をした書類を交付することや、インボイス発行事業者が偽りの記載をしたインボイス又は簡易インボイスを交付することは禁止されており、罰則（1年以下の懲役又は50万円以下の罰金）の適用対象となります（消法57の5、65）。このような故意による不正なインボイスを、以下「偽インボイス」といいます。

国税庁は、偽インボイスの交付を受けた場合について、次のように説明しています（インボイスQA問21-2）。

> そうした書類や電磁的記録を受領した事業者において、災害その他やむを得ない事情により、請求書等の保存をすることができなかったことを証明した場合には、帳簿や請求書等の保存がなくとも仕入税額控除の適用を受けることが可能です（消法30⑦但書）。

⑧ オートオークション会場で中古車を購入した場合

Q 古物商の許可をうけ、オートオークション会場で中古車を購入しています。オークション会場から交付される計算書等には出品者の情報が記載されていません。そうすると、帳簿のみの保存で仕入税額控除の要件を満たす「古物商特例」の適用がないのでしょうか。

A (1) 古物商特例

古物商が行うインボイス発行事業者以外からの古物（棚卸資産）の購入は、インボイスの保存なしに、帳簿のみの保存により仕入税額控除が認められます（消令49①一ハ(1)）。この場合の帳簿には、通常の記載事項に加え、①「この特例の対象である旨」、②「古物営業法により古物台帳に相手方の氏名及び住所を記載することとされているものはその住所又は所在地」を記載しなければなりません。

(2) **オークション会場では媒介者交付特例**

　ご質問の場合は、オークション会場での中古車の購入ということですから、媒介者交付特例により、オークション会場からインボイスが交付されます（消令70の12）。すなわち、オークション会場は、あらかじめ出品者からインボイス発行事業者の登録を受けている旨の通知を受けたうえで、オークション会場の名称と登録番号を記載したインボイスを交付します。

　したがって、古物商特例の適用を受けるまでもなく、その交付されたインボイスを保存することによって、請求書等保存の要件を満たすことになります。

⑨　公共交通機関特例の適用範囲

Q　公共交通機関特例の適用について、切符をまとめて購入した場合の3万円未満の判定は、どうなりますか。

A　3万円未満の公共交通機関（船舶、バス又は鉄道）による旅客の運送については、インボイスの交付が免除され、その利用者においては、インボイスの保存は仕入税額控除の要件となりません。

　この場合、3万円未満の公共交通機関による旅客の運送かどうかは、1商品（切符1枚）ごとの金額や、月まとめ等の金額ではなく、1回の取引の税込価額によって判定します（消基通1－8－12）。

　たとえば、東京・大阪間の新幹線の大人運賃が13,000円であり、4人分の切符をまとめて購入した場合には、4人分の52,000円で判定することとなり、インボイスの保存が必要となります（インボイスQA問43）。

⑩　インボイスの保存を要しない出張旅費と通勤手当

Q　インボイスの保存が不要となる従業員等に支給する通常必要と認められる出張旅費等（出張旅費、宿泊費、日当及び通勤手当）の範囲は所得税において給与所得の非課税となる部分に限られるのでしょうか。

A　従業員等に支給する出張旅費、宿泊費、日当等のうち、その旅行に通常必要であると認められる部分の金額については、課税仕入れに係る支払対価の額に該当し（消基通11－6－4）、所得税が非課税となる範囲内（所基通9－3）で、帳簿

のみの保存で仕入税額控除が認められます。

　また、従業員等に支給する通勤手当のうち、通勤に通常必要と認められる部分の金額についても、課税仕入れに係る支払対価の額として取り扱われ（消基通11－6－5）、帳簿のみの保存で仕入税額控除が認められます（消令49①一ニ、消規15の4三）。この「通勤者につき通常必要であると認められる部分」とは、事業者が通勤者に支給する通勤手当が、その通勤者がその通勤に必要な交通機関の利用又は交通用具の使用のために支出する費用に充てるものとした場合に、その通勤に通常必要であると認められるものをいい、所得税において非課税とされる上限15万円を超えていてもかまいません（消基通11－6－5）。

区　分		所得税	消費税
出張旅費	通常必要であると認められる部分の金額	給与所得の非課税	インボイスの保存不要
通勤手当	通常必要であると認められる部分の金額	給与所得の非課税	
	うち、月額15万円を超える部分の金額	給与所得として課税対象	

⑪　海外予約サイトの利用

Q ホテルの手配にBooking.comやAgodaといった海外の旅行予約サイトを利用した場合、予約時又は決済時に、旅行予約サイトからインボイスは交付されますか。

A **⑴　宿泊の予約**

　宿泊ホテルがインボイス発行事業者である場合は、ホテルは、買手（課税事業者）からの求めに応じてインボイスを交付する義務があります（消法57の4①）。

　また、予約サイトの運営会社は、代理交付、あるいは、自己がインボイス発行事業者である場合には媒介者交付特例により、その宿泊サービスについてインボイスを交付することができます。ただし、海外の旅行予約サイトの多くは、インボイスの交付について次の方法を取るようです。

　①　予約サイトからインボイスの交付をしない

　②　宿泊ホテルがサイト手数料控除前の顧客が支払う金額のインボイスを交付する

　③　予約サイトは、サイト手数料に係るインボイスを宿泊ホテルに交付する

　したがって、上記のような方法による場合は、宿泊ホテルからインボイスの交付を受けることになります。

(2) 企画旅行に該当する場合

　予約サイトを運営する事業者が、宿泊サービスを含めた一連の旅行サービス（企画旅行）を提供する場合には、ホテルではなく、その企画旅行を提供する事業者がインボイス交付の義務者となります。

⑫ コーポレートカードを利用する場合の出張旅費特例

Q コーポレートカードを利用する場合には、出張旅費特例は適用できないのですか。

A 決済の方法によって判断することになります。

(1) 出張旅費等の特例

　従業員等に支給する出張旅費、宿泊費、日当等のうち、その旅行に通常必要であると認められる部分の金額については、課税仕入れに係る支払対価の額に該当し（消基通11－6－4）、所得税が非課税となる範囲内（所基通9－3）で、帳簿のみの保存で仕入税額控除が認められます。

　また、従業員等に支給する通勤手当のうち、通勤に通常必要と認められる部分の金額についても、課税仕入れに係る支払対価の額として取り扱われ（消基通11－6－5）、帳簿のみの保存で仕入税額控除が認められます（消令49①一ニ、消規15の4三）。

(2) コーポレートカードの決済を会社の口座で一括して行う場合

　コーポレートカードによる出張旅費の支払いは、従業員の立替負担の解消、不正防止、業務の効率化などの効果があります。

　インボイス制度において、出張旅費特例は、「会社が従業員等に支給する」もの、すなわち「支出に充てるものとして支給される金品」であることを前提としています（消規15の4等）。したがって、従業員がコーポレートカードを利用し、会社の口座で一括してその費用の決済を行う場合には、会社が用務先へ直接支払っていると同視し得るものであり、出張旅費特例の対象にはなりません。公共交通機関特例や回収入場券特例、少額特例などの適用がなければ、決済先から交付されるインボイスの保存が必要となります。

(3) コーポレートカードの決済を従業員の口座で行う場合

　コーポレートカードの決済には、従業員の個人の口座で支払の決済をして同額を会社から入金する方法もあります。この場合には「会社が従業員等に支給する」もので

あることから、出張旅費特例の対象となります。

　なお、出張旅費特例の対象とならない経費の支払である場合には、会社が仕入税額控除を行うためにインボイスが必要になります。

コーポレートカードによる出張旅費等の支払い	
会社の口座で一括決済する場合	・出張旅費特例の適用なし ・公共交通機関特例等の適用がない場合は、インボイスの保存が必要（※）
個人口座で決済する場合	・通常必要であると認められる出張旅費、宿泊費、日当等　　　…出張旅費特例の対象 ・出張旅費以外の経費の立替え…インボイスの保存が必要

⑬　経費の立替払い

Q 経費の立替払いがあった場合、インボイスの保存はどうすればいいのですか。

A 他者宛てのインボイスについては、立替金精算書が必要です。

⑴　立替金精算書が必要である場合

　A社が行う課税仕入れの対価をB社が立て替えて支払う場合、仕入先は、B社に対して、B社宛てのインボイスを交付することが想定されます。

　A社は、このB社宛てのインボイスをそのまま受領しても、インボイスの保存の要件を満たすことはできません。

　立替払いを行ったB社から、インボイスとともに、その課税仕入れがA社に帰属することを明らかにする立替金精算書の交付を受けて保存することにより、インボイスの保存の要件を満たすこととなります（消基通11-6-2）。

　この場合、立替払を行うB社がインボイス発行事業者である必要はありません。

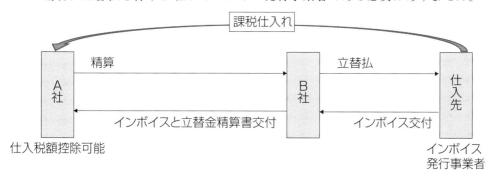

(2) 公共交通機関特例等の適用がある場合

　立替払に係る内容が、公共交通機関特例や自動販売機特例など、帳簿のみの保存で仕入税額控除が認められる課税仕入れに該当する場合は、A社は、所定の事項を記載した帳簿を保存することにより仕入税額控除を行うことができます。インボイス及び立替金精算書の保存は不要です。

(3) 簡易インボイスである場合

　立替払について受け取ったインボイスが簡易インボイスである場合には、立替金精算書の保存は不要です。

(4) 複数者の経費を一括して立て替える場合

　B社がA社を含めた複数者分の経費を一括して立て替える場合には、B社は、立替金精算書とインボイスのコピーをA社に交付することになります。

　ただし、コピーが大量となる、あるいは、他者に関する事項が記載されているなどインボイスのコピーを交付することが困難な場合において、B社がインボイスを保存しているときは、A社はB社が作成した立替金精算書の保存をもって、仕入税額控除を行うことができます。

　この場合、B社は、A社が仕入税額控除の適用を受けるに当たって必要な事項を立替金精算書や契約書等に記載して通知し、A社は、帳簿に仕入先の名称を記載しなければなりません。

⑭ 郵便切手類に係る仕入税額控除の時期の特例

Q　郵便切手類に係る仕入税額控除の時期はどうなりますか。

A　郵便局等による郵便切手類の譲渡は、非課税です。買手においても、郵便切手類の購入は課税仕入れに該当せず、これを対価として郵便物に貼付して郵便集配のサービスを受けた時に課税仕入れとするのが原則です。しかし、自ら引換給付を受ける（使用する）郵便切手類については、継続適用を要件として、その郵便切手類の購入時に課税仕入れを認識することができます（消基通11－3－7）。

　また、郵便局特例により、インボイスの保存は必要ありません。

⑮ 卸売市場特例・農協特例

> **Q** 卸売市場特例、農協特例では、出荷者等のインボイスの交付が免除されますが、買手のインボイスの保存はどうなりますか。
>
> ───────────────────────────
>
> **A** 卸売市場特例では、卸売業者が、対象となる取引につき、購入者に対して、インボイスに代わる書類を交付します。購入者はこれを保存します(消法30⑨四、消令49⑥)。書類の交付は、データの提供によることも可能です（消令49⑦）。
>
> また、農協特例においても、農協等が、インボイスに代わる書類を交付するので、購入者はこれを保存します。
>
> したがって、購入者にとっては、他の取引と変わらず、仕入れの相手方が交付する書類又はデータを保存すれば、請求書等の保存の要件を満たすことになります。

⑯ 物品切手等に係る回収特例

> **Q** 物品切手と引換えに給付を受ける課税仕入れについて、回収特例の適用はどうなりますか。
>
> ───────────────────────────
>
> **A** 物品切手等は、原則として、購入時においては課税仕入れには該当せず、役務又は物品の引換給付を受けた時にその引換給付を受けた事業者の課税仕入れとなります。
>
> ただし、自ら引換給付を受ける物品切手等で回収特例（消令49①一ロ）が適用されるものについては、継続適用を要件として、その物品切手等の対価を支払った日の属する課税期間の課税仕入れとすることができます（消基通11-3-7）。
>
> また、回収特例の適用を受ける場合には、その物品切手等の購入について支払った金額が課税仕入れの対価となりますが、回収特例の適用がない場合は、物品切手等の購入に要した金額の如何にかかわらず、引換給付時に受領したインボイスに記載された金額を基礎として仕入税額控除の適用を受けることとなります(消基通11-3-7、インボイスQA問101)。
>
> 自ら引換給付を受ける物品切手等に係る課税仕入れの時期と帳簿及び請求書等の保存の要件は、次のとおりです。

自ら引換給付を受ける物品切手等の課税仕入れ		
区分	【回収特例適用あり】	【回収特例適用なし】
インボイスの保存	・ 簡易インボイスの記載事項（取引年月日を除く）が記載されている物品切手等が、引換給付を受ける際にインボイス発行事業者により回収されるもの ・ インボイスの保存不要、帳簿のみ保存する	引換給付につき受領したインボイス及び帳簿を保存
課税仕入れの時期	・ 引換給付を受ける時 ・ ただし、物品切手等の購入時（対価の支払時）の課税仕入れとすることができる	引換給付を受ける時
対価の額	物品切手等の購入に係る対価の額	引換給付につき受領したインボイスに記載された対価の額

⑰ 回収特例の適用がない物品切手等に係る仕入税額控除

Q 図書カードを割引で購入した場合や、イベントチケットを割増で購入した場合など、物品切手等の購入に係る支払額と引換給付を受けたときに受領したインボイスに記載された対価の額が違っている場合、仕入税額控除はどうなりますか。

A **(1) 贈与した場合**

商品券や図書カード等は、贈答用に利用するのが一般的です。他者に贈与する場合は、仕入税額控除は適用されません。

回収特例の適用がない物品切手等は、購入時には課税仕入れに該当せず、役務又は物品の引換給付を受けた時に、その引換給付を受けた事業者の課税仕入れとなります。

(2) 自ら使用する場合

購入した物品切手等を自ら使用して役務又は物品の引換給付を受ける場合は、その引換給付を受けた時に仕入税額控除を適用します。

※ 前問のとおり、回収特例が適用される物品切手等（自ら引換給付を受けるチケット等が簡易インボイスで回収されるもの）については、継続適用を要件として、その購入時に仕入税額控除を適用することができる特例があります（（消令49①一ロ、消基通11-3-7）。

購入した金額と引換給付を受けたときに受け取ったインボイスに記載された金額が異なる場合は、次によります。

① 割引価格にて購入したとき（購入額＜インボイス記載額）

　割引価格にて購入したときは、受領したインボイスに記載された金額により仕入控除税額を算出し、実際に支払った金額との差額を雑収入等(消費税課税対象外の収入)として計上することとなります（**処理例（１）**）。

　ただし、実際に支払った金額により、仕入控除税額を算出することもできます（**処理例（２）**）。

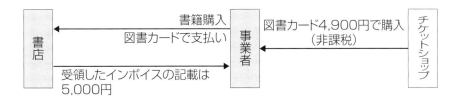

【購入金額4,900円、インボイスに記載された金額5,000円である場合】

処理例⑴

○購入時

借　方		貸　方	
貯蔵品	4,900円	現金	4,900円

○使用時

借　方		貸　方	
新聞図書費（課税）	5,000円	貯蔵品	4,900円
		雑収入（課税対象外）	100円

処理例⑵

○購入時

借　方		貸　方	
貯蔵品	4,900円	現金	4,900円

○使用時

借　方		貸　方	
新聞図書費（課税）	4,900円	貯蔵品	4,900円

② 割増価格にて購入した場合（購入額＞インボイス記載額）

　イベントチケット等を割増価格にて購入した場合には、受領したインボイスに記載された金額を上限として仕入控除税額を算出することとなります。

【購入金額13,200円、インボイスに記載された金額11,000円である場合】

処理例

○購入時

借　方		貸　方	
貯蔵品	13,200円	現金	13,200円

○使用時

借　方		貸　方	
福利厚生費（課税）	11,000円	貯蔵品	13,200円
福利厚生費（課税対象外）	2,200円		

③　贈与を受けた場合（購入額＝0円）

　贈与を受けた場合、金銭の支出はありませんが、物品切手等を使用して引換給付を受けた時に、受領したインボイスに記載された金額により仕入税額控除を適用します。

【5,000円の商品券の贈与を受けた場合】

処理例

○受贈時

借　方		貸　方	
貯蔵品	5,000円	雑収入（不課税）	5,000円

○使用時

借　方		貸　方	
消耗品費（課税）	5,000円	貯蔵品	5,000円

⑱ 大阪・関西万博のチケットに係る仕入税額控除

Q 当社では、取引先に進呈する又は従業員に福利厚生として配布する目的で、2025年日本国際博覧会（大阪・関西万博）のチケットを購入しました。チケットには早期購入割引や結果的に割増購入となる場合もあるそうですが、インボイスの保存と課税仕入れの対価の額はどうなりますか。

A **(1) 法人税の取扱い**

「大阪・関西万博」の入場チケットに係る税務上の取扱いは、国税庁の文書照会事例「『2025年日本国際博覧会（大阪・関西万博）』に係る費用の税務上の取扱いについて（令和5年3月28日回答）」において、2005年日本国際博覧会（愛・地球博）と同様の取扱いになることが示されています。

愛・地球博に係る文書回答では、次のように示されています（平成15年7月7日回答）。

8　入場券の購入費用については、次による。

(1)　法人が販売促進等の目的で当該入場券のみを取引先等に交付する場合の当該入場券の購入費用は、交際費等に該当せず、販売促進費等として処理する。

(2)　企業等が従業員の慰安会、レクリエーション等として博覧会を見学させる場合の当該入場券の購入費用及びその見学のために通常要する交通費、宿泊費等については、福利厚生費に該当する。なお、従業員の家族を含めて実施した場合も同様とする。

---

(1)の「販売促進目的」で購入したチケットの購入費用は、企業イメージの向上を目的としたものであるといえます。取引先にチケットを交付した時点で損金算入することになります。開幕前にチケットを交付した場合でも、その時点で損金算入することが可能です。

(2)の「福利厚生費」として処理するチケットの購入費用は、原則として、チケットを使用した時点で損金算入することになります。ただし、チケットを従業員に交付した時点で損金算入することもできます。

(2) 消費税の取扱い

大阪・関西万博の入場チケットは、デジタルチケットであり、回収特例の適用がない物品切手等に該当します。

① 大阪・関西万博のインボイス

万博協会は、「入場チケットのインボイスに関する資料」を交付しています。

同資料には、インボイスの記載事項のうち、①インボイス発行事業者の名称、②登録番号、③課税資産の譲渡等を行った年月日、④取引内容、⑤適用税率「10%」が記載されています。また、同資料とチケットIDのリストを合わせることにより⑥「課税資産の譲渡等の対価の額」が明らかとなります。

　このように、「入場チケットのインボイスに関する資料」とチケットIDにより簡易インボイスの記載事項が満たされるので、これらを簡易インボイスとして保存することにより、請求書等の保存要件を満たすことになります。

　なお、取引先に入場チケットを進呈する場合は、その取引先において仕入税額控除の適用要件として簡易インボイスを保存するために、「入場チケットのインボイスに関する資料」を交付してください。

② 取引先に贈与した場合

　物品切手等の発行は課税対象外取引であり、物品切手等の譲渡は非課税です（消法別表第二4号ハ、消基通6-4-5）。これと引換えに課税資産の譲渡等を受ける場合に課税仕入れを認識することとなります。したがって、入場チケットを他の者に贈与し、自ら引換給付を受けない場合には、その入場チケットの購入につき仕入税額控除を行うことはできません。

③ 従業員に配布した場合

　福利厚生として入場チケットを購入し、従業員に配付した場合は、実際に従業員が使用した時（引換給付を受けた時）に課税仕入れを認識して仕入税額控除を適用します。

④ 従業員から一部負担金を徴収した場合

　従業員等に入場チケット代金の一部を負担させる場合であっても、その従業員等が負担する額を減額することなく、万博協会が交付するインボイスに記載された金額について、使用時の課税仕入れとすることができます。

　また、従業員等の負担額を減額した金額を課税仕入れとすることもできます。

2025 年日本国際博覧会

入場チケットのインボイスに関する資料

公益社団法人　２０２５年日本国際博覧会協会

受領されたチケットＩＤと本資料を併せて保存いただくことで、チケット使用時のインボイスとなります。

○　**入場チケット発行者**　公益社団法人 2025年日本国際博覧会協会
　　　　　　　　　　　　　（登録番号　T9120005020700）

○　**博覧会開催期間**　2025 年 4 月 13 日〜10 月 13 日

○　**入場チケットの券種及び発行額**　次表のとおり
　※　表の金額はすべて１枚当たりの税込額（税率１０％）
　※　チケットに「一日券」が含まれている場合、該当する一日券の種類（①〜③）を「●」で示しています。

券種		区分		
		大人	中人	小人
開幕券		4,000 円	2,200 円	1,000 円
前期券		5,000 円	3,000 円	1,200 円
一日券	①超早期購入割引 ●	6,000 円	3,500 円	1,500 円
	②早期購入割引	6,700 円	3,700 円	1,700 円
	③会期中購入	7,500 円	4,200 円	1,800 円
平日券		6,000 円	3,500 円	1,500 円
夜間券		3,700 円	2,000 円	1,000 円
特別割引券		3,700 円	2,000 円	1,000 円
夏パス		12,000 円	7,000 円	3,000 円
通期パス		30,000 円	17,000 円	7,000 円
一般団体割引券		6,300 円	3,500 円	1,500 円

（出典：週刊税務通信3805号（2024年6月10日））

⑲　大阪・関西万博の入場チケットの贈与を受けた場合

Q　取引先から大阪・関西万博の入場チケットを贈与された場合はどうなりますか。

A　**(1)　法人税の取扱い**

　取引先から大阪・関西万博の入場チケットの贈与を受けた場合、益金として資産計上をする必要があります。その上で、用途に応じて処理することになり、従業員に配布した場合は、「福利厚生費」となります。

　なお、交付を受けた入場チケットが使用されなかった場合は、大阪・関西万博閉幕時点において「雑損失」として処理することになります。

⑵　消費税の取扱い

　取引先から入場チケットを贈与された場合、贈与を受けた時点では、消費税の課税関係は生じません。

　贈与を受けた入場チケットを実際に使用した時点で、貴社において課税仕入れを認識し、仕入税額控除の適用を受けることができます。

　この場合、前問に示したとおり、「入場チケットのインボイスに関する資料」とチケット ID をあわせて簡易インボイスとなります。

　万博協会が交付する「入場チケットのインボイスに関する資料」は、入場チケットを購入した企業から直接交付を受けてもかまいません。

⑳　タクシーチケットに係る回収特例の適用

Q　クレジットカード会社が発行しているタクシーチケットは、クレジットカード利用明細書が送付されます。取引先に進呈したタクシーチケットについては、乗車の際の領収書（簡易インボイス）を入手することができませんが、クレジットカード利用明細書の保存により、インボイスの保存があるものと認められますか。

A　⑴　**インボイス発行事業者であるタクシーを利用した場合**

　クレジットカード会社が発行しているタクシーチケットを利用した場合、原則として、その使用に当たってタクシー事業者から受領した簡易インボイスの保存が仕入税額控除の要件となります。

　ただし、クレジットカード利用明細書及び以下の資料に記載された内容等に基づき、利用されたタクシー事業者がインボイス発行事業者であることが確認できる場合には、回収特例を適用し、帳簿のみの保存により仕入税額控除の適用を受けることができます（インボイス QA 問108－2）。

　・利用されたタクシー事業者のホームページ
　・クレジットカード会社のホームページ等に掲載されている利用可能タクシー一覧

⑵　**インボイス発行事業者の登録をしていないタクシーを利用した場合**

　インボイス発行事業者の登録をしていないタクシー事業者の利用である場合には、そのタクシー利用時に受領した未収書や、別途そのタクシー事業者から発行を受けた書類など、区分記載請求書の記載事項を満たした書類及び一定の事項を記載した帳簿

の保存により、8割控除又は5割控除の経過措置の適用を受けることができます（インボイスQA問108-2）。

㉑ 委託販売における純額処理とインボイスの保存

Q 委託販売の委託者が純額処理を行う場合にも、インボイスの保存は必要ですか。

A インボイスの保存が必要であるかどうかは、課税仕入れの事実の有無によって判断します。

(1) 委託者

委託販売等に係る委託者においては、受託者が委託商品の譲渡等をしたことに伴い収受する金額が委託者における資産の譲渡等の金額となり、受託者に支払う委託販売手数料が課税仕入れとなります（原則）。

ただし、特例として、標準税率の課税資産の譲渡等のみを行う委託販売等においては、その課税期間中に行った委託販売等の全てについて、その資産の譲渡等の金額から受託者に支払う委託販売手数料を控除した残額を委託者における資産の譲渡等の金額とする純額処理が認められています（消基通10-1-12）。

この原則、特例のいずれにおいても、受託者に支払う委託販売手数料に係るインボイスの保存が必要です（インボイスQA問123）。

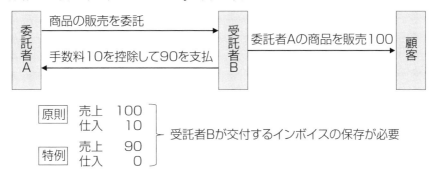

(2) 受託者

委託販売等に係る受託者においては、委託者から受ける委託販売手数料が役務の提供の対価となります（原則）。

ただし、特例として、標準税率の課税資産の譲渡等のみを行う受託業務については、委託された商品の譲渡等に伴い収受する金額を課税資産の譲渡等の金額とし、委託者に支払う金額を課税仕入れに係る金額とすることが認められています（消基通10-1

115

－12）。

　この場合、委託者に支払う金額に係る課税仕入れに関し、インボイスの保存は不要です（インボイスQA問124）。

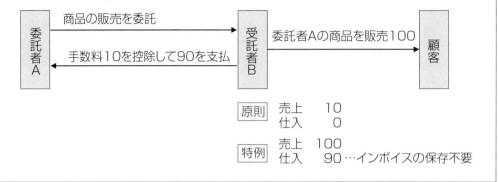

㉒　軽油の委託販売

Q　サービスステーション（SS事業者）から軽油を購入する場合、どのようなインボイスが交付されますか。

A　⑴　**軽油引取税の納税義務者と特別徴収義務者**
　　軽油引取税の納税義務者は、特約業者又は元売業者（以下「特約店」といいます）から現実の納入を伴う軽油の引取りを行う者です（地方税法144の2①）。
　　軽油引取税の徴収は特別徴収の方法によるものとされており（地方税法144の13）、軽油を引き渡す特約店は、特別徴収義務者として、軽油の引取りを行う者から軽油引取税を徴収し、1か月分をまとめて翌月末日までに都道府県に申告納付する義務を負います（地方税法144の14①②）。

⑵　**消費税の課税関係**
①　特別徴収義務者であるかどうかによる違い
　特別徴収する軽油引取税は、課税資産の譲渡等の対価の額には含まれません（消基通10－1－11）。したがって、特別徴収義務者である特約店が軽油を販売する場合には、特別徴収税額である軽油引取税の額は消費税の課税の対象となりません。軽油引取税の額を除いた軽油本体価格が課税の対象となります。
　これに対し、特別徴収義務者ではないSS事業者が軽油を販売する場合には、軽油引取税相当額を含む販売価格全体が消費税の課税の対象となります。

② 委託販売方式による二重課税の解消

　SS事業者においては、特別徴収された軽油引取税相当額に消費税が課税されるタックスオンタックスの問題を解決するために、SS事業者が仕入先の特約店（特別徴収義務者）との間で軽油に関する委託販売契約を締結する委託販売が広く採用されています。委託販売であれば、SS事業者においても、特約店と同様に軽油本体価格を消費税の課税対象として軽油の販売をすることが可能であるとされています。

(3) 軽油の委託販売におけるインボイス対応

　委託販売の受託者は、委託者に対してその委託販売に係るインボイスの写しを交付しなければなりません（消法57の4①⑥）。しかし、軽油の委託販売については、SS事業者におけるインボイスの交付枚数が大量となり、特約店への交付のインフラがありません。また、SS事業者は、区分記載請求書等保存方式において特約店に対して委託販売報告書等の提出は行っていませんでした。さらに、複数の特約店から軽油を購入している場合には毎回の販売についていずれから仕入れたものであるかを特定することができないという問題もあります。

　そこで、SS事業者から特約店へのインボイスの写しの交付を省略し、特約店がSS事業者に交付した「請求書（又はその写し）」を双方が保存することにより、媒介者交付特例における精算書等の交付があったものと認めることとされています。

(4) SS事業者が交付する簡易インボイス

　この場合、SS事業者は、購入者に対し、委託販売売上高として特約店に帰属するべき対価の額と委託販売手数料として自己に帰属する対価の額とを区分することなく、一のインボイス等に記載することができます。

　たとえば、簡易インボイスは次のような記載になります。

```
            領 収 書
                        ××年10月31日
   △△石油㈱ Ｔ1234567890123

   軽油                        5,155円
       数量35.55ℓ
       単価145円
   （内軽油本体 @112.9円）      4,014円
   （内軽油引取税@32.1円）      1,141円
             合  計          5,155円
       （内消費税額等          365円）
```

　買手は、これを保存して、4,014円を課税仕入れの対価（税込み）とし、1,141円を課税対象外の軽油引取税とします。

Q 当社は、家賃を口座振替により支払っています。毎月の支払の都度、インボイスの交付を受けなければなりませんか。

A 一定期間の取引をまとめる、複数の書類による、仕入明細書による等、合理的なインボイスの授受の方法を検討してください。

(1)　インボイスの保存が必要

　家賃の支払のように、契約書に基づき代金決済が行われ、取引の都度、請求書や領収書が交付されない取引であっても、仕入税額控除を受けるためには、原則として、インボイスの保存が必要です。

　賃貸人から管理業務を受託する不動産管理会社では、インボイスを代理交付する検討がなされています。不動産管理会社がない場合は、賃貸人に直接インボイスの交付を求めることになります。

(2)　複数の書類の保存

　インボイスとして必要な記載事項は、一の書類だけで全てが記載されている必要はなく、複数の書類によってインボイスの記載事項を満たすことも可能です。口座振替による家賃の支払の場合には、インボイスの記載事項のうち、たとえば、課税資産の譲渡等の年月日以外の事項が記載された契約書とともに、課税資産の譲渡等の年月日の事実を示す通帳を併せて保存することにより、仕入税額控除の要件を満たすこととなります。

　口座振込により家賃を支払う場合も、上記の契約書と銀行が発行した振込金受取書をあわせて保存することにより、仕入税額控除の要件を満たすこととなります。

(3)　令和5年9月30日以前からの契約

　インボイス制度が導入される令和5年9月30日以前からの契約については、登録番号等のインボイスとして必要な事項の通知を受けて従前の契約書とともに保存すれば足ります。

(4)　仕入明細書による場合

　賃借人がインボイスの記載事項を満たす仕入明細書を作成する方法によることもできます。

　この場合、一定期間を取りまとめたものでもかまいません。所轄税務署長に提出する「不動産の使用料等の支払調書」（所法225①九）について、摘要欄等を活用してイ

ンボイスの必要事項を整えれば、これをインボイスに代えて保存することもできます。

　支払調書は暦年で集計するので、たとえば、3月末決算法人であれば、備考欄に、1月から3月までの期間の課税仕入れの対価の額の合計額と、4月から12月までの期間の課税仕入れの対価の額を記載しておけばよいでしょう。

(5)　インボイス発行事業者の確認

　上記のように取引の都度、請求書等が交付されない家賃については、賃貸期間の中途で賃貸人がインボイス発行事業者でなくなり、その旨の連絡がない場合も想定されます。インボイス発行事業者ではない賃貸人に支払う家賃については仕入税額控除を行うことはできません。国税庁の公表サイトと連携するシステム等（96ページ「①公表サイトの活用」参照）により、継続的に登録の状況を確認しておきましょう。

㉔　仕入明細書の活用

> **Q** 当社の仕入先には個人事業者が多く、インボイス発行事業者の登録をしていたとしても適正な記載事項を整えたインボイスの交付を受けられるか心配です。どうすればいいでしょうか。
>
> ---
>
> **A** 仕入先のインボイスの交付に不安がある場合には、買手が自ら仕入明細書を作成しこれを保存する方法を検討してはいかがでしょうか。自社のシステムで作成したデータを保存するので、業務の効率という点から有益であり、仕入税額に係る請求書等積み上げ計算も容易に行えます。
>
> 　インボイスの保存に代えて保存することができる仕入明細書は、インボイスの記載事項が記載され、その記載事項について仕入先の確認を受けたものです。

㉕　支払調書の活用

> **Q** 報酬に係る課税仕入れにつき、税務署に提出する支払調書をインボイスに代えて保存することはできますか。
>
> ---
>
> **A** 原稿料や講演料などの報酬等を支払う場合、請求書等の交付を受けず、支払明細書等を作成して交付することが一般的です。インボイス制度では、この支払明細書にインボイスの記載事項を記載して保存することができます。

また、所轄税務署長に提出する「報酬、料金、契約金及び賞金の支払調書」（所法225①三）について、摘要欄等を活用してインボイスの必要事項を整えれば、これをインボイスに代えて保存することができます。

　支払調書は暦年で集計するので、たとえば、3月末決算法人であれば、備考欄に、1月から3月までの期間の課税仕入れの対価の額の合計額と、4月から12月までの期間の課税仕入れの対価の額を記載しておけばよいでしょう。

㉖　仕入明細書の確認方法

Q インボイスに代えて仕入明細書を保存する場合の相手方の確認はどのように行うのですか。

A 買手が作成する仕入明細書は、インボイスの記載事項が記載されており、相手方の確認を受けたものである場合には、インボイスに代えて保存することができます。

　相手方の確認を受けたものとは、例えば、次のようなものです（インボイスQA問86）。

① 仕入明細書の記載内容を、通信回線等を通じて仕入先の端末機に出力し、確認の通信を受けた上で、自己の端末機から出力したもの

② 仕入明細書の記載内容に係るデータをインターネットや電子メールなどを通じて仕入先へ提供し、確認の通知等を受けたもの

③ 仕入明細書の記載内容を仕入先に示した後、一定期間内に誤りのある旨の連絡がない場合には記載内容のとおり確認があったものとする基本契約等を締結した場合におけるその一定期間を経たもの

④ 仕入明細書に「送付後一定期間内に誤りのある旨の連絡がない場合には記載内容のとおり確認があったものとする」旨の通知文書等を添付して相手方に示し了承を得たもの

㉗ 出来高検収書による仕入税額控除

Q 建設工事を外注する場合、出来高検収書を保存して仕入税額控除を行うことができますか。

A **(1) 出来高検収の特例**

　建設工事等は、その目的物が完成し、引渡しを受けた日の属する課税期間の課税仕入れとなります（消基通9－1－5、11－3－1）。

　ただし、建設工事等を請け負った元請業者が、建設工事等の全部又は一部を下請業者に請け負わせる場合において、元請業者が下請業者の行った工事等の出来高について検収を行い、その検収の内容及び出来高に応じた金額等を記載した出来高検収書を作成し、それに基づき請負金額を支払っているときには、次の取扱いがあります（消基通11－6－7）。

① インボイスの記載事項が記載され、その内容について下請業者の確認を受けている出来高検収書は、インボイスに代えて保存する仕入明細書となります。

② 元請業者は、出来高検収書を作成し下請業者に記載事項の確認を受けることにより、その出来高検収書に記載された課税仕入れを行ったこととなり、仕入税額控除を適用することができます。

(2) 下請業者がインボイス発行事業者でなくなった場合

① 仕入税額控除の修正

　出来高検収書の保存による仕入税額控除は、下請業者がインボイス発行事業者であることが前提であり、出来高検収書には下請業者の登録番号を記載します。そのようにして出来高検収書の保存により仕入税額控除の適用を受けた場合であっても、建設工事完了日において下請業者がインボイス発行事業者でなくなったことにより、下請業者の行う建設工事がインボイスの交付ができないものであることが判明したときは、建設工事完了日の属する課税期間における課税仕入れに係る消費税額から、その出来高検収書により仕入税額控除の対象とした消費税額を控除しなければなりません。

　下請工事の契約を締結する時点でインボイス発行事業者の登録をしていた下請業者が、出来高検収による収入を前受金として処理し、工事が完成して課税資産の譲渡等を認識する時点で、すなわち本来インボイスを交付するべき時点でその登録を取り消しているという事態は、通常考えられません。

　しかし、何らかの事情で、下請業者が登録を取り消した場合には、下請業者は課税資産の譲渡等を行った時点でインボイス発行事業者ではないのですから、元請業者の

仕入税額控除は認められないこととなります。

　この場合、過去の仕入税額控除を否認して修正申告を行うのではなく、建設工事完了日の属する課税期間において仕入税額を減少させる調整を行います。

② 区分記載請求書等を保存する場合の特例

　令和11年9月30日までは、8割控除・5割控除の経過措置があります（28年改法附則52、53）。

　したがって、下請業者がインボイス発行事業者の登録を取り消した場合は、下請業者から区分記載請求書等の交付を受けることによって、令和8年9月30日までの3年間はその課税仕入れ等に係る消費税額の80％相当額について、令和8年10月1日から令和11年9月30日までの3年間はその課税仕入れ等に係る消費税額の50％相当額について、仕入税額控除の対象とすることができます。

㉘ インボイスと仕入明細書を一の書類で交付する場合

Q 課税売上げに係るインボイスと課税仕入れに係る仕入明細書を一の書類で交付することはできますか。

A 仕入税額控除の要件として、仕入先から交付を受けたインボイスの保存に代えて、インボイスの記載事項を満たす仕入明細書を自ら作成して仕入先の確認を受けて保存することができます（消法30⑨三、消令49④）。

　この場合において、互いに課税売上げと課税仕入れが生じるときは、課税売上げに係るインボイスと課税仕入れに係る仕入明細書は、一の書類で交付することができます。

　例えば、商品の課税仕入れと配送料の課税売上げがある場合の記載例は、次のとおりです（インボイスQA問91）。

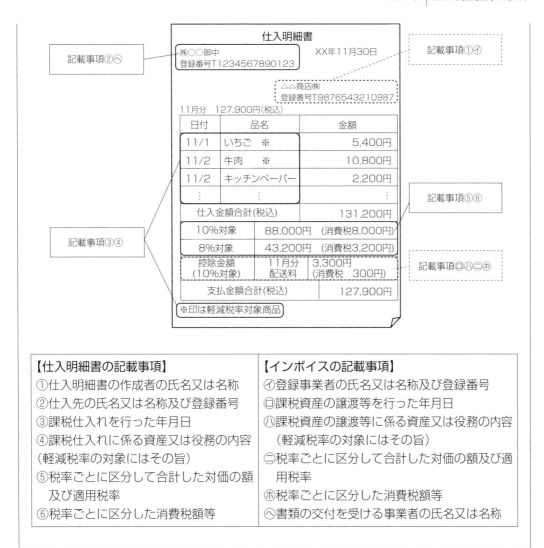

【仕入明細書の記載事項】
①仕入明細書の作成者の氏名又は名称
②仕入先の氏名又は名称及び登録番号
③課税仕入れを行った年月日
④課税仕入れに係る資産又は役務の内容
（軽減税率の対象にはその旨）
⑤税率ごとに区分して合計した対価の額
及び適用税率
⑥税率ごとに区分した消費税額等

【インボイスの記載事項】
④登録事業者の氏名又は名称及び登録番号
⑩課税資産の譲渡等を行った年月日
⑪課税資産の譲渡等に係る資産又は役務の内容
（軽減税率の対象にはその旨）
⑤税率ごとに区分して合計した対価の額及び適用税率
⑩税率ごとに区分した消費税額等
⑥書類の交付を受ける事業者の氏名又は名称

㉙ 売手が負担する振込手数料

Q 買掛金の支払につき、振込手数料を差し引いた場合はどうなりますか。

A **(1) 振込手数料の負担者**
　そもそも、売手又は買手のいずれが振込手数料の負担をするべきであるのかを考えてみましょう。
　振込手数料について、契約書等で負担者を明示している場合には、その定めに従うことになります。その取り決めがなければ、商法又は民法の原則に従い、支払う者が負担するべきものとなります。

すなわち、商法516条は、債務の履行の場所を「債権者の現在の営業所」と定めています。また、民法は、「弁済は債権者の現在の住所」においてしなければならない（民法484①）、「弁済の費用」は債務者の負担（民法485）としています。

　このような原則であっても、買掛金の支払いに当たり、振込手数料相当額を差し引いている例が見られます。しかし、最近では、そのような商習慣を見直して、「振込手数料は差し引かないでご負担ください」とお願いしているケースも増えているようです。

(2)　下請法の取扱い

　下請法4条1項3号は、「下請事業者の責に帰すべき理由がないのに、下請代金の額を減ずること」を禁止しています。

　この下請代金の額を「減ずること」の1つの類型として「下請事業者と書面で合意することなく、下請代金を銀行口座へ振り込む際の手数料を下請事業者に負担させ、下請代金の額から差し引くこと」、「下請代金を下請事業者の金融機関口座へ振り込む際の手数料を下請事業者に負担させることを書面で合意している場合に、下請代金の額から金融機関に支払う実費を超えた額を差し引くこと」があります。

　したがって、発注前に書面で合意がない場合に振込手数料を下請代金の額から差し引くことは、下請代金の減額に該当します。また、発注前に振込手数料を下請事業者が負担する旨の書面での合意がある場合であっても、親事業者が負担した実費の範囲を超えた額を当該手数料として差し引いて下請代金を支払うと、下請代金の減額に該当することになります。

　ここでいう「実費」とは、振込手数料として銀行等に支払っている額のことであって、例えば、親事業者が従来の銀行窓口での振込みに代えてインターネットバンキング等を利用することによって、実際に負担する振込手数料が少なくなっているにもかかわらず、下請代金から従来の銀行窓口での振込手数料相当額を差し引くことは、下請代金の減額として問題となります。

　令和2年6月18日に行われた勧告では、下請代金を振り込む際に、実際に金融機関に支払う振込手数料を超える額を下請代金から差し引いていたことが下請代金の減額に当たるとされました。

　法令違反がないように留意しなければなりません。

(3)　売手の処理

①　対価の返還等を認識する場合

　売手が負担する振込手数料を対価の返還等と認識する場合は、その金額が1万円未満であることから、返還インボイスの交付は不要です。帳簿にその旨を記載して、返

還等対価に係る税額控除の適用を受けることができます。

なお、軽減税率の適用対象に係る対価の返還等には、軽減税率が適用されます。

② 課税仕入れを認識する場合

差し引かれた振込手数料相当額を課税仕入れの対価として仕入税額控除を行うためには、顧客に対してインボイスの交付を求めなければなりません。

ただし、インボイス制度開始から6年間は、中小事業者について、1万円未満の課税仕入れにつきインボイスの保存を不要とする経過措置（少額特例）があります。

③ 会計上は費用とし、消費税では対価の返還等とする場合

会計上は課税仕入れとしていても、消費税法上は、対価の返還等として取り扱うことができます。

帳簿において支払手数料等に計上されていても、消費税申告の際に作成する帳票等により対価の返還等として取り扱うことが明らかであれば問題ありません。

(4) 買手の処理

上記のとおり、売手が対価の返還等としている場合は、差し引いた振込手数料相当額について、返還インボイスの交付は想定されません。

買手においては、商品仕入れについて仕入値引き（商品が飲食料品である場合は軽減税率）を認識し、振込手数料に係る課税仕入れを計上するという解説もあるようですが、返還インボイスが交付されない限り、売手が対価の返還等としているかどうかの確認ができませんから、その処理が正しいとも言い切れません。したがって、そのような煩雑な処理は省略するのが実務的でしょう。

振込手数料を含めて出金した総額が買掛金の金額と一致している場合には、買掛金の支払処理でよいと考えられます。

㉚ 見積りインボイスによる仕入税額控除

> **Q** 課税仕入れの対価の額が確定する前に、見積額が記載されたインボイスを受け取った場合、その見積りインボイスを保存して仕入税額控除の適用を受けることができますか。

A (1) **仕入税額控除の時期**

　　仕入税額控除は、その課税仕入れに係る目的物の引渡しを受けた日の属する課税期間又はその課税仕入れに係る役務の提供が完了した日の属する課税期間において行います。目的物の引渡しや役務の提供が実現しているにもかかわらず、課税期間の末日までにその支払対価の額が確定しない場合は、適正に見積もった支払対価の額により控除額を計算します（消基通11-4-5）。

(2) **インボイスの保存**

　課税仕入れに係る支払対価の額が確定していない場合の課税仕入れについて、仕入税額控除の適用を受けるためには、原則として、インボイスの保存が必要ですが、その課税仕入れの日の属する課税期間の末日までにインボイスの交付を受けられない場合であっても、インボイス発行事業者との間において継続して行われる取引については、後日交付されるインボイスの保存を条件として、その課税仕入れを行った日の属する課税期間の末日の現況により、適正に見積もった金額により仕入税額控除を行うことができます（消基通11-6-8）。

　その後確定した対価の額が見積額と異なることにより課税仕入れに係る消費税額に差額が生じたときは、その差額は、その確定した日の属する課税期間における課税仕入れに係る消費税額に加算し又は控除します。

　また、インボイスに代えて仕入明細書等を保存する場合も同様です。

③ **リース取引の分割控除（令和 5 年10月 1 日を跨ぐ取引）**

Q 令和 5 年 4 月 1 日に、所有権移転外ファイナンス・リースにより、複合機の譲渡を受けました。消費税は分割控除を行っていますが、令和 5 年10月 1 日以後の仕入税額控除について、インボイスの保存が必要でしょうか。

A インボイス制度の開始前に行われたリース譲渡については、売手にインボイス交付の義務はありません。したがって、インボイス制度開始後に分割控除（146ページ参照）を行う場合であっても、リース譲渡の時に受領した区分記載請求書等を保存することになります。

　あらためて、インボイスの交付を求める必要はありません。

㉜ 未成工事支出金（令和5年10月1日を跨ぐ取引）

> **Q** 未成工事支出金について、目的物を譲渡した日の属する課税期間に一括して仕入税額控除を行う場合、インボイスの保存の要件はどうなりますか。
>
> ───────────────────────────
>
> **A** インボイスの保存が必要かどうかは、売手における課税資産の譲渡等の認識の時期が判断の基礎となります。
>
> 令和5年9月30日までに行った課税仕入れについては、売手にインボイス交付の義務がないので、消基通11−3−5に示された未成工事支出金に係る仕入税額控除の時期の特例（142ページ参照）により、令和5年10月1日以後に仕入税額控除を行う場合においても、インボイスの保存は不要です。
>
> 区分記載請求書等の保存により、仕入税額控除の適用を受けることができます。

㉝ 建設仮勘定（令和5年10月1日を跨ぐ取引）

> **Q** 建設仮勘定に計上し、完成して建物勘定へ振り替える日の属する課税期間に一括して仕入税額控除を行う課税仕入れについて、インボイスの保存の要件はどうなりますか。
>
> ───────────────────────────
>
> **A** インボイスの保存が必要かどうかは、売手における課税資産の譲渡等の認識の時期が判断の基礎となります。
>
> 令和5年9月30日までに行った課税仕入れについては、売手にインボイス交付の義務がないので、消基通11−3−6に示された建設仮勘定に係る仕入税額控除の時期の特例（143ページ参照）により、令和5年10月1日以後に仕入税額控除を行う場合においても、インボイスの保存は不要です。
>
> 区分記載請求書等の保存により、仕入税額控除の適用を受けることができます。

㉞ 電子インボイスの提供を受けた場合の保存方法

> **Q** 取引先から、電子インボイスの提供を受けた場合、どのような方法で保存すればよいですか。
>
> ───────────────────────────

A 　電子インボイスの提供を受けた場合には、データのまま、又は、紙に印刷して保存することができます。

(1) **データのまま保存する場合**

　提供を受けた電子インボイスについて、そのデータを保存する場合は、電子帳簿保存法施行規則に定められた要件に準じて保存しなければなりません（消令50①、消規15の5）。

　データ保存している事項に関する改ざん等の不正が行われた場合は、重加算税が10％加算されます（消法59の2、消令71の2、消規27の2、27の3）。

(2) **印刷して保存する場合**

　提供を受けた電子インボイスを紙に印刷して保存する場合には、整然とした形式及び明瞭な状態で出力する必要があります（消規15の5②）。

　電子帳簿保存法は、申告所得税及び法人税を対象に、電子取引を行った場合のデータ保存の原則を定めています（電帳法7）が、消費税法令においては、電子インボイスのデータ保存に代えて、整然とした形式及び明瞭な状態でアウトプットした書類を保存することが認められています（消規15の5②）。

　しかし、データで提供されたものを、紙に印刷して保存する方法は、業務の効率化の観点からは、決して望ましいものではありません。法人税における対応に併せて、提供された電子インボイスのデータ保存を検討するべきでしょう。

㉟　電子インボイスをデータ保存する場合の要件

Q 　電子インボイスを受け取ってデータ保存する場合の要件を教えてください。

A (1) **電子取引データの保存要件**

　電子帳簿保存法は、電子取引のデータ保存について、「改ざん防止のための措置」、「日付、金額、取引先による検索機能の確保」、「ディスプレイ・プリンタ等の備付け」といった要件を定めています。

電子取引データの保存要件		
改ざん防止措置	① 次のイからニのいずれかの措置を行うこと	
	イ　タイムスタンプが付されたデータを授受する	
	ロ　データを授受した後速やかに（授受からタイムスタンプを付すまでの各事務の処理に関する規程を定めている場合は、その業務の処理に係る通常の期間を経過した後、速やかに）タイムスタンプを付す	
	ハ　データの訂正削除を行った場合にその記録が残るシステム又は訂正削除ができないシステムを利用して、授受及び保存を行う	
	ニ　記録事項について正当な理由がない訂正及び削除の防止に関する事務処理の規程を定めて備え付け、その規程に沿って運用する	
検索機能	② 次の要件を満たす検索機能を確保しておくこと	
	ⅰ　取引年月日その他の日付、取引金額及び取引先を検索条件として設定できること	
	ⅱ　日付又は金額に係る記録項目については、その範囲を指定して条件を設定することができること	
	ⅲ　二以上の任意の記録項目を組み合わせて条件を設定できること	
	※税務調査等の際にダウンロードの求めに応じることができるようにしている場合には、ⅱ及びⅲの要件は不要	
ディスプレイ等の備付け	③ システム取扱説明書（自社開発プログラムについてはシステム概要書）の備付けを行うこと	
	④ 電子計算機、プログラム、ディスプレイ、プリンタ及びこれらの操作説明書を備え付け、そのデータをディスプレイの画面及び書面に、整然とした形式及び明瞭な状態で、速やかに出力できるようにしておくこと	

※「税務調査等の際にダウンロードの求めに応じること」とは、具体的には「調査担当者にデータのコピーを提供すること」と解されます。

(2) データ保存の特例措置

　電子帳簿保存法は、要件に従ってデータ保存ができない場合の特例として、令和5年12月31日までは、プリントアウトした書面の保存を可能としています。

　また、令和6年1月1日以後は、次のような措置が設けられています。

① 検索機能の全てを不要とする措置

　　次の者は、税務調査等の際に電子取引データのダウンロードの求めに応じることができるようにしている場合には、検索機能の全てが不要となります。

　　ⅰ　基準期間（2課税年度前）の売上高が5,000万円以下である者

　　ⅱ　電子取引データをプリントアウトした書面を取引年月日及び取引先ごとに整理された状態で提示・提出することができるようにしている者

② 電子データを単に保存することができる措置

　　次の①②のいずれにも該当する場合には、保存要件に沿った対応は不要となり、電子取引データを単に保存しておくことができます。

ⅰ 保存時に満たすべき要件に従って電子取引データを保存することができな
かったことについて、所轄税務署長が相当の理由があると認める場合（事前
申請等は不要）
ⅱ 税務調査等の際に、電子取引データのダウンロードの求め及びその電子取
引データをプリントアウトした書面の提示・提出の求めにそれぞれ応じるこ
とができるようにしている場合

㊱ 高速道路の ETC 料金のインボイス

Q ETC クレジットカードでの支払いに係るインボイスはどのように交付されますか。

A **(1) 原則**

クレジットカード会社が交付するクレジットカード利用明細書は、そのカード利用者である事業者に対して課税資産の譲渡等を行った他の事業者が作成及び交付する書類ではなく、課税資産の譲渡等の内容や適用税率など、インボイスの記載事項も満たさず、インボイスではありません。

高速道路の ETC 料金を ETC クレジットカードで支払った場合、ウェブ上の「ETC利用照会サービス」から「利用証明書」をダウンロードする形で、電子簡易インボイスを取得することになります。

(2) 特例

高速道路の利用が多頻度にわたるなどの事情により、全ての高速道路の利用に係る利用証明書の保存が困難なときは、クレジットカード会社から受領するクレジットカード利用明細書（個々の高速道路の利用に係る内容が判明するものに限ります。また、取引年月日や取引の内容、課税資産の譲渡等に係る対価の額が分かる利用明細データ等を含みます）と、利用した高速道路会社等の任意の一取引（複数の高速道路会社等の利用がある場合、高速道路会社等ごとに任意の一取引）に係る利用証明書をダウンロードし、併せて保存することで、仕入税額控除を行うことができます。

ダウンロードは、高速道路会社等がインボイス発行事業者の登録を取りやめないことを前提に、利用した高速道路会社等ごとに任意の一取引に係る利用証明書を令和5年10月1日以後、一回のみ取得・保存することで差し支えありません（インボイスQA問103）。

※例えば、A 高速道路会社から B 高速道路会社を経由して C 高速道路会社の料金所で降りた際、C 高速道路会社がまとめて利用証明書を発行している場合には、C 高速道路会社の利用証明書を保存することになります。

⑶ ダウンロードが不要となる場合

ただし、ETC 利用照会サービスにおいてダウンロードができる期間（15か月間）に、繰り返し、同じ高速道路会社等の道路を利用しているような場合は、いつでもその高速道路の利用証明書がダウンロードできる状態にあるので、結果として、利用証明書のダウンロードは不要ということになります（インボイス QA 問103）。

㊲ 振込手数料のインボイス

Q 金融機関の窓口又はオンラインで決済を行った際の金融機関の入出金手数料や振込手数料についても、インボイスの保存が必要ですか。

A ⑴ 原則

入出金手数料や振込手数料について仕入税額控除の適用を受けるには、原則として簡易インボイス及び一定の事項が記載された帳簿の保存が必要です。

一般的に、金融機関の入出金サービスや振込サービスについては、不特定かつ多数の者に課税資産の譲渡等を行う事業に該当し、簡易インボイスの交付対象になります。

⑵ 簡易インボイスの保存が困難なとき

金融機関における入出金や振込みが多頻度にわたるなどの事情により、全ての入出金手数料及び振込手数料に係る簡易インボイスの保存が困難なときは、金融機関ごとに発行を受けた通帳や入出金明細等（個々の課税資産の譲渡等（入出金サービス・振込サービス）に係る取引年月日や対価の額が判明するものに限ります）と、その金融機関における任意の一取引（一の入出金又は振込み）に係る簡易インボイスを併せて保存することで、仕入税額控除を行うことができます。金融機関がインボイス発行事業者の登録を取りやめないことを前提に、一回のみ取得・保存することで差し支えありません。

また、金融機関から各種手数料に係るお知らせ（インボイス発行事業者の名称及び登録番号、適用税率、取引の内容が記載されたもの）を受領した場合には、その一のお知らせを保存することで簡易インボイスの保存に代えることができます（インボイス QA 問103－2）。

⑶　ATM によるものである場合

　金融機関の ATM によるものである場合、3 万円未満の自動サービス機により行われる取引として、帳簿のみの保存により仕入税額控除が可能です（消令49①一イ、消規26の 6 一）。

⑷　オンラインで振込みを行った場合

　インターネットバンキングなど、オンラインで振込みを行い電子データにより簡易インボイスが提供される場合には、その電子データをダウンロードして取得します。

　ただし、同種の手数料等を繰り返し支払っているような場合において、その簡易インボイスに係る電子データがインターネットバンキング上で随時確認可能な状態であるなど一定の要件を満たすときは、ダウンロードする必要はありません（「電子帳簿保存法一問一答」お問合せの多いご質問 電取追 2 － 2）。

㊳　EC サイトで物品を購入した場合

Q　EC サイトで購入した物品について、ホームページ上の「マイページ」等にログインして領収書（インボイス）をダウンロードすることとなっている場合、購入の都度、ダウンロードを行って保存する必要がありますか。この電子インボイスは、7 年間いつでもダウンロードして確認することが可能な状態になっています。

A　⑴　EC サイトが電子帳簿保存法が定める保存の要件を満たしている場合

　電子インボイスの提供を受けた場合において、その電子データをそのまま保存しようとするときは、電子帳簿保存法に準じた方法により保存することとされています（消令50①、消規15の 5）。

　電子帳簿保存法においては、EC サイト（インターネット上に開設された商品などを販売するウェブサイト）で物品を購入したとき、EC サイト上の購入者の購入情報を管理するページ内において領収書等データをダウンロードすることができる場合、その EC サイト上でその領収書等データの確認が随時可能な状態であるときは、必ずしもその領収書等データをダウンロードして保存していなくても差し支えないこととされています。

　こうした取扱いは、その EC サイト提供事業者が、物品の購入者において満たすべき真実性の確保及び検索機能の確保の要件を満たしている場合に認められるものであり、また、その領収書等のデータは各税法に定められた保存期間が満了するまで確認が随時可能である必要があります（「電子帳簿保存法一問一答」お問合せの多いご質

問 電取追2）。

　したがって、インボイスの保存についても、ご質問のように、ホームページ上の「マイページ」等にログインすることで、上記要件を満たした形で電子インボイスの確認が随時可能な状態である場合には、必ずしもダウンロードせずとも、その保存があるものとして、仕入税額控除の適用を受けることとして差し支えありません。

⑵　保存要件の特例措置の適用を受ける場合

　電子帳簿保存法は、要件に従って電子データの保存ができない場合の特例として、次のような保存の要件を緩和する措置を設けています。

⑴　検索機能の全てを不要とする措置

　　次の者は、税務調査等の際に電子取引データのダウンロードの求めに応じることができるようにしている場合には、保存要件のうち、検索機能の全てが不要となります。

　　①　基準期間（2課税年度前）の売上高が5,000万円以下である者

　　②　電子取引データをプリントアウトした書面を取引年月日及び取引先ごとに整理された状態で提示・提出することができるようにしている者

⑵　電子データを単に保存することができる措置

　　次の①及び②のいずれにも該当する場合には、保存要件に沿った対応は全て不要となり、電子取引データを単に保存しておくことができます。

　　①　保存時に満たすべき要件に従って電子取引データを保存することができなかったことについて、所轄税務署長が相当の理由があると認める場合（事前申請等は不要）

　　②　税務調査等の際に、電子取引データのダウンロードの求め及びその電子取引データをプリントアウトした書面の提示・提出の求めにそれぞれ応じることができるようにしている場合

　この特例措置の適用を受ける事業者については、ECサイトのホームページにおいて検索機能の確保等がされていなかったとしても、電子インボイスの確認が随時可能な状態であれば、請求書等の保存の要件を満たすこととなります。

Q 当社は小売業(古物商)を営んでいます。メルカリなどインターネットのフリーマーケットアプリ（フリマアプリ）を通じて商品を購入した場合に古物商特例の対象となりますか。

A (1) **古物商特例の適用要件**

インボイス制度では、請求書を交付することが困難であるなどの理由から「古物営業を営む者がインボイス発行事業者でない者からの古物（古物営業を営む者の棚卸資産に該当するものに限る）の購入」について一定の事項を記載した帳簿のみの保存で仕入税額控除を認めています（消法30⑦、消令49①）。この取扱いを「古物商特例」と呼んでいます。

一般的なフリマアプリでは、個人と事業者が混在して出品をしており、出品者（仕入先）が「インボイス発行事業者でない者」であるか否かの把握が難しいことも多いようです。このように出品者のステータスがわからない場合は、「インボイス発行事業者でない者からの古物の購入」であることについて確認できないため、古物商特例の要件を満たしません。原則どおりインボイス及び帳簿の保存が仕入税額控除の要件となります。

他方、アプリ内のメッセージ機能を利用して購入者が出品者に連絡し、出品者がインボイス発行事業者でない者であることを確認できた場合は、帳簿に一定事項を記載することで特例の適用を受けることができます。

確認の方法として、国税庁の「多く寄せられる質問 問 d」は、次のように説明しています。

> メッセージ機能等により「適格請求書発行事業者としての譲渡である場合は登録番号を教えてください。連絡がない場合には、消費者としての譲渡と考えさせていただきます。」と確認を行った上で、何らの連絡がない場合には、仕入先を適格請求書発行事業者以外の者と取り扱って差し支えありません。

(2) **帳簿の記載事項**

① 1万円以上である場合

古物商特例により仕入税額控除の適用を受ける場合に保存する帳簿は、次の記載のある帳簿です（消令49①一、令和5年8月10日国税庁告示第26号）。

通常の帳簿の記載事項	古物商特例の適用を受けるために追加して必要となる事項
①課税仕入れの相手方の氏名又は名称（登録番号は不要） ②課税仕入れを行った年月日 ③課税仕入れに係る資産又は役務の内容 ④課税仕入れに係る支払対価の額	⑤古物商特例の適用を受ける旨 ⑥古物営業法により業務に関する帳簿等へ相手方の氏名及び住所を記載することとされているものは相手方の住所

　古物営業を営む場合、古物営業法において、商品を仕入れた際の対価の総額が1万円以上（税込み）の場合には、帳簿（いわゆる「古物台帳」）にイ. 取引年月日、ロ. 古物の品目及び数量、ハ. 古物の特徴、ニ. 相手方の住所、氏名、職業及び年齢、ホ. 相手方の確認方法を記載し、保存しなければならないこととされています（古物営業法16、18）。

　したがって、1万円以上の古物については、古物営業法の規定から、仕入先の住所、氏名、職業及び年齢の確認ができないということは想定されません。古物商特例の適用に必要な記載事項のうち、⑤以外の事項は古物台帳に記載されていることになりますから、古物台帳と⑤の事項を記載した帳簿（総勘定元帳等）を併せて保存することで、帳簿の保存要件を満たすことができます。

②　1万円未満である場合

　古物商特例の適用を受ける課税仕入れの対価の総額が1万円未満（税込み）の場合には、古物台帳の保存の義務がないので、相手方の住所を記載する必要はありません。

　また、「課税仕入れの相手方の氏名又は名称」は、不特定かつ多数の者から課税仕入れを行う事業に係る課税仕入れについては、その記載を省略することができます（消令49②、令和5年8月10日国税庁告示第26号）。

③　棚卸資産でない場合

　棚卸資産の仕入れでない場合は、古物商特例の適用はありません。

　次問を参照してください。

⑩　フリマアプリによる課税仕入れ（古物商特例の適用がない場合）

> **Q**　当社は古物商ではありませんが、フリマアプリを通じて備品や消耗品を購入することがあります。仕入税額控除は適用されますか。

A (1) **インボイスの保存**

　　古物商ではない一般の事業者がフリマアプリを利用して備品等を購入した場合も、前問のように、アプリ内のメッセージ機能を利用して、出品者に連絡をしてみましょう。

　出品者からインボイス発行事業者であるとの回答があり、インボイスの交付を受けたとき又は登録番号等の確認ができたときは、インボイスの保存の要件を満たすことになります。

(2) **インボイスを受領できない場合**

　出品者がインボイス発行事業者でない場合は、区分記載請求書等の交付を受けて、令和8年9月30日までは8割控除、その後令和11年9月30日までは5割控除の経過措置を適用することができます（平28改法附則52、53）。

　この場合、区分記載請求書等に記載すべき「書類の作成者の氏名又は名称」及び帳簿に記載すべき「課税仕入れの相手方の氏名又は名称」については、「フリマアプリ等の名称及びそのフリマアプリ等におけるアカウント名」とすることができます。

　また、フリマアプリ等の取引画面を区分記載請求書等として保存することもできます。この場合には、その画面を電子帳簿保存法が定める要件に準じて保存する必要があります（消令50①、消規15の5）が、その取引画面等が、随時確認が可能な状態であるなど電子帳簿保存法に定める要件を満たすのであれば、必ずしもダウンロードする必要はありません（多く寄せられる質問　問d）。

(3) **インボイスを受領できない場合**

　古物商であっても、棚卸資産以外の備品等を購入した場合は古物商特例の適用がないので、上記と同様の取扱いとなります。

㊶　**個人事業者からの家事用資産の購入**

Q インボイス発行事業者である個人事業者の家事用資産を購入した場合、仕入税額控除はできますか。

A (1) **仕入明細書による仕入税額控除の制限**

　　インボイス発行事業者である個人が、家事用の資産を売却等した場合には、その売上げは消費税の課税対象外であり、インボイスを交付することができません。買手が仕入明細書を作成しても、仕入明細書等による仕入税額控除は、その課税仕入れ

が売手において課税資産の譲渡等に該当する場合に限ることとされています（消法30
⑨三）。

個人事業者の家事用資産の譲渡	
売手（インボイス発行事業者）	買手（課税事業者）
家事用資産の譲渡は課税対象外 （インボイスの交付ができない）	課税仕入れに該当しても仕入税額控除の対象外 （仕入明細書による控除の適用なし）

　なお、買取りに際して受け取った領収書等が区分記載請求書等の記載事項を満たし
ていれば、8割控除・5割控除の対象となります。

⑵　古物商特例や宅建業特例の適用がある場合

　宅地建物取引業を営む者が、インボイス発行事業者でない者から建物を棚卸資産と
して購入する課税仕入れについては、インボイスの保存は不要です（宅建業特例）。
また、古物商を営む者についても、古物商特例があります。これらの特例の対象であ
ることを帳簿に記載して保存することにより、仕入税額控除が認められます（消令49
①一）。

　インボイス発行事業者の登録を受けている個人事業者から、事業家事併用の車両等
を購入した場合や、マイホームを購入した場合にも、これらの特例が適用されます。

　売手がインボイス発行事業者であるか否かの確認は、各事業者の事業の実態に合わ
せて行えばよく、売手の情報を記入してもらう書類にインボイス発行事業者かどうか
の確認欄を設ける方法や、買取明細書等において事業用割合と家事用割合を区分して
記載する欄を基に判定する方法等が想定されます。

　例えば、「家事用割合100%、事業用割合0%」と記載した買取明細書等を作成して
売手側の確認を受け、内容に関する申出等がない場合には、消費者からの仕入れであ
ると判断して帳簿のみ保存の特例により仕入税額控除を適用して問題ありません。

6　金又は白金の地金の課税仕入れを行った場合の本人確認書類の保存

　事業者が「金又は白金の地金」の課税仕入れを行った場合において、その課税仕入れの
相手方（売却者）の本人確認書類（運転免許証の写しなど）を保存しない場合には、災害
により保存できなかったなど、やむを得ない事情がある場合を除き、その課税仕入れは仕
入税額控除制度の適用を受けることができません。

第8章

仕入税額控除の時期

1 課税仕入れに係る消費税額の控除の時期

　課税仕入れについては、国内において課税仕入れを行った日の属する課税期間において仕入税額控除を行うこととされています（消法30①）。

⑴　課税仕入れを行った日

　「課税仕入れを行った日」は、その資産の譲受け若しくは借受けをした日又は役務の提供を受けた日をいい、資産の譲渡等の時期（売上げの計上の時期）に準じて判断するものとされています（消基通11－3－1）。

　国税通則法15条2項7号は、消費税の納税義務は、課税資産の譲渡等をした時に成立するものと定め、消費税の課税の対象は「国内において事業者が行った資産の譲渡等」（消法4①）であり※、資産の譲渡等とは、「事業として対価を得て行われる資産の譲渡及び貸付け並びに役務の提供」（消法2①八）をいい、国内取引に係る消費税の課税標準は、「課税資産の譲渡等の対価の額」すなわち「対価として収受し、又は収受すべき一切の金銭又は金銭以外の物若しくは権利その他経済的な利益の額」（消法28①）とされています。

　これらの規定から、資産の譲渡等は、取引の相手方に対する財やサービスの提供と、それに伴う対価を収受すべき権利が確定したと法的に評価される時に認識することになります。いわゆる権利確定主義です。

　※　特定資産の譲渡等に該当するものを除き、特定仕入れを含みます（消法4①）。

項　　目	課税仕入れを行った日
資産の購入	資産の引渡しを受けた日
資産の借受け	資産を借り受けた日
役務の提供	役務の提供を受けた日

⑵　即時一括控除の原則

　消費税には、その事業者の利益を計算するための費用収益の期間的な対応という考え方

138

はありません。仕入税額控除は、税負担の累積を排除する手続きですから、棚卸資産や減価償却資産であっても、売手における課税資産の譲渡等の認識と表裏の関係で、即時一括控除を行います。

(3) 通達等による控除時期の特例

　ただし、未成工事支出金、建設仮勘定、郵便切手類、短期前払費用、建設業における出来高検収、ファイナンス・リース取引については、消費税法基本通達等において、特別な取扱いができる旨が示されています。

① 棚卸資産の控除の時期

> **Q** 期末棚卸資産についても控除の対象となりますか。
>
> ---
>
> **A** 消費税には、期間利益の計算という概念がありません。課税仕入れの事実に基づいて、その課税期間において行った課税仕入れのすべてについて控除税額を計算します。
>
> 　したがって、棚卸資産のうち、その課税期間に販売しなかったため売上原価に算入しない部分についても、その棚卸資産の引渡しを受けた日の属する課税期間において控除の対象とします（消基通9－1－1、11－3－1）。

② 固定資産の控除の時期

> **Q** 割賦購入した固定資産も控除の対象となりますか。
>
> ---
>
> **A** 資産の購入の対価を分割で支払った場合においても、課税仕入れの時期は、その資産の引渡しを受けた日となります（消基通11－3－2）。
>
> 　また、課税仕入れ等に係る資産が減価償却資産に該当する場合であっても、その資産の引渡しを受けた日の属する課税期間において、その全額が仕入税額控除の対象となります（消基通11－3－3）。
>
> 　償却を要する繰延資産等についても同様です（消基通11－3－4）。
>
> 　ただし、その課税仕入れ等に係る税抜対価の額が100万円以上である固定資産については、おおむね3年間は、その仕入税額について調整する取扱いがあります。「第12章第2節　調整対象固定資産に係る仕入税額の調整」を参照してください。

③　翌課税期間から事業の用に供する固定資産の控除の時期

Q　当社は当期において固定資産である機械を購入しました。

　この機械は、翌事業年度に事業の用に供するものであり、その減価償却は翌事業年度から開始します。

　消費税の計算においても、法人税の取扱いと同様に、翌事業年度に仕入税額控除を行うのでしょうか。

A　課税仕入れ等に係る資産が減価償却資産に該当する場合であっても、その資産の引渡しを受けた日の属する課税期間において、その全額が仕入税額控除の対象となります（消基通11－3－3）。

　消費税には、費用収益の期間対応という概念がなく、したがって、「事業の用に供した時」から開始する減価償却のルールの影響を受けません。その固定資産がまだ事業の用に供されておらず減価償却を開始する前に課税期間が終了した場合であっても、その引渡しを受けた課税期間において仕入税額控除の対象とします。

④　固定資産である建物等の契約日基準

Q　固定資産である土地建物等について、引渡しの日に代えて契約を締結した日の課税仕入れとすることができると考えていますが、問題はないでしょうか。

A　(1)　**通達に示された契約日基準**

　固定資産である課税仕入れを行った日は、資産の譲渡等の時期に準じて判断することとされています（消基通11－3－1）。

　資産の譲渡等は、引渡基準を原則としていますが、固定資産の譲渡の時期は、消費税法基本通達において次のように示されています。

> **（固定資産の譲渡の時期）消費税法基本通達9－1－13**
>
> 　固定資産の譲渡の時期は、別に定めるものを除き、その引渡しがあった日とする。ただし、その固定資産が土地、建物その他これらに類する資産である場合において、事業者が当該固定資産の譲渡に関する契約の効力発生の日を資産の譲渡の時期としているときは、これを認める。

　固定資産のうち土地建物等については、一般にその引渡しの事実関係が外形上明ら

かでない場合が多いことから、この通達のただし書きは、契約の効力発生の日を資産の譲渡の時期とすることを認めています。契約において、その効力発生の日を定める特約事項が定められていない場合は、その契約は、その契約が成立した日に効力が発生することになります。したがって、このただし書きは、契約日基準によることを認めるものであるといえ、「事業者が……しているときは、これを認める」という文言を素直に読めば、固定資産である土地建物等の譲渡の時期については、引渡基準を原則としつつ、契約日基準によることを容認し、そのいずれによるかは、事業者の判断に委ねられていると解することができると考えられます。

　これは、消費税創設前から、法人税基本通達に示された取扱いであり、法人税において定着していた取扱いが、消費税にそのまま取り入れられたものです。消費税創設当時の法人税基本通達2-1-14は次のとおりです。

> **（固定資産の譲渡による収益の帰属の時期）法人税基本通達2-1-14**
> 　固定資産の譲渡による収益の額は、別に定めるものを除き、その引渡しがあった日の属する事業年度の益金の額に算入する。ただし、その固定資産が土地、建物その他これらに類する資産である場合において、法人が当該固定資産の譲渡に関する契約の効力発生の日の属する事業年度の益金の額に算入しているときは、これを認める。

　法人税基本通達2-1-14は、「収益認識に関する会計基準」を考慮した法人税法22条の2の創設に伴い、平成30年5月30日付けで改正されていますが、国税庁は、従来の取扱いが変更されるものではないと説明しています。

⑵　**契約日基準が否認された事例**

　しかし、契約締結の日を資産の譲渡等の時期とすることを否認する裁判例があります。

　契約締結の日の属する課税期間に金を売却して課税売上割合を100％とし、住宅の貸付けの用に供する建物の課税仕入れ等の税額の全額を控除して還付申告を行った事例です。裁判所は、消費税法基本通達9-1-13のただし書きについて、「契約においてその効力発生日を当該資産の譲渡の日と定めている場合に、当該契約の効力発生日をもって権利が確定したと認められる事情があるときは、その日を『課税仕入れを行った日』とすることも同号（消費税法30条1項1号）に反しない旨を確認する趣旨のものにすぎない……権利の実現が未確定な場合についてまで、契約の効力発生の日をもって『課税仕入れを行った日』とすることを認めるものとは解されない」（東京高判令和元年12月4日：原審引用）と判示しました。この判断は、最高裁令和2年10月15日決定によって確定しています。

金地金の売買を繰り返して課税売上割合を意図的に引き上げるスキームは、かねて問題視されており、契約日基準の適用を否認することによって、このスキームが阻止されたのです。これにより、契約日基準は、引渡基準と選択的に事業者の任意で適用することができるものではないと位置づけられました。

なお、令和2年度税制改正において、居住用賃貸建物の取得に係る課税仕入れは仕入税額控除の対象から除く規定が設けられています。「第10章第3節　居住用賃貸建物の課税仕入れ等」を参照してください。

⑤　未成工事支出金の特例

Q 当社は建設業を営んでいます。当期に着手した工事の原価は、未成工事支出金勘定に集計しました。当期の処理及び翌期の完成引渡しの時の処理を説明してください。

A 建設工事のための課税仕入れであり、その工事の目的物が完成する前であって未成工事支出金として経理した場合においても、その課税仕入れを行った日の属する課税期間の仕入税額控除の対象となります。

したがって、未成工事支出金のうち、当期に引渡しを受けた材料や請け負わせた作業が完了している外注については、当期においてその支払対価の額を基礎に控除対象仕入税額を計算することになります。

ただし、消費税法基本通達11－3－5は、継続適用を要件として、その工事の目的物の引渡しをした日の属する課税期間における課税仕入れ等とすることを認めています。

したがって、貴社が、工事完成の際に工事原価のうち課税仕入れ等となるものを取りまとめて仕入税額控除を行うこととした場合には、当期においては仕入税額控除を行わず、その完成引渡しの課税期間に仕入税額控除の対象とすることができます。

この場合の継続適用の要件は、工事ごとに選択し、工事ごとに継続適用をするということです。

なお、役務の提供についての課税仕入れの時期は、その役務の提供の全部が完了した日であり、外注先へ前払金や仮払金を支払った段階では、課税仕入れになりません。

⑥ 建設仮勘定の特例

> **Q** 当社は本社ビルの建設をするため、A設計事務所に設計を依頼し設計料を支払いました。
>
> 建物の施工はB建設会社に依頼し、着手金及び中間金を支払いました。また、使用する材木の一部は、取締役が吟味して材木業者から直接購入しています。
>
> 建物は当期末日においてまだ完成していないため、これらの費用等は建設仮勘定に計上しています。当期の処理及び完成引渡しの時の処理を説明してください。
>
> ---
>
> **A** A設計事務所に依頼した設計に係る役務の提供は、すでにその全部が完了していることから、当課税期間の課税仕入れになります。また、材木業者と直接取引を行った材木の購入も、当課税期間において引渡しを受けているので、当課税期間の課税仕入れになります。
>
> しかし、B建設会社からは、まだ建物の引渡しを受けていないため、当課税期間に着手金及び中間金を支払っていても、その着手金及び中間金は、当課税期間の課税仕入れの対価にはなりません。
>
> ところで、これらの費用は建設仮勘定として経理され、建物の完成引渡しの時に固定資産である建物の取得原価に振り替えられます。建設工事が複数の課税期間にわたって行われる場合には、完成して建物勘定に振り替える経理とは別に、それぞれの課税期間において生じた課税仕入れ等をそれぞれの課税期間において仕入税額控除の対象とすることになり、経理処理はとても煩雑になります。
>
> そこで、消費税法基本通達11-3-6は、建設仮勘定として経理した課税仕入れ等については、その目的物の完成した日の属する課税期間における課税仕入れ等として仕入税額控除を行うことができるものとしています。

⑦ 郵便切手類の特例

> **Q** 郵便事業株式会社が行う郵便切手類の譲渡は非課税とされています。そうすると、郵便局から郵便切手類を購入しても課税仕入れにならず、郵便局で直接郵便料金を支払った場合には課税仕入れになるということですか。
>
> ---
>
> **A** 日本郵便株式会社等が行う郵便切手類の譲渡は、非課税です（消法別表二4号イ、消基通6-4-1）。
>
> 郵便切手類は、郵便集配に係る役務の提供の対価を支払うための手段であり、対価

を現金で支払う代わりに郵便物に貼付するものです。郵便集配の役務の提供を受けるためにあらかじめ現金と交換しておくものですから、この交換を非課税にしなければ、1回の郵便集配に係る役務の提供に、二度、消費税が課税されることになります。したがって、日本郵便株式会社等が行う郵便切手類の譲渡は非課税とし、その使用時において郵便集配に係る役務の提供に課税することとされています。

　ただし、購入者において、郵便切手類の譲渡の非課税と郵便集配の役務の提供の課税の取扱いを厳格に行うこととすると、郵便切手類は、その購入時には消費税の課税関係を認識せず、使用する度に課税仕入れに振り替える処理を行わなければなりません。購入者の事務は、それだけ煩雑になります。

　そこで、購入者が自ら使用する場合には、継続適用を要件に、その購入と使用を同時期の行為ととらえ、購入時に課税仕入れとして処理することができるものとされています（消基通11－3－7）。

⑧　短期前払費用の特例

Q　短期前払費用の取扱いについて説明してください。

A　前払費用とは、一定の契約に基づき継続的に役務の提供を受けるために支出した課税仕入れに係る支払対価のうちその課税期間の末日においていまだ提供を受けていない役務に対応するものをいいます。

　法人税においては、前払費用の額でその支払った日から1年以内に提供を受ける役務に係るものを支払った場合においては、継続適用を要件として、その支払った額に相当する金額をその支払った日の属する事業年度の損金の額に算入することが認められ、所得税においても同様の取扱いがあります（法基通2－2－14、所基通37－30の2）。

　法人税又は所得税においてこの取扱いの適用を受けている場合は、消費税においても、その短期前払費用に係る課税仕入れは、その支出した日の属する課税期間において行ったものとして取り扱うこととされています（消基通11－3－8）。

　なお、前払費用は、役務の提供を受けるためにあらかじめ支払っている前払金と混同しないよう注意が必要です。

⑨ ファイナンス・リース取引の原則的な取扱い

Q ファイナンス・リース取引に係る仕入税額控除の時期について説明してください。

A ファイナンス・リース取引とは、リース期間の中途での解約が契約上あるいは事実上不能（ノンキャンセラブル）であり、そのリース物件の使用に伴って生じるコストを借り手が実質的に負担すること（フルペイアウト）となるものです。

　法人税及び所得税において、ファイナンス・リース取引（税法上これを「リース取引」と呼んでいます）は、リース資産の売買取引として取り扱われています。

　消費税においても、所得税又は法人税において、売買があったものとされるリース取引については、リース資産の引渡しの時にリース資産の譲渡があったことになります（消基通5-1-9(1)）。リース取引の借り手においては、そのリース資産の引渡しを受けた日の属する課税期間において一括して仕入税額控除を行う一括控除が原則です（消基通11-3-2）。

　なお、リース取引について賃貸借処理を行った場合の取扱いについては、次問を参照してください。

　また、保有する資産を譲渡して譲渡代金を受領すると同時にその資産を借り受けてリース料の支払をするいわゆるセール・アンド・リースバックは、そのリース資産を担保とする金融取引とされており、リース資産の譲渡は消費税の課税の対象となりません（消基通5-1-9(2)）。

⑩ 所有権移転外ファイナンス・リース取引につき賃貸借処理をした場合の取扱い

Q 所有権移転外ファイナンス・リース取引の借り手において、会計上、そのリース料の支払に従って費用を計上するいわゆる賃貸借処理を行った場合の仕入税額控除の時期はどうなりますか。

A 中小企業会計指針は、ファイナンス・リース取引のうち、所有権移転外ファイナンス・リース取引については、そのリース料の支払に従って費用を計上するいわゆる賃貸借処理を行うことができるものとしています。リース会計基準においても所有権移転外ファイナンス・リース取引が短期リースや少額リースに該当する場合には、賃貸借処理を認めています。

　また、法人税法も、賃貸借取引として経理処理を行った場合には、その賃借料の計

上は減価償却費の計上と認めています（法法64の2①、法令131の2③）。

　これらを踏まえ、消費税においても、会計上賃貸借処理を行った所有権移転外ファイナンス・リース取引については、そのリース料について支払うべき日の属する課税期間における課税仕入れ等とする「分割控除」が認められます。

区　　分	経理処理	借り手における仕入税額控除の時期
所有権移転ファイナンス・リース取引	売買処理	一括控除
所有権移転外ファイナンス・リース取引	売買処理	一括控除
	賃貸借処理	一括控除
		分割控除

　この場合の留意点は、次のとおりです。

・会計上賃貸借処理をしている場合には、一括控除又は分割控除を選択することができる。

・会計上売買処理をしている場合には、分割控除を選択することはできない。

・複数の所有権移転外ファイナンス・リース取引がある場合、それぞれの資産ごとについて分割控除と一括控除を選択することができる。

・分割控除を適用した所有権移転外ファイナンス・リース取引について、その後の課税期間において残存リース料を一括して控除することはできない。

・一括控除又は分割控除を選択して確定申告書を提出した後、分割控除又は一括控除に変更して更正の請求をすることはできない。

・分割控除を適用した所有権移転外ファイナンス・リース取引については、契約の課税期間において簡易課税制度を適用した場合であっても、その後一般課税となった場合には、分割控除による仕入税額控除ができる。

---

⑪　一括控除を適用している場合の残存リース料

Q　当社は、一括控除を適用しているリース取引につき、中途で解約してリース資産を引き取らせ、残存リース料（残期間2年）を支払いました。
　この残存リース料の取扱いはどうなりますか。

A　所有権移転外ファイナンス・リース取引は、資産の譲渡（売買）があったこととされますから、残存リース料は、リース資産の購入に係る未払金の残高です。

　一括控除により仕入税額控除を行った所有権移転外ファイナンス・リース契約を解約した場合、残存リース料の支払は未払金の清算ですから、消費税の課税関係は生じません。

　なお、残存リース料が減額された場合には、次のように取り扱われます。

残存リース料の減額の理由	賃借人における取扱い
賃貸人にリース資産を返還することによる減額	減額されるリース料を対価とする資産の譲渡を認識する （金銭等で支払うべき残存リース料を金銭等に代えてリース資産で弁済するという代物弁済に該当します。）
リース物件の滅失等を起因として賃貸人に保険金が支払われることによる減額	減額されるリース料を仕入れに係る対価の返還の金額とする （リース料の値引きがあったものと認められます。）
リース資産の陳腐化のため、賃貸人と賃借人の合意に基づきリース資産を廃棄することによる減額	

⑫　分割控除を適用している場合の残存リース料

Q　当社は、分割控除を適用しているリース取引につき、中途で解約してリース資産を引き取らせ、残存リース料（残期間2年）を支払いました。

　リース契約を解除したものですから、この残存リース料は損害賠償金として取り扱うのでしょうか。

A　所有権移転外ファイナンス・リース取引は、資産の譲渡（売買）があったこととなりますが、経理実務の簡便性の観点から仕入税額控除の時期の特例として分割控除が認められています。

　分割控除により仕入税額控除を行っていたとしても、所有権移転外ファイナンス・リース取引を解約した場合に一時に支払う残存リース料は、そもそもリース資産の譲受けの対価を構成し、当然に仕入税額控除の対象となるべきものです。したがって、残存リース料は解約した日の属する課税期間における仕入税額控除の対象として取り扱うこととなります。

> 分割控除している所有権移転外ファイナンス・リース契約を中途解約した場合
> 　　　→　支払う残存リース料は課税仕入れの対価の額となる。

なお、残存リース料が減額された場合には、次のように取り扱われます。

残存リース料の減額の理由	賃借人における取扱い
賃貸人にリース資産を返還することによる減額	減額されるリース料を対価とする資産の譲渡を認識する （金銭等で支払うべき残存リース料を金銭等に代えてリース資産で弁済するという代物弁済に該当します。）
リース物件の滅失等を起因として賃貸人に保険金が支払われることによる減額	減額されるリース料を仕入れに係る対価の返還の金額とする （リース料の値引きがあったものと認められます。）
リース資産の陳腐化のため、賃貸人と賃借人の合意に基づきリース資産を廃棄することによる減額	

2　引取りに係る消費税額の控除の時期

　保税地域から引き取る課税貨物については、次の日の属する課税期間において、その課税期間における保税地域からの引取りに係る課税貨物につき課された又は課されるべき消費税額を控除します（消法30①）。

区　分	仕入税額控除の時期
一般申告	課税貨物を引き取った日
特例申告	特例申告書を提出した日又は特例申告に関する決定を受けた日

　貨物の輸入を行う場合、保税地域に陸揚げされた外国貨物は、各種の検査が行われた後に国内への輸入が許可され、関税が課税されます。保税地域からの引取りに係る消費税は、関税と併せて申告納付の手続を行います。

　輸入は、関税及び消費税の申告を条件に許可されるのであり、輸入の許可を受ける場合に関税及び消費税が課税されます。このように、輸入の許可と課税とは表裏一体の関係にあるといえ、課税貨物を引き取った日とは、関税法67条に規定する輸入の許可を受けた日をいいます（消基通11－3－9）。

①　輸入の許可前の引取り

> **Q** 関税法73条1項に規定する許可前引取りの承認を受けて課税貨物を引き取った場合は、どうなりますか。

A 一般課税貨物につき、関税法73条1項に規定する税関長の承認を受けて、輸入の許可前に保税地域から引き取ったときは、実際に引き取った日又は納付した日の属する課税期間において仕入税額控除を行います（消基通11−3−9）。

　輸入の許可前に課税貨物を引き取り、その引取りの課税期間に仕入税額控除の基礎とした見積消費税額（輸入申告書の金額を基に計算する等の方法により合理的に見積もった課税貨物の引取りに係る消費税額）が、その後確定した引取りに係る消費税額と異なるときは、その差額は、その確定した日の属する課税期間の課税仕入れ等の税額に加算し、又は課税仕入れ等の税額から控除します（消基通11−3−10）。

　関税法77条5項の規定の適用を受ける郵便物を引き取った場合も同様です。

②　納期限の延長があった場合

Q 当課税期間に引き取った一般課税貨物に係る消費税につき、納期限の延長を受けて翌課税期間に納付する場合は、翌期において仕入税額控除を行うのですか。

A 保税地域からの課税貨物の引取りに係る消費税は、税関長の承認を受けた場合には、その納期限が延長されます。

　この承認を受けて納期限が延長された場合であっても、仕入税額控除の時期は、その納期限の延長に関係なく、一般課税貨物については引取りの日、特例課税貨物については申告の日の属する課税期間となります。

　ご質問の場合、一般課税貨物を当課税期間に引き取ったということですから、納期の延長を受けて翌課税期間において納付することとなる消費税額（付帯税の額を除く）は、当課税期間の仕入税額控除の対象となります。

第9章

控除対象仕入税額の計算方法

　納付すべき消費税額は、課税標準額に対する消費税額から、控除対象仕入税額、返還等対価に係る税額及び貸倒れに係る税額の3つの控除税額を控除して算出します。

　控除対象仕入税額の計算方法には一般課税と簡易課税があり、さらに一般課税では、課税仕入れに係る消費税額、特定課税仕入れに係る消費税額及び保税地域からの引取りに係る消費税額を基礎に、全額控除、個別対応方式又は一括比例配分方式のいずれかによることになります。

　簡易課税制度は中小事業者の事務負担に配慮して設けられており、売上げの消費税額にみなし仕入率を乗じて控除対象仕入税額を計算します。

　また、令和8年9月30日までの日の属する課税期間においては、免税事業者がインボイス発行事業者の登録をした場合の2割特例が設けられています。

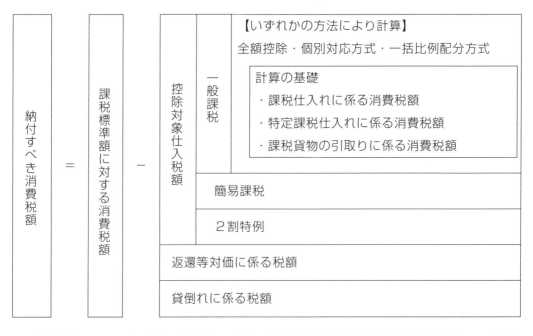

　2割特例については、第6章「インボイス制度と事業者免税点制度」を参照してください。

第1節 一般課税の計算の基礎

第1項 課税仕入れに係る消費税額

1 売上税額の計算

　課税標準額に対する消費税額（売上税額）は、その課税期間の課税売上げの税込対価の額を適用税率ごとに合計して税率ごとの課税標準額を算出し、これに各税率を乗じてその課税期間の課税標準額に対する消費税額を算出する「割戻し計算」が原則です（消法45①）。

　インボイスに記載する消費税額等は、税率ごとに、切上げ、切捨て、四捨五入など、インボイス発行事業者の任意で行うことができますが、一般に切捨て処理を行うことが多く、少額の課税売上げを大量に行う事業では、その切り捨てた端数が積み重なって、大きな負担となる可能性があります。そこで、保存しているインボイスの写しに記載されている税率ごとの消費税額等の合計額に100分の78を乗じて計算する「積上げ計算」の特例が設けられています（消法45⑤、消令62）。

　ただし、簡易インボイスに「税率ごとに区分した消費税額等」を記載せず、「適用税率」のみを記載して交付する場合は、積上げ計算を行うことはできません。

原則 【割戻し計算】	その課税期間の税込売上高の合計額を基礎とする計算方法
特例 【積上げ計算】	交付したインボイスに記載した消費税額等を基礎とする計算方法 ※　少額の売上げを大量に繰り返す小売業者のニーズ ※　仕入税額につき、「割戻し計算」はできない

2 仕入税額の計算

⑴　積上げ計算

　一般課税において、控除対象仕入税額の計算の基礎となる課税仕入れに係る消費税額（仕入税額）の計算は、原則として、積上げ計算によることを建前としています（消法30①、消令46①②）。積上げ計算には、インボイスに記載された消費税額等を積算する「請求書等積上げ計算」と、課税仕入れの都度、帳簿に計上した仮払消費税額等を積算する「帳簿積上げ計算」の2種類があります。

⑵ 割戻し計算

しかし、多くの事業者は、仕入税額の積上げ計算を行いません。

課税標準額に対する消費税額（売上税額）の計算につき、「割戻し計算」としている場合は、課税仕入れに係る消費税額についても、適用税率ごとの課税仕入れの支払対価の額の合計額から消費税額を算出する「割戻し計算」によることができます（消令46③）。

この要件は、売上税額と仕入税額の計算方法の違いを利用した有利計算を排除する措置であると説明されています。

原則 【積上げ計算】	請求書等 積上げ計算	保存するインボイスに記載された消費税額等を積み上げる計算方法 ※　仕入明細書方式による場合、電子インボイスの提供を受けて自動計算するシステムや経費の自動精算システムによる場合でなければ適用が困難
	帳簿 積上げ計算	課税仕入れの都度計上した仮払消費税額等を積み上げる計算方法 ※　財務会計システムによる集計が想定される
特例【割戻し計算】		その課税期間の税込課税仕入れの合計額を基礎とする計算方法 ※　売上税額につき、「割戻し計算」によることが要件

3　計算方法の組合せ

1円未満の端数処理が有利となる組合せ（売上税額：積上げ計算＝仕入税額：割戻し計算）は、認められません。

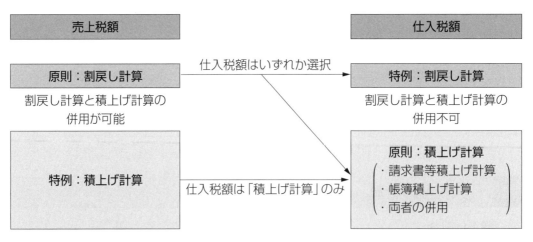

この制限は、売上税額と仕入税額の計算方法の違いを利用した納付税額の有利計算（納付税額の軽減）を排除する観点から設けられています（財務省「平成28年度税制改正の解説」823ページ）。

① 兼業の場合の割戻し計算の制限

Q 小売業と卸売業を営んでいます。小売業の売上税額は積上げ計算、卸売業の売上げ税額は割戻し計算とした場合、卸売業の仕入税額に割戻し計算を適用することができますか。

A 売上税額の計算は、割戻し計算と積上げ計算を併用することが認められます。併用は、売上税額の計算につき積上げ計算を適用した場合に当たるため、仕入税額の計算方法に割戻し計算を適用することはできません（消基通15−2−1の2）。
　ご質問では、小売業の売上税額に積上げ計算を適用しているので、卸売業も含めたすべての仕入税額について積上げ計算としなければなりません。なお、所定の要件を満たす場合は、2割特例又は簡易課税制度の適用が可能です。

② 仕入税額の帳簿積上げ計算における仮払消費税額等の端数処理

Q 帳簿積上げ計算において、仮払消費税額等の1円未満の端数を切り上げることはできますか。

A 帳簿積上げ計算は、課税仕入れに係る支払対価の額に110分の10（軽減税率は108分の8）を乗じて算出した金額です。この金額に1円未満の端数が生じたときは、端数を切捨て又は四捨五入します（消令46②）。切上げとすることはできません。

③ 財務会計システムによる帳簿積上げ計算

Q 財務会計システムを利用しています。帳簿積上げ計算は、具体的にどうすればいいのですか。

A **(1) 税抜経理方式である場合**
　税抜経理方式による場合、通常、税込みの支払額を仕訳入力し、システムに税抜処理を指示することになります。
　したがって、仕訳毎に税抜処理を行うように指示しておけば、課税仕入れの都度、仕訳入力を行うことによって、課税仕入れの都度、帳簿に仮払消費税額等を計上する

ことができます。

| 課税仕入れの都度、仕訳入力を行う | → | 仕訳毎税抜処理で、課税仕入れの都度、仮払消費税額等を計上することになる |

(2) 税込経理方式である場合

　区分記載請求書等保存方式においては、課税仕入れに係る消費税額の積上げ計算は、税抜経理を条件として認められていました（事業者が消費者に対して価格を表示する場合の取扱い及び課税標準額に対する消費税額の計算に関する経過措置の取扱いについて（平16.2課消1－8）14）。

　インボイス制度における帳簿積上げ計算は、消費税法施行令46条2項に規定されていますが、消費税法施行令46条2項に税抜経理方式を要件とする文言はありません。「課税仕入れに係る支払対価の額に$\frac{10}{110}$を乗じて算出した金額を帳簿に記載している場合」には、帳簿積上げ計算ができるものとされています。

　財務会計システムの多くは、税込経理であっても、税込で入力した仕訳につきその金額に含まれる消費税額等を算出し、帳簿に記録する機能を持っています。

　この場合、（　）書きの消費税額等を集計する機能を付加すれば、その（　）書きの金額の計算につき切捨て又は四捨五入の端数処理を行う限り、財務諸表の表示は税込みであっても、仕入税額の帳簿積上げ計算が可能になると考えられます。

④ 帳簿積上げ計算における「課税仕入れの都度」の範囲

Q 帳簿積上げ計算においては、仮払消費税額等は、インボイスごとに計上しなければなりませんか。

A 帳簿積上げ計算における「課税仕入れの都度」について、消基通11－1－10は、次のように示しています。

　例えば、課税仕入れに係る適格請求書の交付を受けた際に、当該適格請求書を単位として帳簿に記載している場合のほか、課税期間の範囲内で一定の期間内に

行った課税仕入れにつきまとめて交付を受けた適格請求書を単位として帳簿に記
載している場合がこれに含まれる。

　しかし、「課税仕入れの都度」の範囲は、インボイスを単位とした計上に限られま
せん。受領したインボイスではない納品書又は請求書を単位として計上することや、
継続的に買手の支払基準といった合理的な基準による単位により計上することができ
ます。

　例えば、納品書がインボイスである場合において、キャッシュアウトする月次請求
書の合計金額によって仕入れを計上することは、「課税仕入れの都度」計上するもの
として認められます。

　また、月次請求書がインボイスである場合において、商品管理のために納品書ごと
に仕入れを計上することや部門別管理のために各部門の配賦額ごとに仕入れを計上す
ることは、「課税仕入れの都度」計上するものとして認められます。

⑤　決算を跨ぐ期間の合計額が記載されたインボイスを受領した場合の帳簿積上げ計算

Q 請求書等積上げ計算を適用している3月末決算法人が、決算を跨ぐ3月21日か
ら4月20日までの期間を対象とする月まとめのインボイスを受領した場合、仕
入税額の計算はどうなりますか。

A 期末までの期間を区分して計算します。
(1)　請求書等積上げ計算
　当課税期間と翌課税期間を跨ぐ期間の消費税額等の合計額が記載されているインボ
イスの交付を受けた場合において、仕入税額の請求書等積上げ計算をするときは、そ
の記載されている消費税額等を基に、当課税期間と翌課税期間のそれぞれの期間の取
引に係る消費税額を算出します。

(2)　請求書等積上げ計算と帳簿積上げ計算の併用
　請求書等積上げ計算と帳簿積上げ計算とは併用することが認められます。したがっ
て、原則として請求書等積上げ計算を適用している場合であっても、課税期間を跨ぐ
インボイスについて、課税仕入れの都度、課税仕入れに係る支払対価の額に$\frac{10}{110}$（軽
減税率は$\frac{8}{108}$）を乗じて算出した金額（1円未満の端数は切捨て又は四捨五入）を仮
払消費税額等として計上した金額を基礎とする帳簿積上げ計算によることができます
（消令46②）。

なお、仕入税額の計算に当たり、積上げ計算と割戻し計算を併用することは認められません（消基通11－1－9）。

⑥　免税事業者からの課税仕入れに係る経過措置を適用する場合

Q　免税事業者からの課税仕入れについて経過措置の適用を受ける場合、具体的な計算はどうなりますか。

A　積上げ計算又は割戻し計算の具体的な計算は次のとおりです。
　(1)　仕入税額について「積上げ計算」を適用している場合
　課税仕入れごとに、その課税仕入れに係る支払対価の額に$\frac{7.8}{110}$（軽減税率は$\frac{6.24}{108}$）を乗じて算出した金額に80%（令和8年10月1日から令和11年9月30日までは50%）を乗じて算出します（1円未満の端数は切捨て又は四捨五入）（平成30改令附則22①一、23①一）。

【令和8年9月30日までの標準税率の課税仕入れ：積上げ計算】

課税仕入れに係る支払対価の額	×	$\frac{7.8}{110}$	×	$\frac{80}{100}$	=	課税仕入れに係る消費税額（切捨て又は四捨五入）

　ただし、課税仕入れの都度、経過措置対象分（消費税額等相当額の$\frac{80}{100}$）の仮払消費税額等を算出し端数処理（切捨て又は四捨五入）を行っていれば、その金額の合計額に$\frac{78}{100}$を乗じて算出（切捨て）することもできます。

課税仕入れに係る支払対価の額	×	$\frac{10}{110}×\frac{80}{100}$（切捨て又は四捨五入）

課税仕入れの都度算出した仮払消費税額等の合計額	×	$\frac{7.8}{100}$	=	課税仕入れに係る消費税額（切捨て）

　(2)　仕入税額について「割戻し計算」を適用している場合
　課税期間中に行った経過措置の適用を受ける課税仕入れに係る支払対価の額の合計金額に$\frac{7.8}{110}$（軽減税率は$\frac{6.24}{108}$）を乗じて算出した金額に80%（令和8年10月1日から令和11年9月30日までは50%）を乗じて算出します（平成30改令附則22①二、23①二）。

【令和8年9月30日までの標準税率の課税仕入れ：割戻し計算】

$$\boxed{\begin{array}{c}\text{その課税期間中の経過措置対}\\\text{象の課税仕入れに係る}\\\text{支払対価の額の合計額}\end{array}} \times \boxed{\frac{7.8}{110}} \times \boxed{\frac{80}{100}} = \boxed{\begin{array}{c}\text{その課税期間の経過措置対象}\\\text{の課税仕入れに係る消費税額}\\\text{（切捨て又は四捨五入）}\end{array}}$$

第2項　特定課税仕入れに係る消費税額

特定課税仕入れに係る消費税額は、その特定課税仕入れに係る支払対価の額に$\frac{7.8}{100}$を乗じて計算します。

$$\boxed{\begin{array}{c}\text{その課税期間中の特定課税仕入れに係る}\\\text{支払対価の額の合計額}\end{array}} \times \boxed{\frac{7.8}{100}} = \boxed{\begin{array}{c}\text{その課税期間の特定課税仕入}\\\text{れに係る消費税額}\end{array}}$$

第3項　課税貨物に係る消費税額

課税貨物に係る消費税額は、保税地域からの引取りに係る課税貨物につき課された又は課されるべき消費税額（附帯税の額に相当する額を除きます。）の合計額です。

第2節　一般課税の計算方法

第1項　全額控除

その課税期間の課税売上割合が95％以上で、かつ、課税売上高が5億円以下である場合には、その課税期間の課税仕入れ等の税額全額を控除対象仕入税額とします（消法30①）。この取扱いを一般に「95％ルール」と呼んでいます。

また、課税売上割合が95％以上である場合には、リバースチャージは適用されません。

⑴　事務負担への配慮

消費税は、消費に対して広く薄く税の負担を求めるという制度の目的により、ごく限られた取引を非課税と定めています。したがって、多くの事業者は、課税資産の譲渡等のみを行い、受取利息など金融取引に係るわずかな非課税売上げがあるという事業内容でしょう。通常は、預金利息等を得るために直接要する課税仕入れ等はないものと思われます。この場合、財務、総務など企業全体に奉仕する業務の遂行上生じた課税仕入れ等の取扱い

が問題となります。そのまま他に譲渡する課税資産の仕入れは課税売上対応の課税仕入れ等であることは明らかです。しかし、企業全体に係る管理費等は、非課税売上げに直接要する費用ではありませんが、課税売上げだけに直接要しているとも言い切れません。そうすると、わずかな預金利息等があるために、すべての課税仕入れ等について、それが課税資産の譲渡等にのみ要するものでるかどうかを確認することが必要となります。

こうしたことから、課税売上割合が95％以上である場合には、事業者の事務負担に配慮して、その課税期間の課税仕入れ等の税額の全額を控除することを認める95％ルールが設けられています。

(2) 大規模の事業者を除く

しかし、課税売上高が多額となる大企業等においては、この5％以下という枠の規模も相対的に大きくなり、金融取引以外の非課税売上げがあっても、それに要する課税仕入れ等の税額が控除の対象となり得ます。

95％ルールは、事業者の納税事務負担に配慮して、非課税売上げが僅少である場合には、これをないものとして課税仕入れ等の税額の全額を控除することを認めるものですから、規模が大きい事業者においては95％ルールを適用しないよう、その適用については、その課税期間における課税売上高が5億円以下であることという要件（以下「5億円基準」といいます）が付されています。

(3) 5億円基準

その課税期間における課税売上高は、その課税期間中に国内において行った課税資産の譲渡等の対価の額（税抜き）の合計額から、その課税期間における売上げに係る対価の返還等の金額（税抜き）の合計額を控除して計算します（消法30⑥）。

その課税期間が1年に満たない場合には、12か月に換算して、5億円を超えているかどうかを判定します（消法30⑥）。この場合、月数は、暦に従って計算し、1か月に満たない端数は1か月とします（消法30⑥）。

これは、基準期間における課税売上高の計算方法と同じです。

区　分	その課税期間における課税売上高
課税期間が1年である場合	課税売上高（税抜き）＋ 免税売上高 － 対価の返還等の金額（税抜き）※
課税期間が1年未満である場合	上記により計算した金額 × $\dfrac{12}{課税期間の月数}$

※ その対価の返還等に係る課税資産の譲渡等を行った課税期間において免税事業者であった場合には、税抜処理をしません。

① 設立第1期の月数

> **Q** 3月末日を決算期末とする法人を9月30日に設立した場合、この課税期間の月数はどうなりますか。
>
> ──────────────────────────────────
>
> **A** 月の末日に設立した場合、月の大小によって、月数が異なることとなるため注意が必要です。
>
> 国税通則法10条1項3号は、「月又は年の始めから期間を起算しないときは、その期間は、最後の月又は年においてその起算日に応当する日の前日に満了する。ただし、最後の月にその応当する日がないときは、その月の末日に満了する。」と定めています。設立の日である9月30日の応当日の前日を見ていくと、10月29日、11月29日、12月29日、1月29日、2月28日、3月29日となり、余った3月30日から31日までの期間は1つの月とみなされ（消法30⑥）、この場合の月数は、7ということになります。
>
> また、例えば、9月30日決算の法人を3月31日に設立した場合、3月31日の応当日の前日を見ていくと、4月30日、5月30日、6月30日、7月30日、8月30日、9月30日となり、余りはないので、3月31日から9月30日までの月数は、6ということになります。

② 事業年度を変更した場合の課税売上高

> **Q** 事業年度を変更した場合、5億円基準の判定に係る課税売上高の計算はどうなりますか。
>
> ──────────────────────────────────
>
> **A** 次の図は、決算期を3月末日から12月末日に変更した事例です。
>
> X1期の課税売上高は4億5千万円ですが、これを1年分に換算すると、6億円（4億5千万円×$\frac{12}{9}$＝6億円）となります。したがって、このX1期課税期間における課税売上高は5億円を超えることとなり、95％ルールは適用されません。

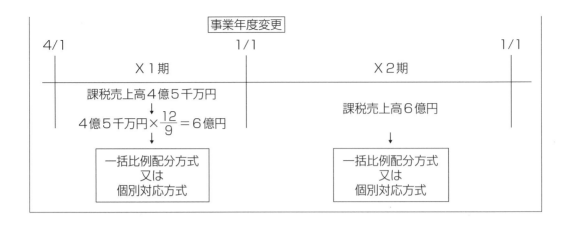

③ 課税期間の特例を選択している場合の課税売上高

Q 課税期間の特例を選択している場合、5億円基準の判定に係る課税売上高の計算はどうなりますか。

A 次の図は、特例の適用を受け、課税期間を3か月に短縮している事例です。

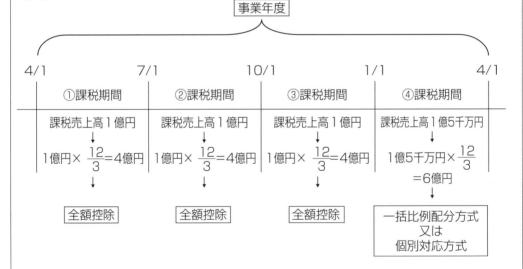

①～③の課税期間は、課税売上高の1億円を1年に換算した金額が4億円（1億円 $\times \frac{12}{3} = 4$ 億円 ≦ 5億円）となります。課税売上割合が95％以上であるときは、全額控除となります。

④課税期間の課税売上高は1億5千万円です。これを1年に換算した金額は6億円（1億5千万円 $\times \frac{12}{3} = 6$ 億円）となります。

事業年度全体の売上高は4億5千万円ですが、④課税期間においては、95％ルールは適用されず、個別対応方式又は一括比例配分方式により控除対象仕入税額を計算す

ることとなります。

④ 課税売上高の計算単位

Q 支店ごとに行う業務が異なり、それぞれが独立採算の仕組みで業務を行っている場合に、支店ごとに課税売上高を計算して95%ルールを適用することはできますか。

A その課税期間における課税売上高は、一人の個人事業者、一の法人ごとに計算します。

支店ごとに独立採算の仕組みで業務を行っており、支店ごとの事業内容が計数によって明らかである場合であっても、また精緻な部門別計算を実施している場合であっても、事業所や支店、事業部門等の単位で課税売上高を計算し、それぞれの売上高によって個別に全額控除の適用の有無を判断することはできません。

また、個人事業者においては、物品販売業を行う傍ら、不動産賃貸業を行っているなど、所得税において異なる所得区分となる事業を行っている例がありますが、その場合でも、これらの所得区分にかかわらず、すべての売上高の総額により、その個人事業者のその課税期間における課税売上高を計算します。

第2項 個別対応方式

その課税期間の課税売上割合が95%未満である場合、又はその課税期間における課税売上高が5億円を超える場合には、個別対応方式又は一括比例配分方式のいずれかによって控除対象仕入税額を計算します。

個別対応方式は、次のとおり控除対象仕入税額を計算する方法です（消法30②一）。

① 課税資産の譲渡等にのみ要するもの（課税売上対応分）の税額はすべて控除します。
② その他の資産の譲渡等にのみ要するもの（非課税売上対応分）の税額はすべて控除しません。
③ 課税資産の譲渡等とその他の資産の譲渡等に共通して要するもの（共通対応分）の税額は課税売上割合を乗じて控除する金額を計算します。

その課税期間中の課税仕入れ等の税額		
① 課税売上対応分	③ 共通対応分	② 非課税売上対応分
⇩	⇩	⇩
すべて控除する	課税売上割合を乗じた金額を控除する	すべて控除できない
控除対象仕入税額		控除対象外消費税額等

〈計算式〉

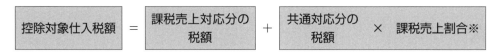

※ 税務署長の承認を受けた場合には共通対応分の税額にその承認を受けた課税売上割合に準ずる割合を乗じます（229ページ参照）。

個別対応方式により控除することができないものとされた消費税額及び地方消費税額は、控除対象外消費税額等となります。

控除対象外消費税額等は、法人税の所得の金額の計算上、その事業年度又はその後の事業年度の損金の額に算入されます（本章第3節第2項を参照してください）。

第3項　一括比例配分方式

1　一括比例配分方式を適用した場合の控除対象仕入税額

一括比例配分方式は、その課税期間の課税仕入れ等の税額の全体に課税売上割合を乗じて、控除対象仕入税額を計算します（消法30②二）。

その課税期間中の課税仕入れ等の税額	
⬇	
全体に課税売上割合を乗じた金額を控除する	
控除対象仕入税額	控除対象外消費税額等

〈計算式〉

$$控除対象仕入税額 = 課税仕入れ等の税額の全額 × 課税売上割合$$

一括比例配分方式により控除することができないものとされた消費税額及び地方消費税

額は、控除対象外消費税額等となります。

控除対象外消費税額等は、法人税の所得の金額の計算上、その事業年度又はその後の事業年度の損金の額に算入されます（本章第3節第2項を参照してください）。

課税仕入れ等について、個別対応方式を適用するための区分をしている場合であっても、その事業者の選択により、一括比例配分方式を適用することができます（消法30④）。

2 一括比例配分方式の2年間の継続適用

一括比例配分方式により計算した場合は、一括比例配分方式により計算することとした課税期間の初日から2年を経過する日までの間に開始する各課税期間において一括比例配分方式を継続して適用した後の課税期間でなければ、個別対応方式に移行することはできません（消法30⑤）。以下、この取扱いを「一括比例配分方式の2年間の継続適用」といいます。

① 一括比例配分方式を適用した課税期間の翌課税期間の全額控除

Q 当社は1年決算法人で、課税期間の特例は選択していません。

X1年課税期間は、新たに一括比例配分方式を適用しました。

(1) 一括比例配分方式には2年間の継続適用の規定がありますが、X2年課税期間における課税売上高が5億円以下で課税売上割合が95％以上となった場合でも、一括比例配分方式を適用するのですか。

(2) また、X3年課税期間における課税売上高が5億円を超えた場合にはどうなりますか。

A 一括比例配分方式の2年間の継続適用は、一括比例配分方式を適用した課税期間の初日から2年を経過する日までに開始する課税期間においては個別対応方式によることができない旨を定めたものです（消法30⑤）。どのような場合にも一括比例配分方式により計算するということを強制するものではありません。

したがって、新たに一括比例配分方式を適用した課税期間の翌課税期間において、課税売上高が5億円以下で、かつ、課税売上割合が95％以上となった場合には、課税仕入れ等の税額の全額を控除することとなります。

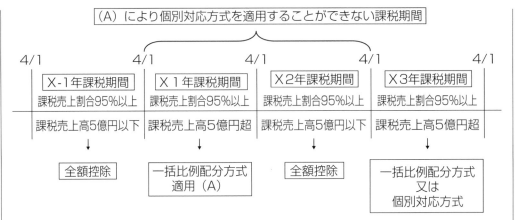

X3年課税期間は、一括比例配分方式を新たに適用したX1年課税期間の初日から2年を経過した後に開始した課税期間であるため、個別対応方式を適用することができます。

また、事業者免税点の判定は、一括比例配分方式の継続適用に関係なく行います。したがって、新たに一括比例配分方式を適用した課税期間の翌課税期間においても、基準期間及び特定期間における課税売上高が1,000万円以下であれば免税事業者となります（インボイス発行事業者の登録をしている場合や他の特例により課税事業者となる場合を除きます）。

新たに一括比例配分方式を適用した課税期間の翌課税期間において免税事業者となった場合も、その後の課税期間は、新たに一括比例配分方式を適用した課税期間の初日から2年を経過する日までに開始する課税期間ではないので、個別対応方式を適用することができます。

② **課税期間が１年未満である場合の一括比例配分方式の継続適用**

Q 当社は、X1年5月1日に設立した3月31日を決算期とする1年決算法人です。課税期間の特例は選択していません。

X1年課税期間は、課税売上高が5億円を超え、一括比例配分方式を適用しました。一括比例配分方式の継続適用期間はどうなりますか。

A 一括比例配分方式を適用した課税期間の初日から2年を経過する日までに開始する課税期間においては個別対応方式を適用することはできません。

X1年課税期間の初日であるX1年5月1日から2年を経過する日は、X3年課税期間の4月30日です。したがって、X3年課税期間までの間は、個別対応方式を適用することができません。

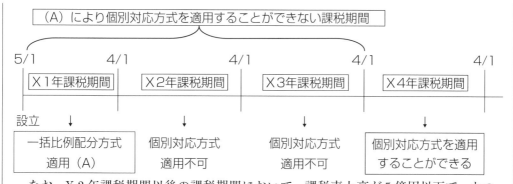

なお、X2年課税期間以後の課税期間において、課税売上高が5億円以下で、かつ、課税売上割合が95%以上となった場合には、全額控除となります。

また、課税期間の特例を選択し、課税期間を短縮した場合、1か月ごとに短縮するとX3年5月1日に開始する課税期間から、3か月ごとに短縮するとX3年7月1日に開始する課税期間から、個別対応方式による計算が可能となります。

第4項　個別対応方式と一括比例配分方式の選択

1 個別対応方式と一括比例配分方式の有利不利

個別対応方式又は一括比例配分方式のいずれを選択するべきでしょうか。

まず、納税額の問題を考えてみましょう。棚卸資産が課税資産である場合、一般的には、課税売上げにのみ要する課税仕入れ等の税額のすべてを控除することができる個別対応方式の方が有利になる場合が多いと考えられます。しかし、住宅の貸付けのために建物を取得した場合、保険医療等を行うために医療器具や医薬品を購入した場合等のように、非課税売上げにのみ要する課税仕入れ等が多額である場合には、一括比例配分方式が有利になることもあります。

次に、事務負担の問題として、個別対応方式については課税仕入れ等の用途区分が必要であり、一括比例配分方式については不要です。

納税額にどれだけ違いがあるか、課税仕入れ等の区分がどれだけの事務負担となるか、事業者ごとに総合的に勘案して、有利不利を判断することになります。

また、一括比例配分方式の2年間の継続適用の規定があるため、一括比例方式の選択については、翌期の事業計画もあわせて検討しなければなりません。

個別対応方式又は一括比例配分方式のメリットとデメリットは、おおむね次の表のとおりです（消法30②③⑤、33、34、35、消基通11-2-19）。

区分	個別対応方式	一括比例配分方式
メリット	・継続適用の要件がない ・一括比例配分方式に比べて控除税額が多くなる場合が多い ・共通対応の課税仕入れ等を合理的な基準で区分することによる節税の可能性がある ・課税売上割合に準ずる割合を活用することができる ・非課税業務用調整対象固定資産を課税業務用に転用した場合の調整の適用がある	・課税仕入れ等の用途を区分する必要がない ・非課税売上対応分の税額についても課税売上割合を乗じた金額を控除することができる ・非課税業務用調整対象固定資産についても課税売上割合が著しく増加した場合の調整の適用がある ・課税業務用調整対象固定資産を非課税業務用に転用した場合の調整の適用がない
デメリット	・課税仕入れ等の用途を区分する必要がある ・非課税売上対応の課税仕入れ等の税額は一切控除できない ・課税業務用調整対象固定資産を非課税業務用に転用した場合の調整の適用がある	・２年間継続適用しなければならない ・棚卸資産など、課税売上対応分の税額についても課税売上割合を適用して計算しなければならない ・課税売上割合に準ずる割合の適用がない ・課税業務用調整対象固定資産についても課税売上割合が著しく減少した場合の調整の適用がある ・非課税業務用調整対象固定資産を課税業務用に転用した場合の調整の適用がない

　個別対応方式を適用した場合の納付税額と一括比例配分方式を適用した場合の納付税額が同程度である場合には、まず、個別対応方式の適用を検討してみるべきでしょう。

　どのような事業もその計画どおりに実行されるとは限りません。予定どおりの売上げを実現することができるかどうかはわかりませんし、好機に恵まれて新事業に進出することとなったり、あるいは、予測しない事故が発生したり、経済情勢の変化や競争の激化により既存の事業から撤退しなければならない事態も考えられます。

　このような予測しえない事態が生じる可能性があることを踏まえれば、２年間の継続適用が強制されない個別対応方式の方がリスク回避の点で優れているといえます。

　課税仕入れ等の用途区分がどれほどの事務負担となるのかを検討し、それが、リスク回避のためのコストとしての許容できる範囲のものであるならば、個別対応方式を適用するべきと考えられます。

2　個別対応方式と一括比例配分方式の適用関係

　個別対応方式又は一括比例配分方式は、確定申告の際にいずれによって計算するのかを選択します。

　中間申告において仮決算をする場合に、いずれによって計算していても、その計算方法

を選択したことにはなりません。

　また、一括比例配分方式により計算した控除対象仕入税額をもって確定申告を行った後に、更正の請求により個別対応方式に変更することはできません。課税仕入れ等につき、売上げとの対応関係を正しく区分して経理している事業者は、個別対応方式によることも一括比例配分方式によることも認められ、いずれの計算によっても正しい控除対象仕入税額の計算となります。国税通則法23条1項は、「当該申告書に記載した課税標準等若しくは税額等の計算が国税に関する法律の規定に従っていなかったこと又は当該計算に誤りがあったことにより、当該申告書の提出により納付すべき税額が過大であるとき」は、法定申告期限から5年以内に限り、更正の請求をすることができるものとしています。上述のとおり、一括比例配分方式による計算は、「税額等の計算が国税に関する法律の規定に従っていなかったこと」にも、「計算に誤りがあったこと」にも該当しないため、更正の請求の対象とはなりません。

　したがって、個別対応方式と一括比例配分方式の適用関係は、次のように整理することができます（消基通15-2-7、平成9年5月27日福岡地裁判決）。

個別対応方式と一括比例配分方式の適用関係
①　一括比例配分方式の2年間の継続適用の規定が適用されない課税期間においては、その課税期間に係る中間申告で一括比例配分方式を適用したときでも、確定申告については、個別対応方式を適用することができる。
②　その課税期間について一括比例配分方式を適用しなければならない場合であっても、その課税期間に係る中間申告においては、個別対応方式を適用することができる。
③　既に提出している確定申告書において、個別対応方式又は一括比例配分方式のいずれかの計算方式により仕入控除税額を計算した場合には、その申告について修正申告書を提出するときにおいても、その確定申告書で選択した計算方式により仕入控除税額を計算することとなる。
④　既に提出している確定申告書において、個別対応方式又は一括比例配分方式のいずれかの計算方式により仕入控除税額を計算した場合には、これを変更して更正の請求をすることはできない。
⑤　確定申告において全額控除を適用した場合において、課税売上高が5億円を超えること又は課税売上割合が95％未満であることが判明し修正申告を行うときは、修正申告においていずれかの方式を選択する。

①　課税売上割合が0％の場合の控除

> **Q**　当社は資本金5,000万円で設立した株式会社です。
> 　第1期において商品（課税資産）4,000万円の仕入れをしましたが、売上げはまだ行っておらず、課税売上割合は0％です。控除することができる仕入税額はないのでしょうか。

A 法人の設立第1期は、基準期間がない事業年度であり、資本金基準により納税義務の有無を判定します。貴社は設立時の資本金の額が5,000万円であるため、第1期課税期間において課税事業者となります。

　また、貴社が行った課税仕入れは、他に譲渡する棚卸資産の課税仕入れですから、課税売上対応の課税仕入れ等となります。

　したがって、貴社は第1期の課税期間について、課税事業者として、個別対応方式を適用して控除対象仕入税額を計算し、還付申告を行うことができます。

　ただし、一括比例配分方式を適用した場合には、課税売上割合が0％であるため、控除税額も0となります。

② **当初申告で全額控除としていた場合**

Q 当社は、課税売上割合は常に95％以上で、課税売上高は5億円前後を推移する法人です。

　課税売上高が5億円以下であることから全額控除を適用した課税期間について、その課税売上高の算定に間違いがあり5億円を超えていることが判明した場合、個別対応方式を適用して修正申告を行うことはできますか。

A 課税売上高が5億円以下で課税売上割合が95％以上である課税期間については、95％ルールにより、全額控除が適用されます。

　当初申告において全額控除を適用した場合において、その後95％ルールが適用されないことが判明したときは、修正申告において個別対応方式又は一括比例配分方式のいずれかを選択することになります。

　個別対応方式又は一括比例配分方式は、確定申告書に記載することによって選択することとされています。したがって、当初申告で全額控除とした場合には、修正申告書への記載が、その事業者の選択となります。

　貴社は、課税売上高が5億円前後を推移するとのことですから、95％ルールの適用があったりなかったりするものと思われ、それは決算期末になってから、あるいは決算期末近くにおいて判明するものでしょう。事務負担の大きさにもよりますが、常に個別対応方式による計算ができるように対応しておくことをお勧めします。

③　税務調査において区分の誤りを指摘された場合

> **Q**　このたび、税務調査において課税仕入れ等の区分の誤りを指摘されました。
> この誤りによって個別対応方式の適用が認められないこととなり、一括比例配分方式を適用した更正処分が行われるのでしょうか。
>
> ───
>
> **A**　個別対応方式を適用するためには、すべての課税仕入れ等について、①課税資産の譲渡等にのみ要するもの（課税売上対応分）、②その他の資産の譲渡等にのみ要するもの（非課税売上対応分）、③課税資産の譲渡等とその他の資産の譲渡等に共通して要するもの（共通対応分）の3つに区分していなければなりません。
> 事業者がこの区分の判定を「誤った」としても、それは「区分をしていない」ことにはなりません。
> したがって、税務調査でその区分の誤りを指摘された場合には、その区分を訂正すれば足りるのであり、区分の誤りを理由として一括比例配分方式を適用した更正処分が行われるものではないと考えられます。
> ただし、用途区分は、課税仕入れ等ごとに行うものとされています。例えば、課税資産である棚卸資産以外の課税仕入れ等をすべて共通対応分としているといった場合には、「区分をしていない」ことになります。

第3節　控除できない税額の取扱い

　税抜経理方式においては、課税仕入れ等に係る消費税額等のうち控除できない金額は、所得税又は法人税の所得の金額の計算上、次のように取り扱うこととなります。

①	インボイス発行事業者以外から行った課税仕入れに係る税額 ➡仮払消費税等として区分する金額はなく、すべて本体価額とする
②	個別対応方式又は一括比例配分方式の計算により控除対象外となった税額 ➡控除対象外消費税額等として損金の額に算入する （繰延消費税額等については償却が必要）

第1項　インボイス発行事業者以外から行った課税仕入れに係る税額

1 原則

　税抜経理方式における仮払消費税等は、仕入税額控除の適用を受ける課税仕入れ等の消費税額等をいうこととされています（法令139の4⑤⑥、法規28②）。税抜経理方式で経理している場合においても、インボイスの保存がない課税仕入れについては、仮払消費税等の額として取引の対価の額と区分して経理する金額はありません。消費税等相当額を含めた支払対価の額を取引の対価として所得金額の計算を行うことになります（経理通達14の2）。

　たとえば、110万円の建物を購入した場合の経理処理は、次のようになります。

	借　方		貸　方	
①インボイスの保存あり	建物 仮払消費税等	1,000,000円 100,000円	現金	1,100,000円
②インボイスの保存なし	建物	1,100,000円	現金	1,100,000円

2 仮払消費税等を計上した場合

　消費税等の影響を損益計算から排除する目的や、会計ソフトが対応していないなどの理由で、インボイスの保存がない課税仕入れについて、上記①の仮払消費税等10万円を計上する会計処理を行うケースが想定されます。会計上は、この仮払消費税等の額10万円は、決算において雑損失に振り替えられるものと考えられます。

　このような場合、所得金額の計算に当たって、それぞれの取引の対価の額は、その仮払消費税等の額を含めた支払総額に修正しなければなりません（経理通達14の2）。

　したがって、法人税申告書別表による申告調整が必要となります。

【事例1】

　免税事業者から店舗用建物（耐用年数20年：定額法）を取得して、110万円を支払った。本来、仮払消費税等とする金額はないが、財務諸表への表示の都合から、次の経理処理を行った。

	借　方		貸　方	
取得時	建物 仮払消費税等	1,000,000円 100,000円	現金	1,100,000円
決算時	減価償却費 雑損失	50,000円 100,000円	建物 仮払消費税等	50,000円 100,000円

※減価償却費の計算　1,000,000円×0.050（20年の償却率）＝50,000円

⇒申告調整

　決算時に雑損失とした額は、「償却費として損金経理をした金額」として取り扱い、償却限度額を超える部分の95,000円を減価償却の償却超過額として所得金額に加算します（経理通達14の2（注）1）。

別表四　所得の金額の計算に関する明細書

区　分		総　額	処　分	
			留　保	社　外　流　出
加算	減価償却の償却超過額	95,000円	95,000円	

別表五㈠　利益積立金額及び資本金等の額の計算に関する明細書

Ⅰ　利益積立金額の計算に関する明細書				
区分	期首現在利益積立金	当期の増減		差引翌期首現在利益積立金額
		減	増	
建物減価償却超過額			95,000円	95,000円

※建物減価償却超過額の計算
　（1,000,000円＋100,000円）×0.050（20年の償却率）＝55,000円（償却限度額）
　（50,000円＋100,000円）－55,000円＝95,000円

【事例2】

　免税事業者から商品（220万円）を取得して、110万円が期末在庫となった。本来、仮払消費税等とする金額はないが、財務諸表への表示の都合から、次の経理処理を行った。

	借　方		貸　方	
取得時	仕入 仮払消費税等	2,000,000円 200,000円	現金	2,200,000円
決算時	商品 雑損失	1,000,000円 200,000円	仕入 仮払消費税等	1,000,000円 200,000円

⇒申告調整

　決算時に雑損失とした20万円のうち、期末在庫として残った商品に係る部分の金額10万円を所得金額に加算することになります。

別表四　所得の金額の計算に関する明細書

区　分		総　額	処　分	
			留　保	社　外　流　出
加算	雑損失の過大計上	100,000円	100,000円	

別表五㊀　利益積立金額及び資本金等の額の計算に関する明細書

I　利益積立金額の計算に関する明細書				
区分	期首現在利益積立金	当期の増減		差引翌期首現在利益積立金額
		減	増	
商品			100,000円	100,000円

　なお、上記の棚卸資産の評価は、個別管理が前提です。

　最終仕入原価法で評価している場合は、期末に最も近い日の仕入れがインボイスの交付を受けたものであるかどうかによって、仮払消費税等の金額の取扱いを判定します。期末に最も近い日の仕入れが免税事業者からの仕入れである場合は、消費税額等を加算して算出した単価に在庫数を乗じて期末棚卸資産の金額を算出することになります。

　たとえば、A商品について、X社（課税事業者）とY社（免税事業者）から最終仕入れの単価が同額の1,100円で仕入れている場合において、期末に最も近い仕入先がX社（課税事業者）であるときは、税抜きの単価である1,000円をもとに計算します。期末に最も近い仕入先がY社（免税事業者）であるときは、税込みの単価1,100円をもとに計算することになります。税込みの単価で評価すべきところ、税抜きの単価で評価した場合には、その差額につき、申告調整が必要となります。

【事例3】

　免税事業者が営む飲食店で飲食し、11万円を支払った。本来、仮払消費税等とする金額はないが、財務諸表への表示の都合から、次の経理処理を行った。

	借　方		貸　方	
支出時	接待交際費 仮払消費税等	100,000円 10,000円	現金	110,000円
決算時	雑損失	10,000円	仮払消費税等	10,000円

⇒申告調整

　申告調整は不要です。

　この事例では、接待交際費の支出時に仮払消費税等の額として経理した金額を決算時に雑損失として計上しています。この雑損失の額は、本来は接待交際費の額に含めるべきものですが、いずれも損金の額に算入されることについては変わりがないため、結果的に申告調整は不要となります。

　交際費等の損金不算入制度は、令和 6 年度税制改正により、法人が令和 9 年 3 月31日までの間に開始する各事業年度において支出する交際費等の額がある場合に適用するものとされています（措法61の 4 ）。交際費等の額の計算や、交際費等の範囲から除かれる飲食費の金額基準である「10,000円以下」の判定は、仮払消費税等の額として経理した金額を飲食のために要した費用の額に算入した後の金額により行うことになります（経理通達12）。

3　8 割控除・5 割控除の経過措置

⑴　令和 5 年10月 1 日から令和 8 年 9 月30日までの経過措置

　税抜経理方式で経理している場合においては、支払対価の額のうち消費税等の額の80％相当額が仮払消費税等の額となります（経理通達 3 の 2 、経過的取扱い⑵、所得税経理通達 3 の 2 、経過的取扱い⑵）。

　消費税等相当額の全額（下記の例では10万円）を仮払消費税等として計上した場合には、仕入税額控除の対象とならない20％相当額について申告調整を行うことになります。

⑵　令和 8 年10月 1 日から令和11年 9 月30日までの経過措置

　税抜経理方式で経理している場合においては、支払対価の額のうち消費税等の額の50％相当額が仮払消費税等の額となります（経理通達 3 の 2 、経過的取扱い⑵、所得税経理通達 3 の 2 、経過的取扱い⑵）。

　消費税等相当額の全額（下記の例では10万円）を仮払消費税等として計上した場合には、仕入税額控除の対象とならない50％相当額について申告調整を行うことになります。

免税事業者から店舗用建物を取得して110万円を支払った場合の経理処理					
期　　間	仕入税額控除	借　　方		貸　　方	
R 5 .10. 1 ～R 8 . 9 .30	8 割控除適用	建物 仮払消費税等	1,020,000円 80,000円	現金	1,100,000円
R 8 .10. 1 ～R11. 9 .30	5 割控除適用	建物 仮払消費税等	1,050,000円 50,000円	現金	1,100,000円
R11.10. 1 以後	経過措置終了	建物	1,100,000円	現金	1,100,000円

4 事務負担に配慮した特例（令和5年12月の通達改正）

　上記のような経理処理は事務負担が大きいと考えられることから、令和5年12月の消費税経理通達の改正において、次のような特例が設けられました。

【特例①】簡易課税又は2割特例を適用する場合

　簡易課税制度を適用している事業者（以下「簡易課税制度適用事業者」といいます）は、仕入税額控除を適用するに当たってインボイスの保存は不要です。

　そこで、税抜経理方式を適用している簡易課税制度適用事業者が、仕入先が、インボイス発行事業者であるか否かを区分する事務負担を軽減する観点から、簡易課税制度を適用している課税期間を含む事業年度における継続適用を条件として、インボイスの保存の有無にかかわらず全ての課税仕入れについて、課税仕入れに係る支払対価の額に110分の10（軽減税率の対象となるものは108分の8。以下同じ。）を乗じて算出した金額を仮払消費税等の額とする経理処理が認められることとされました（経理通達1の2）。

　この取扱いの適用を受ける場合は、例えば、控除対象外消費税額等についても、支払対価の額に110分の10を乗じて算出して仮払消費税等の額とした金額を基礎に計算することになります。

　なお、免税事業者は税込経理方式を適用して法人税の所得金額を計算することになりますが（経理通達5）、一の事業年度中に免税事業者となる期間と課税事業者となる期間が存在する場合において、課税事業者である期間において簡易課税制度を適用するときは、課税事業者である期間の課税仕入れについて支払対価の額に110分の10を乗じて算出した金額を仮払消費税等の額として経理をすることになります。

　2割特例（平成28改法附則51の2①②）を適用する事業者も同様の経理が認められています（令和5年12月経過的取扱い(2)）。

【特例②】8割控除・5割控除を適用する場合

　8割控除・5割控除（平成28改法附則52、53）を適用する場合は、控除できない部分の金額を仮払消費税等の額として経理をすることになりますが、段階的にシステムの改修を行うことの事務負担に配慮する観点から、経過措置期間終了後の原則となる取扱いを先取りし、仮払消費税等の額はないものとして法人税の所得金額の計算を行うことも認められることとされました（令和3年2月経過的取扱い(3)）。

　この取扱いは、簡易課税制度や2割特例制度を適用していない事業者についても適用できることとされています。

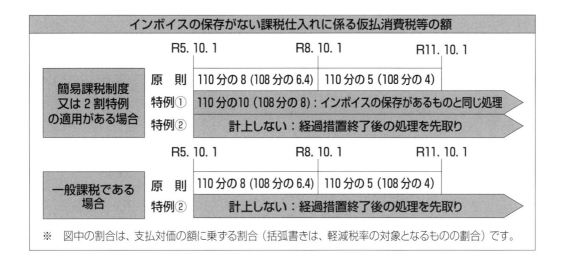

第2項 個別対応方式等の計算により控除対象外となった税額

　税抜経理方式を採用する事業者が、個別対応方式又は一括比例配分方式により控除対象仕入税額を計算した場合に、仮払消費税額等のうち控除額から除外された金額を控除対象外消費税額等といいます（経理通達1⒁、所得税経理通達1⒁）。

　控除対象外消費税額等についての法人税の取扱いは、次のとおりです。

①　控除対象外消費税額等のうち、資産に係るもの以外のものは、その事業年度の損金の額に算入します。

②　その課税期間の課税売上割合が80％以上である場合には、資産に係る控除対象外消費税額等についても、損金経理を要件としてその事業年度の損金の額に算入します（法令139の4①）。

③　その課税期間の課税売上割合が80％未満である場合には、資産に係る控除対象外消費税額等のうち、棚卸資産に係るもの及び20万円未満のものは、損金経理を要件として、その事業年度の損金の額に算入します（法令139の4②）。

④　上記により、損金の額に算入したもの以外のものは、繰延消費税額等となります。

　　繰延消費税額等については、損金経理をした金額のうち、次の算式により計算した金額に達するまでの額をその事業年度の損金の額に算入します（法令139の4③④⒁）。

　イ　繰延消費税額等が生じた事業年度

$$繰延消費税等の金額 \times \frac{その事業年度の月数}{60} \times \frac{1}{2}$$

　ロ　翌事業年度以後

$$繰延消費税額等の金額 \times \frac{その事業年度の月数}{60}$$

※　損金経理額には、その事業年度前の各事業年度における損金経理額のうち、その事業年度前の各事業年度において損金の額に算入されなかった金額を含みます。

　また、所得税においては、損金経理要件はありませんから、上記の処理に準じて、それぞれの金額をその個人事業者のその年の必要経費の額に算入します（所令182の２）。

　以上をまとめると次のとおりです。

控除対象外消費税額等の処理				
資産に係る控除対象外消費税額等	棚卸資産以外の資産に係るもの	課税売上割合80％未満	一の資産に係る控除対象外消費税額等が20万円以上	繰延消費税額等となる 5年で償却する （法人は損金経理要件がある）
			一の資産に係る控除対象外消費税額等が20万円未満	個人：生じた年の必要経費の額に算入する 法人：生じた事業年度の損金の額に算入する （法人は損金経理要件がある）
		課税売上割合80％以上		
	棚卸資産に係るもの			
経費に係るもの				個人：生じた年の必要経費の額に算入する 法人：生じた事業年度の損金の額に算入する

　※　経費に係るもの以外の控除対象外消費税額等又は繰延消費税額等につき損金経理をした金額がある場合には、申告書に、法人においては「資産に係る控除対象外消費税額等の損金算入に関する明細書」、個人事業者においては「資産に係る控除対象外消費税額等の必要経費算入に関する明細書」を添付する必要があります（法令139の５、所令182の２⑨）。

　※　交際費等に係る控除対象外消費税額等は、交際費等の損金不算入額の計算の基礎となります。

　税込経理方式を採用した場合は、仮払消費税等の計上がないため、控除対象外消費税額等は生じません。

第10章

課 税 仕 入 れ 等

第1節　課税仕入れ

1　課税仕入れの判定

　会計において仕入れとは、売上原価の基礎となる棚卸資産の仕入れをいいます。

　消費税法における仕入れは、棚卸資産の仕入れだけでなく、固定資産や消耗品等の購入、資産の借受け、業務の外部委託等、事業遂行のために行うすべての資産やサービスの調達を指す広い概念です。

　課税仕入れとは、事業として他の者から資産を譲り受け、若しくは借り受け、又は役務の提供（所得税法に規定する給与等を対価とする役務の提供を除く）を受けることで、その他の者が事業としてその資産を譲り渡し、若しくは貸し付け、又はその役務の提供をしたとした場合に課税資産の譲渡等に該当することとなるもので、輸出免税の規定により消費税が免除されるもの以外のものをいいます（消法2①十二）。

　つまり、事業のための財貨の調達で、給与等の支払でなく、取引の相手方が事業として行った場合にその相手方において課税売上げとして課税標準額の計算の基礎となるべき取引が、仕入れをした事業者の課税仕入れとなります。

○事業として

　法人が行う取引は、営利を目的とするものでなくても必ず事業として行ったものとなるので、法人においては、その仕入れを事業として行ったかどうかが問題となることはありません（消基通5－1－1）。

○他の者から

　課税仕入れは、他の者から資産を譲り受け、若しくは借り受け、又は役務の提供を受けたものでなければなりません。他の者とは、消費税の課税事業者の他、免税事業者、消費者、非居住者、公共法人、公益法人など、自己以外のすべての者です。したがって、子会

社や関係会社との取引であっても、その支配関係にかかわらず、他の者との取引として課税仕入れの判定を行います。しかし、本支店取引などの内部取引や費用の振替などは、課税仕入れになりません。

○**相手方にとって課税売上げとなるもの**

　課税仕入れは、相手方にとって、課税売上げとなるものです。非課税取引や免税取引は課税仕入れになりません。課税仕入れの相手方は事業者である必要はありませんから、相手方にとって課税売上げになるかどうかは、相手方が事業として行ったと仮定して判断することになります。

○**給与等の支払を除く**

　また、給与等を対価とする役務の提供は、課税仕入れには該当しません。給与等とは、所得税法28条1項に規定する給与等をいい（所法226①）、俸給、給料、賃金、賞与その他これらの性質を有する給与（所法28①）で、その支払を受ける者において、給与所得の収入金額となるものです（所法28①）。過去の労務の提供を給付原因とする退職金、年金等も課税仕入れになりません（消法2①十二、消基通11-1-2）。ただし、通勤手当の非課税の上限やフリンジベネフィットに係る取扱いなど、課税仕入れから除かれる給与の範囲は、必ずしも所得税の課税所得の計算と一致しているわけではありません。

2　仕入税額控除の要件

　国内において行った課税仕入れについては、原則として、帳簿及びインボイスの保存が仕入税額控除の要件とされています（「第7章　仕入税額控除の要件」参照）。

　したがって、買手において課税仕入れであるかどうかを判定する必要があるのは、次のような場合です。

①　公共交通機関特例や自動販売機特例など、インボイスの保存なしに帳簿の保存のみで仕入税額控除が認められる課税仕入れである場合（92ページ参照）

②　インボイス発行事業者以外からの課税仕入れについて8割控除又は5割控除の経過措置の適用を受ける場合（94ページ参照）

　※　この場合には、区分記載請求書の記載事項を満たす請求書等を保存する必要があります。

③　インボイス発行事業者である売手が、その取引の課否判定を誤ってインボイスの交付をしない場合又は課否判定を誤ったインボイスの交付をした場合

　※　インボイス発行事業者には、課税事業者の求めに応じてインボイスを交付する義務があり（消法57の4①②③⑤）、インボイスの記載事項に誤りがあった場合には修正したインボイスを交付する義務があります（消法57の4④）。適正な判定に基づいて記載されたインボイスの交付を求めましょう。

① 資産の交換

> **Q** 交換による資産の取得は課税仕入れになりますか。
>
> ───────────────────────────
>
> **A** 交換は、相手方に資産を譲渡する取引と、相手方から資産を譲り受ける取引とが同時に行われるものです。

　この場合、相手方に譲渡する資産（交換譲渡資産）が課税資産である場合には、その譲渡は課税売上げとなり、相手方から譲り受ける資産（交換取得資産）が課税資産である場合には、その譲受けは課税仕入れとなります。

　所得税や法人税においては、交換につき一定要件を満たす場合には特別控除や課税の繰延べを認める特例が設けられています（法法50、措法65の9、65の10、66他）が、消費税にはそのような特例はありません。所得税又は法人税において特別控除又は課税の繰延べの適用があった場合であっても、交換取得資産の時価相当額が課税仕入れの支払対価の額となります。

区　分	交換差金がない場合	交換差金がある場合	
交換譲渡資産の譲渡対価の額	交換取得資産の時価	交換取得資産の時価に受け取った交換差金の額を加算した金額	交換取得資産の時価から支払った交換差金の額を控除した金額
交換取得資産の課税仕入れに係る支払対価の額	交換取得資産の時価		

　なお、交換の当事者が交換に係る資産の価額を定め、相互に等価であるとして定めた価額が通常の取引価額と異なるときであっても、その交換がその交換をするに至った事情に照らし正常な取引条件に従って行われたものであると認められるときは、これらの資産の価額はその合意した金額となります（消基通10-1-8）。

② 解約手数料、払戻手数料等

> **Q** 予約を取り消した場合に支払うキャンセル料は課税仕入れの支払対価ですか。
>
> ───────────────────────────
>
> **A** 予約の取消し、変更等に伴って支払うキャンセル料、解約損害金等は、逸失利益等に対する損害賠償金ですから、課税仕入れの支払対価ではありません。

　ただし、解約又は取消しの請求に応じ、その事務手続等の役務の提供の対価として支払う解約手数料、取消手数料、払戻手数料等は、解約等の請求による事務処理の対

価ですから課税仕入れの支払対価となります（消基通5－5－2）。

　なお、役務の提供の対価と逸失利益に対する損害賠償金とを区分することなく一括して支払うものであるときは、その全体が課税仕入れになりません（消基通5－5－2）。

③　未経過固定資産税

Q　当社の土地建物の購入にあたって、未経過期間の固定資産税相当額を支払いました。これは、租税の納付にあたりますか。

A　土地建物等の譲渡においては、未経過期間の固定資産税相当額の授受が慣行となっています。

　これは、売買当事者の合意に基づき固定資産税・都市計画税の未経過分を買主が分担するものですから、地方公共団体に対して納付すべき固定資産税そのものではなく、取引に際しての利益調整のための金銭の授受であり、不動産の譲渡対価の一部を構成するものです。したがって、建物等の譲受けに伴う未経過固定資産税等は、課税仕入れ等の支払対価に該当します（消基通10－1－6）。

　ただし、土地の譲渡は非課税であるため、土地に係る未経過固定資産税等は、課税仕入れ等の支払対価には該当しません。

　また、不動産の売買による引渡しが行われたにもかかわらず、登記簿上の名義書替えが遅れた等の理由により、その不動産を譲渡した者に対して固定資産税等が課税され、その譲渡を受けた者からその固定資産税等に相当する金額を収受する場合において、それが固定資産税相当額であることを明らかにしているときは、その金額は税金の立替払いといった意味合いを持つものと考えられ、課税対象外として取り扱います（消基通10－1－6）。ただし、当事者間で名義借料等役務の提供の対価として授受した場合は、課税の対象となります。

　なお、建物が居住用賃貸建物である場合には、仕入税額控除は適用されません。「第3節　居住用賃貸建物の課税仕入れ等」を参照してください。

④　レジャー施設の入会金等

Q　レジャー施設の会員となるための入会金及び預託金は、課税仕入れの対価となりますか。

A 事業者が支払う入会金のうち、ゴルフクラブ、宿泊施設、体育施設、遊戯施設その他レジャー施設の利用又は一定の割引率で商品等を販売するなど会員に対する役務の提供を目的とする団体の会員資格を得るためのもので脱退等に際し返還されないものは、課税仕入れに係る支払対価に該当します（消基通11-2-5）。

したがって、入会金は課税仕入れに係る支払対価となりますが、預託金は課税仕入れの支払対価になりません。

なお、この会員権を他に譲渡する場合には、会員としてレジャー施設を利用する権利又は会員以外の者に比して有利な条件でレジャー施設を利用する権利の譲渡と考えられ、たとえ、その譲渡の対価の決定にあたって将来返還を受けるべき預託金という金銭債権の評価を考慮していたとしても、その譲渡の対価の全額が課税資産の譲渡等の対価の額となります。

⑤ 公共施設の負担金等

Q 新しい商業施設に通じる道路を市に建設してもらうために建設費用を負担しました。この道路は市が所有し、誰でも通行することができる公道となります。この建設費用は課税仕入れに係る支払対価に該当しますか。

A 特定の事業を実施する者がその事業への参加者又はその事業に係る受益者から受ける負担金、賦課金等については、事業の実施に伴う役務の提供との間に明白な対価関係があるかどうかによって資産の譲渡等の対価であるかどうかを判定します（消基通5-5-6）。

このたび建設した道路は、市の所有となり、誰でも通行できる公道となるものですから、貴社は、工事費用は負担しましたが、道路の譲受けも借受けも、役務の提供も受けていません。したがって、他の者から資産を譲り受け、若しくは借り受け、又は役務の提供を受けたものという要件に欠け、課税仕入れには該当しないものと考えられます。

なお、公共施設の負担金等のうち、その対価関係の判定が困難なものについては、その負担金等を収受する国、地方公共団体又は同業者団体等において、資産の譲渡等の対価に該当しないこととしているものについては、その負担金等を支払う事業者においても、課税仕入れに係る支払対価に該当しないものとされています（消基通11-2-6）。この場合には、国、地方公共団体又は同業者団体等は、その旨をその負担金等の支払者に通知しなければなりません（消基通5-5-6）。

また、公共的施設の負担金等であっても、例えば、専用側線利用権、電気ガス供給

施設利用権、水道施設利用権、電気通信施設利用権等の権利の設定に係る対価と認められる場合には、その負担金等は、課税仕入れに係る支払対価に該当します（消基通11－2－6）。

⑥　為替差損益

Q 外貨建取引を行った場合に生じる為替差損益の取扱いはどうなりますか。

A 外貨建取引の決済にあたって生じた為替差損益は、課税対象外となります。
　　外貨建取引を行った場合の対価の額は、法人税又は所得税の課税所得の金額の計算において計上すべき金額であり、法人税においては、原則として、取引日の電信売買相場の仲値（T.T.M）によることとされています（消基通10－1－7、法基通13の2－1－2、13の2－1－4）。
　外貨建てにより取引を行った場合にはその決済にあたって為替変動による為替差損益が生じますが、その課税仕入れに係る支払対価の額は課税仕入れを行った時においてその課税仕入れの支払対価の額として計上した額となり、為替差損益の額は、課税仕入れの支払対価の額に加減算することはできません（消基通11－4－4）。
　なお、社内レートにより取引を記録している場合であっても、法人税法上社内レートによる計上は認められていません。したがって、その社内レートと法人税法に認められたT.T.Mとの差額は、課税仕入れの支払対価の額に加減算することとなります。

⑦　立退料の支払

Q 賃貸ビルを譲渡するため、現在の入居者に退居をお願いして立退料を支払いました。この立退料は、仕入税額控除の対象となりますか。

A この立退料の支払が、課税仕入れに該当するかどうかは、立退料の支払を受けた者において、課税資産の譲渡等に該当するかどうかによって判断します。
　資産の譲渡とは、資産につきその同一性を保持しつつ、他人に移転させることをいいます（消基通5－2－1）。したがって、権利自体の消滅や価値の減少は資産の譲渡ではありません。
　建物等の賃借人が賃貸借の目的とされている建物等の契約の解除に伴い賃貸人から収受する立退料（不動産業者等の仲介を行う者を経由して収受する場合を含む）は、

賃貸借の権利が消滅することに対する補償、営業上の損失又は移転等に要する実費補償などに伴い授受されるものであり、資産の譲渡等の対価に該当しません（消基通5－2－7）。したがって、貴社が、賃貸する建物から賃借人を退居させるために支払う立退料は、仕入税額控除の対象となりません。

　所得税においては、借家権の消滅の対価は、譲渡所得の収入金額とされています（所令95、所基通33－6）。しかし、消費税においては、譲渡の本来の意味である所有権の移転の事実があったかどうかにより譲渡であるかどうかの判断をします。

⑧　同業者団体等の入会金・会費・組合費等

Q 同業者団体等の入会金や会費は、どのように判断したらいいのですか。

A 同業者団体等の入会金、会費、組合費等は、その会費等と団体等から受ける役務の提供とに明白な対価関係があるかどうかにより、課税仕入れの支払対価であるかどうかを判断します（消基通5－5－3、5－5－4）。

　この場合、その団体が団体として通常の業務運営のために経常的に要する費用をその構成員に負担させ、その団体の存立を図るというようないわゆる通常会費は、課税仕入れの支払対価に該当しないものとされています（消基通5－5－3）。

　また、一定の割引率で商品等を購入することができるなど会員等として役務の提供を受けることを目的に、会員等の資格を取得するために支払う入会金（返還しないものに限る）は課税仕入れの支払対価に該当し（消基通5－5－5）、その会費も、一定の役務提供を受ける対価として課税仕入れに係る支払対価に該当します。

　その他、会報等の発行がある場合など、会費等の取扱いをまとめると次のようになります（消基通5－2－3、11－2－5）。

入会金・会費等の区分		判　　断
通常会費など、明確な対価関係がない会費		不課税
会報等の発行がある場合の会費	組合等の通常の業務運営の一環として発行されその構成員に配布される場合	その会報等が書店等で販売されていても課税仕入れに該当しない
	事実上、会報等の購読料であると認められる会費	課税仕入れの支払対価

返還しない入会金・会費等	明白な対価関係がある会費等 （例） ・セミナー参加会費 ・出版物の購読、映画・演劇等の鑑賞のための会費 ・施設の使用や情報の提供を受けるための会費 ・占有使用面積基準による会費 ・施設の利用又は一定の割引率で商品等を購入することが 　できる会員の資格を取得するための入会金	課税仕入れの支払対価
	資産の譲渡等の対価であるかどうかの判定が困難であるもの	組合等からの通知により判断する

⑨ 時価を超える金額で下取りした場合

Q リース譲渡に当たり、ディーラーが頭金等として時価を超える価額で車両を下取りした場合、時価との差額はどのように取り扱われますか。

A **(1) 資産の下取り**

　資産の譲渡等に当たって、販売先の事業者が所有する資産を下取りした場合は、資産の譲渡等の値引きではなく、下取り資産を時価で仕入れたものとなります（消基通10－1－17）。

　例えば、自動車販売について、ディーラーが顧客に100万円の自動車を販売する場合において、その顧客が所有する自動車を時価の30万円で下取りしたときは、ディーラーは、100万円の課税売上げと、30万円の課税仕入れを計上します。

(2) 時価を超える価額で下取りした場合

　リース譲渡に際しては、最新モデルの値崩れを防ぐために、販売資産の値引きに代えて、下取り資産を時価よりも高く査定する場合があります。

　このような場合の対価の額について、消費税法基本通達9－3－6は、次のように示しています。

消費税法基本通達9－3－6
　事業者がリース譲渡を行うに当たり、頭金等として相手方の有する資産を下取りした場合において、当該資産の価額をその下取りをした時における価額を超える価額としているときは、その超える部分の金額については、当該下取りをした資産の譲受けに係る支払対価の額に含めないものとし、そのリース譲渡をした資

産につき、値引きをしたものとして取り扱う。

（注）　下取りに係る資産を有していた事業者におけるその下取りに係る資産の譲渡に
係る対価の額は、当該頭金等とされた金額となる。

　例えば、新車（100万円）のリース譲渡に当たって、顧客が有する時価20万円の車両につき、新社の値引きを考慮して30万円と査定した場合、リース譲渡の売手（ディーラー）においては、下取り車の時価と査定価額の差額は、新車についての売上対価の返還等の金額となります。

　ただし、買手（顧客）においては、ディーラーから示された査定価額が、下取り車の譲渡の対価となります。

【新車の価額100、下取車両の査定価額30、下取車両の時価20である場合の処理】
売手（ディーラー）の処理

借　方		貸　方	
未収入金	70	課税売上げ	100
売上値引き	10		
課税仕入れ	20		

買手（顧客）の処理

借　方		貸　方	
課税仕入れ	100	課税売上げ	30
		未払金	70

⑶　インボイスの交付と保存

　リース譲渡に当たり、ディーラーが頭金等として顧客の車両を下取りする場合、一般的に、ディーラーから顧客に対し、新車の販売価額と下取車両の下取価額を記載した「自動車注文書」を交付します。この書類は、新車の販売に係るインボイスと、下取りに係る仕入明細書を合わせた内容となっています。

　この場合、対価の額は、インボイスの記載事項として「新車の販売価額100万円」、仕入明細書の記載事項として「下取価額30万円」を記載することが想定されます。

　ディーラーは、この自動車注文書を保存して、上記⑵のとおり、課税売上げ100万円、売上対価の返還等10万円、課税仕入れ20万円を計上することになります。

　また、買手は、この自動車注文書のとおり、課税売上げ30万円、課税仕入れ100万円を計上します。

⑩ 大学への研究委託

Q 大学に対し研究を委託し、委託研究費を支払う場合には仕入税額控除の対象となりますか。

A 研究を委託し支払う委託研究費は、課税仕入れの支払対価に該当します。その研究が失敗した場合であっても、その判定は変わりません。

ただし、その実質が寄附に該当するものである場合には、委託研究費等の名目であっても仕入税額控除の対象となりません。

⑪ 大学で受講する社員研修

Q 当社の社員研修の実施にあたり、大学又は大学院の公開講座を利用しています。この場合の受講は、学校教育等の非課税にあたりますか。

A 大学等が行う正規の授業ではなく、社会人等を対象とした一般教養等を習得するための公開講座は、非課税となる教育に関する役務の提供に該当せず、支払う授業料は課税仕入れの支払対価となります。

学校教育等については、①その教育に係る役務の提供者が学校教育法等に定める学校等であり、②授業料等を対価とする教育に関する役務の提供である場合に、非課税となります（消法別表一11号）。社会人であっても、聴講生として大学又は大学院における正規の授業を受け、単位の付与を受ける場合等には、学校教育の非課税に該当し、その授業料は仕入税額控除の対象となりません。

⑫ 手形売却損

Q 取引先から受け取った手形について銀行で割引を受け、割引料及び割引手数料を支払いました。

課税仕入れとしてよろしいですか。

A 手形の割引は手形の売却であり、支払手段の譲渡に係る非課税資産の譲渡等に該当します（消法別表二2号）。支払手段の譲渡については、その売却収入は課税売上割合の計算上ないものとされ（消令48②一）、分母の金額に算入す

ることはありません。手形の割引料は、支払った費用ではなく、手形の売却に係る損失であり、消費税法上、何らの課税関係も生じることはありません。

　他方、割引手数料は、割引を実行するにあたり銀行が収受する事務手数料ですから、貴社においては課税仕入れに該当します。

⑬　保証料

Q 金融機関からの借入れに伴い信用保証協会に支払う保証料は、課税仕入れになりますか。

A 信用の保証は、非課税資産の譲渡等とされています（消法別表二3号、消基通6－3－1）。信用保証協会に支払う保証料は、課税仕入れになりません。

⑭　駐車場として借り受けた土地の支払地代

Q 当社は、A土地及びB土地の2つを借り受けています。
　A土地は、更地のまま借り受け、これにアスファルト等を敷設して駐車場として整備し、月極駐車場として他に賃貸しています。
　B土地は、地主が砂利等を敷設して整備したものを駐車場として借り受け、当社が必要なフェンス等を取り付けて、月極駐車場として他に賃貸しています。これらの土地の支払地代は、課税仕入れの対価となりますか。

A 土地の譲渡及び貸付けは、非課税資産の譲渡等です。ただし、その土地の貸付けに係る期間が1か月に満たない場合及び駐車場その他の施設の利用に伴って土地が使用される場合には、その貸付けは非課税となる土地の貸付けから除かれます（消法別表二1号、消令8）。

　駐車場用地の貸付けについては、次のように整理されています（消基通6－1－5）。

> 　駐車場又は駐輪場として土地を利用させた場合において、その土地につき駐車場又は駐輪場としての用途に応じる地面の整備又はフェンス、区画、建物の設置等をしていないとき（駐車又は駐輪に係る車両又は自転車の管理をしている場合を除く。）は、その土地の使用は、土地の貸付けに含まれる。

そして、土地を借り受けた事業者においては、その貸付けを行う者において課税資産の譲渡等となるものが、課税仕入れとなります。

Ａ土地は、更地の状態で借り受けたものです。たとえ駐車場用地として賃貸契約を締結していても、地主においては、駐車場としての用途に応じる地面の整備又はフェンス、区画、建物の設置等をしていませんから、非課税となる土地の貸付けに該当し、貴社において、その支払地代は課税仕入れの支払対価になりません。

他方、Ｂ土地は、地主が砂利敷等を行って駐車施設の設置を行ったうえで貸し付けているので、非課税となる土地の貸付けから除かれ、貴社においては、その支払地代は、課税仕入れの対価となります。

なお、その駐車場を借り受けた後、貴社においてフェンスを取り付けるなど、改めて必要な施設を追加して設置していますが、そのことによって、地主からの土地の賃借が非課税となるものではありません。

なお、貴社においては、Ａ土地における駐車場賃貸収入、Ｂ土地における駐車場賃貸収入のいずれも課税売上げとなります。

⑮　土地及び建物の一括取得

Q 土地建物を一括して取得した場合、課税仕入れに係る支払対価の額はどのように計算しますか。

A 建物とその敷地となっている土地とを一括取得した場合には、建物部分だけが課税仕入れになりますから、その支払対価の額を建物部分と土地部分に区分する必要があります。

土地や建物の譲渡については、所有権の移転登記を行う必要があり、契約を締結する時までに契約内容を記載した契約書が作成されます。契約書は、その契約についての争いを回避するために作成するものであり、当事者が合意した内容を記載するものですから、消費税の課税関係も、契約書の記載に従って判断することになります。

土地と建物の譲渡の対価の額が、契約において合理的に区分されている場合は、その区分によりそれぞれの対価の額とします。

ただし、事前に当事者間で合意した内容と異なる記載をした契約書である場合には、当然、その記載にかかわらず、合意した内容によらなければなりません。

ところで、土地や建物の時価についてはさまざまな評価方法が考えられます。例えば、近隣の売買実例等を参考にした価額や相続税評価額も時価と認められるものです。契約による定めは、必ずしもこのような時価を反映した区分であるとは限りませんが、

双方の状況や契約の条件等により当事者間で決定した合理的な区分であれば、また、特殊な利害関係あるいは脱税目的等の下に故意に実体と異なる内容を契約書に表示したなどの事情がなければ、これを別に想定される時価に引きなおして区分することはありません（平成20年5月8日裁決）。その合理的な区分により算出した建物の対価の額を記載したインボイスの交付を受けて保存することになります。

　なお、建物が居住用賃貸建物である場合には、仕入税額控除は適用されません。「第3節　居住用賃貸建物の課税仕入れ等」を参照してください。

⑯　大工等に支払う報酬

Q 当社は、建設業者を営む法人です。当社に専属している大工に支払う報酬は、給与に該当するのでしょうか。

A 個人から労務の提供を受けた場合に支払う対価が課税仕入れに該当するかどうかは、その支払を受ける者において、それが所得税の給与所得に該当するかどうかにより判断します（消法2①十二）。

　大工等のいわゆる「一人親方」が支払を受ける報酬は、給与等であるかどうかの判断が困難であるものの典型的な例です。これについて国税庁は、「大工、左官、とび職等の受ける報酬に係る所得税の取扱いについて（法令解釈通達）」及び「大工、左官、とび職等の受ける報酬に係る所得税の取扱いに関する留意点について（情報）」を示しています。その内容を整理すると、おおむね次のとおりです。

契約による判断
大工等が、支払を受ける報酬に係る所得区分は、その報酬が請負契約等に基づく対価であるのか又は雇用契約等に基づく対価であるのかにより判定することなる。ただし、業務の遂行又は役務の提供には種々の形態が存在するのであり、請負契約に基づく対価であるのか、又は雇用契約に基づく対価であるのかの区分が明らかでないときは、例えば、次の事項を総合勘案して判定する。

次の事項を総合勘案して判定		
①　他人が代替して業務を遂行すること又は役務を提供することが認められるかどうか。 **他人の代替が認められる例** ・急病等により作業に従事できない場合には、本人が他の作業員を手配し、作業に従事しなかった日数に係る報酬も本人に支払われる（作業に従事した者に対する報酬は、本人が支払う）。 **他人の代替が認められない例**	作業従事者の代替性あり	事業所得の要素

・急病等により作業に従事できない場合には、報酬の支払者が他の作業員を手配し、作業に従事しなかった日数に係る報酬は従事した他の作業員に支払われる。			
② 報酬の支払者から作業時間を指定される、報酬が時間を単位として計算されるなど時間的な拘束（業務の性質上当然に存在する拘束を除く）を受けるかどうか。 時間的拘束を受ける例 ・作業時間を午前9時から午後5時までとされている場合で、午後5時までに予定されている作業が終わった場合には予定されている作業以外の作業にも従事する。 ・作業時間を午前9時から午後5時までとされている場合で、午後5時までに予定されている作業が終わらず午後5時以降も作業に従事した場合には午後5時以降の作業に対する報酬が加算されて支払われる。 時間的拘束を受けない例 ・近隣住民に対する騒音の配慮から作業時間は5時までと定められているが、午後5時までに予定されている作業が終わった場合には、午後5時前に帰宅した場合でも所定の報酬の支払を受けることができる。 ・作業の進行状況等に応じて、その日の作業時間を自らが決定できる。	時間的拘束あり	給与所得の要素	
③ 作業の具体的な内容や方法について報酬の支払者から指揮監督（業務の性質上当然に存在する指揮監督を除く）を受けるかどうか。 指揮監督を受ける例 ・現場監督等から、作業の具体的内容・方法等の指示がなされている。 指揮監督を受けない例 ・指示書等の交付によって、通常注文者が行う程度の作業の指示がなされている。 ・他職種との工程の調整や事故の発生防止のために、作業の方法等の指示がなされている。	指揮監督あり	給与所得の要素	
④ まだ引渡しを了しない完成品が不可抗力のため滅失するなどした場合において、自らの権利として既に遂行した業務又は提供した役務に係る報酬の支払を請求できるかどうか。 請求できる例 ・完成品が引渡し前に台風により損壊した場合であっても、提供した役務に対する報酬の支払を請求できる。 請求できない例 ・完成品が引渡し前に台風により損壊した場合には、提供した役務に対する報酬の支払を請求できない。	危険負担なし	給与所得の要素	
⑤ 材料又は用具等（くぎ材等の軽微な材料や電動の手持ち工具程度の用具等を除く）を報酬の支払者から供与されているかどうか。 供与されている例 ・手持ちの大工道具以外は報酬の支払者が所有する用具を使用している。 供与されていない例 ・報酬の支払者が所有する用具を使用せず、本人が所有する据置式の用具を建設作業等に使用している。	材料等の供与あり	給与所得の要素	

⑰ 給与と報酬の区分

> **Q** 前問では、大工等の報酬について質問しましたが、大工以外の職種の場合はどうなりますか。

> **A** 大工以外の職種であっても、労務の提供を受けた場合に支払う対価が課税仕入れに該当するかどうかは、その支払を受ける者において、それが所得税の給与所得に該当するかどうかにより判断することに変わりはありません（消法2①十二）。したがって、その報酬を受け取る者の立場に立って判断する必要があります。
>
> 　事業者とは自己の計算において独立して事業を行う者をいいます。個人が雇用契約又はこれに準ずる契約に基づき他の者に従属し、かつ、その他の者の計算により行われる事業に役務を提供する場合は、事業に該当しません。
>
> 　報酬が変動する出来高払いである場合も、給与を対価とする役務の提供は事業に該当せず、他方、請負による報酬を対価とする役務の提供は事業に該当します。支払を受けた役務の提供の対価が出来高払の給与であるか請負による報酬であるかの区分については、雇用契約又はこれに準ずる契約に基づく対価であるかどうかによります。
>
> 　この場合において、その区分が明らかでないときは、例えば、次の事項を総合勘案して判定します（消基通1－1－1）。
> (1) その契約に係る役務の提供の内容が他人の代替を容れるかどうか。
> (2) 役務の提供に当たり事業者の指揮監督を受けるかどうか。
> (3) まだ引渡しを了しない完成品が不可抗力のため滅失した場合等においても、当該個人が権利として既に提供した役務に係る報酬の請求をなすことができるかどうか。
> (4) 役務の提供に係る材料又は用具等を供与されているかどうか。

⑱ 勤務手当と通勤手当

> **Q** 当社は、家族手当、住居手当、役職手当、特別勤務手当、通勤手当を給与の一部として支給しています。これらの手当はすべて課税仕入れから除かれますか。

> **A** 給与等、退職手当等は、課税仕入れになりません（消法2①十二）。
>
> 　給与等は、基本給、残業給等の他、各種手当によって構成されていますから、各種手当は給与の一部であり、課税仕入れの支払対価ではありません。
>
> 　ただし、通勤手当については、事業者が交通機関に直接運賃等を支払う場合と平仄

をあわせるため、事業者が使用人等で通勤者である者に支給する通勤手当（定期券等の支給など現物による支給を含む）のうち、その通勤者がその通勤に必要な交通機関の利用又は交通用具の使用のために支出する費用に充てるものとした場合に、その通勤に通常必要であると認められる部分の金額は、課税仕入れに係る支払対価に該当します（消基通11－6－5）。

　この場合、所得税においては、非課税所得となる通勤手当には月額15万円の上限が設けられており、新幹線通勤の場合のグリーン料金等は非課税としないものとされています（所令20の2、所基通9－6の3）。所得税において給与所得として課税されるものは課税仕入れにならないのではないかと考える向きもあるようですが、消費税においては、所得税のような上限は設けられていません。月額15万円を超える部分の金額やグリーン料金であっても、その通勤に通常必要であると認められる部分の金額は課税仕入れとなります。また、インボイスの保存は要せず、帳簿に通勤手当である旨を付記して、仕入税額控除の対象とすることができます（102ページ参照）。

　家族手当、住居手当、役職手当、特別勤務手当等の諸手当については、課税仕入れ等の支払対価となりません。

⑲　出張旅費

 出張に伴う旅費、宿泊費、日当は課税仕入れになりますか。

A　事業者が次の旅行を行った使用人等（役員又は使用人）又は退職者等（就職、退職をした者又は死亡退職した者の遺族）に支給する出張旅費、宿泊費、日当等のうち、その旅行について通常必要であると認められる部分の金額は、課税仕入れに係る支払対価に該当します。

・勤務する場所を離れてその職務を遂行するための旅行

・転任に伴う転居のための旅行

・退職者等がするその退職等に伴う転居のための旅行

　この場合、「その旅行について通常必要であると認められる部分の金額」の範囲については、所得税基本通達9－3「非課税とされる旅費の範囲」の例により判定します。出張旅費については、所得税においても通勤手当のような非課税の上限額は設けられていません。

　また、インボイスの保存は要せず、帳簿に出張旅費である旨を付記して、仕入税額控除の対象とすることができます（102ページ参照）。

　なお、海外出張のために支給する旅費、宿泊費及び日当等は、原則として課税仕入

れに係る支払対価に該当しません（消基通11－6－4）。

⑳ 単身赴任手当等

Q 従業員等のうち単身赴任をしている者に対して支給する単身赴任手当等について、次のように支給する場合の金銭はそれぞれ仕入税額控除の対象となるのでしょうか。

(1) 単身赴任者に対し単身赴任手当として毎月一定額を支給する場合

(2) 単身赴任者が、帰宅するための旅費として月又は年を単位として支給する場合

A この質問に対して国税庁の質疑応答事例は、次のように回答しています。

いずれの場合も仕入税額控除の対象とはなりません。

(1) 単身赴任者に対し単身赴任手当として毎月一定額を支給する場合

単身赴任手当は、家族と離れて生活することに伴い、そうでない勤務者に比し生活費等の負担が大きくなることに配意して、当該単身赴任者に対する給与等の補填として支給されるものと考えられ、所得税においても非課税所得に該当せず、給与所得として支払者においてこれに対する所得税額を源泉徴収すべきものとされています。

したがって、当該事業者における単身赴任手当の支払は、給与等を対価とする役務の提供に対する支払であることから消費税の課税仕入れに係る支払対価には該当しません（消法2①十二）。

(2) 単身赴任者が、帰宅するための旅費として月又は年を単位として支給する場合

消費税における出張旅費、宿泊費、日当は、その事業者が事業遂行のために必要な費用を旅行をした者を通じて支出しているものと認識し、その旅行に通常必要であると認められる部分の金額は、課税仕入れに係る支払対価に該当するものとして取り扱われているところです（消基通11－6－4）。

これに対し、質問の単身赴任者に支給される旅費は、職務の遂行に必要な旅行の費用として支給されるものとは認められず、また、その旅費は給与に該当するものであることからすると、(1)の単身赴任手当と同様の性格のものと考えられますから、これを支払う事業者においては課税仕入れに係る支払対価に該当しません。

㉑　研修会講師に謝礼として贈呈する商品券

Q 社内研修会の開催に際して外部から講師を招き、謝礼として商品券を贈呈しました。課税仕入れとなりますか。

A 商品券の購入は非課税取引であり、課税仕入れではありません。しかし、その商品券を利用した講師謝金の支払は課税仕入れに当たります。講師謝金として商品券を贈呈する行為は、商品券の贈与ではなく、報酬の支払です。

㉒　弁護士報酬

Q 弁護士報酬の源泉所得税と消費税の関係について説明してください。

A 弁護士にその報酬等の支払をする者は、その支払の際、その報酬等について所得税及び復興特別所得税を徴収し、その徴収の日の属する月の翌月10日までに、国に納付するものとされています（所法204①）。
　この場合、源泉徴収前の金額が課税仕入れ等の支払対価の額となります（消基通10－1－13）。
　また、原則として、消費税込みの金額が源泉徴収の対象となりますが、消費税等の金額が明確に区分されている場合には消費税等抜きの金額を対象に源泉徴収税額を算出することもできます（平元1.30・直法6－1）。

㉓　ポイント利用により値引きを受けた場合

Q コンビニエンスストアで買い物をした際に、「即時ポイント値引き」や「即時ポイント還元」と記載されて値引きされた金額がある場合、課税仕入れの支払対価の額はどうなりますか。

A 近年、ポイントサービスが広く普及し、事業者が課税仕入れを行う際に値引きを受けることも多くなっています。
　ポイントは、自己発行ポイントと共通ポイントに区分して整理することができます。

自己発行ポイント	発行から利用までその事業者が独自に運営するもの
共通ポイント	多数の事業者が加盟し運営会社により運営されるポイントプログラム

(1) ポイントの付与

次回以後に使用することができるポイント、つまり未だその権利の行使をしないポイントの付与については、消費税の課税関係は生じません。ポイントの付与を受けても、商品の購入に際して支払った金額が課税仕入れの支払対価となります。

(2) ポイントの使用

ポイントの使用については、次の2つの処理が考えられます。

いずれによるかは、交付されたレシート（簡易インボイス）の記載によって判断します。

① 値引処理

値引処理は、ポイントの使用を値引きとして、ポイント値引後の支払金額を課税仕入れの支払対価とする処理です。

② 両建処理

両建処理は、ポイントの使用前の金額を課税仕入れの支払対価とし、ポイント使用額を課税対象外の収入とする処理です。

(3) ポイントの即時使用

商品の購入に際して付与されるポイントを即時使用して値引きを受ける場合も、交付されたレシート（簡易インボイス）の記載によって値引処理又は両建処理の判断を行います。

第2節 軽減税率の課税仕入れ

軽減税率が適用される課税仕入れを行った場合には、その旨を帳簿に記載し、標準税率が適用される課税仕入れと区別して消費税額を計算します。

軽減税率の課税仕入れについて交付を受けた請求書等がインボイスでない場合において①軽減税率の対象である旨及び②税率ごとに区分した対価の額の記載がないときは、8割控除の経過措置（94ページ参照）の適用を受けることはできません。その場合は、仕入れをした事業者において、事実に基づいて税率を判断し、①及び②の事項を追記することで、

8割控除の経過措置の対象となります。

(1)　軽減税率の対象

　飲食料品の譲渡と輸入及び新聞の定期購読契約に基づく譲渡は、軽減税率の対象です（平成28改法附則34①一）。

飲食料品の譲渡	「飲食料品」とは、次の①及び②をいう 　①　食品表示法に規定する食品（酒類を除く） 　②　食品と食品以外の資産で構成された一体資産のうち所定の要件を満たすもの 「飲食料品の譲渡」には次のイ及びロは含まない 　イ　外食（食事の提供） 　ロ　ケータリング（有料老人ホームの給食及び学校給食は軽減税率の対象）
飲食料品の輸入	保税地域から引き取られる課税貨物のうち飲食料品に該当するものには、軽減税率を適用する
新聞の譲渡	新聞の定期購読契約に基づく譲渡には、軽減税率を適用する

(2)　飲食料品の譲渡

【飲食料品の譲渡に係る軽減税率適用のイメージ】

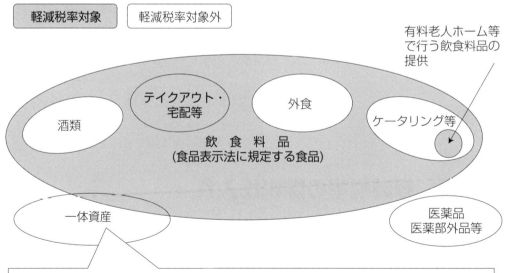

（出典：QA 制度概要編）

　食品表示法は、食品の安全を確保するために販売する食品の表示方法を定める法律であり、その規制の対象は、人の飲用又は食用として販売されるもの（医薬品等を除く）です。

したがって、食品に該当するかどうかは、売手が、食品を食用として販売するかどうかにより判断することになります。購入する者の使用目的は、軽減税率の適用関係に影響しません。

① 医薬品等は対象外

医薬品等は、公的医療によって処方される場合は非課税になります。保険適用でない場合は消費税が課税され、税率は10%になります。

市販の栄養ドリンク等は、パッケージを見れば、税率がわかります。「医薬品」「医薬部外品」「再生医療等製品」のいずれかの表示がされているものは、軽減税率の対象ではありません。これ以外の表示、例えば、「清涼飲料水」「特定保健用食品」「栄養機能食品」「機能性表示食品」などと表示されているものには軽減税率が適用されます。

② 酒類は対象外

酒税法に規定する酒類は、軽減税率の対象ではありません。酒税法は、「アルコール分1度以上の飲料」を酒類と定めています。種類や値段は関係ありません。

甘酒は、酒という名前がついていますが、名前には関係ありません。アルコール分1度に満たない甘酒は、軽減税率の対象になります。また、ノンアルコール飲料も酒類ではありません。

軽減税率	標準税率
甘酒、ノンアルコール飲料 飲用に適さない料理酒（発酵調味料） みりん風調味料（アルコール度1％未満）	日本酒、焼酎 ビール、ワイン、ウイスキー みりん

③ 水道水は対象外

水道水は、飲用に限らず、お風呂や洗濯にも使う生活用水として供給されています。したがって、軽減税率は適用されません。

④ 生きている魚介類、畜産物

魚介類は、生きた状態でも食材として販売されていれば、軽減税率が適用されます。観賞用や飼育用に販売される場合は、標準税率10%になります。

しかし、牛、豚、鳥等の畜産物は、生きた状態では食品に該当しません。

⑤ 高級食材、輸入食材

適用税率の判断に、値段は関係ありません。高級食材であっても、軽減税率が適用されます。また、国産か外国産かの違いもありません。外国産の肉や野菜などの食材も軽減税率です。

⑥ 配送料

飲食料品は、配送サービスを伴っても、その配送料が無料であれば、軽減税率の適用対象から除外される部分はありません。事業者には配送のためのコストが生じていますが、そのコストの発生にかかわりなく、飲食料品の販売は軽減税率の対象です。ただし、配送

料が有料の場合は、その配送料部分には標準税率が適用されます。

⑦　ラッピング代

　飲食料品のラッピング代（包装や保冷剤等の対価）が有料である場合には、そのラッピング代には標準税率が適用されます。

　飲食料品の容器等が無料である場合、配送料と同様に、全額が飲食料品の購入の対価となります。

　ただし、例えば、陶磁器やガラス食器等のように飲食の後に食器や装飾品として利用できるものを包装材料等として使用した場合には、全体を飲食料品の対価と見ることはできません。食器等の対価を別料金として提示しない場合は、次の一体資産となります。

⑧　一体資産（食品と食品以外のセット商品）

　食品と食品以外の資産があらかじめ一の資産を形成又は構成しているものであって、その一の資産に係る価格のみが提示されているものを「一体資産」といいます。

　一体資産の販売には、原則として標準税率10％が適用されます。食品以外の資産を食品と抱き合わせることによって軽減税率の対象が広がっていくことを防ぐためです。例えば、高級食器はお菓子を詰め合わせることによって、ビールはジュースとのセット商品にすることによって、テデイベアはチョコレートを抱かせることによって、これらの販売が軽減税率の対象となるとすれば、軽減税率の線引きは無きに等しく、租税回避的な商品の組成を助長することとなり、収拾がつかなくなるでしょう。

　ただし、少額で食品の占める割合が大きい、例えばおもちゃのおまけが付いているお菓子（食玩）のようなものについてまで厳格な取扱いを貫くと、一般消費者の理解を得られないと考えられます。そこで、次のとおり、要件を満たすものには軽減税率を適用することとされています。

一体資産
食品と食品以外の資産があらかじめ一の資産を形成又は構成しているものであって、その一の資産に係る価格のみが提示されているもの

↓

原則として、標準税率10％

↓

その一体資産の価額が「1万円以下」で「食品の価額の割合が$\frac{2}{3}$以上」であれば、軽減税率8％

　一体資産は、食品部分の対価の額を提示しないものであるため、購入する者が税率を判断することはできません。適用税率は、販売する事業者が判断することになります。

⑨　外食（食事の提供）は対象外

　外食（食事の提供）は、軽減税率の対象となりません。

外食とは、事業者が、テーブル、椅子、カウンターなどの飲食設備のある場所において行う飲食サービスです。

飲食店を利用する場合であっても、飲食料品の持帰りは、単なる飲食料品の販売であることから、軽減税率が適用されます。出前も、飲食サービスを行っているわけではないため、軽減税率が適用されます。

ただし、飲食料品を届けた先で、調理や給仕を行うケータリングは、店内飲食と同様のサービスを伴うものであることから、標準税率10%になります。

軽減税率	標準税率
持帰り 出前	店内飲食 イートインコーナーでの飲食 調理や給仕を行うケータリング

⑩　「持帰り」は提供を受ける時の意思表示による判断

「店内飲食」か「持帰り」かは、その飲食料品の提供を受ける時の意思表示によって判断されます。

例えば、レジで精算して受け取るときには持帰りのつもりだったのに、後から事情が変わってイートインスペースに座ってしまった、ということがないわけではありません。そのような場合であっても、購入後の客の行動によって税率が変わるということはありません。購入するときに判断された税率は、その後に状況が変化しても変わらないものとされています。

また、店内飲食として提供されたものは、食べきれずに持ち帰ったとしても、そのことによって飲食代金の一部が軽減税率になるといったことはありません。

⑪　イートインコーナーがあるコンビニエンスストア

コンビニエンスストアのイートインコーナーは、飲食設備に該当します。したがって、コンビニエンスストアが行う飲食料品の販売は、持帰りには軽減税率が適用され、イートインコーナーの利用には標準税率10%が適用されます。

ただし、コンビニエンスストアでは、購入される飲食料品の全てについてレジ打ちをしながら質問を繰り返すのは現実的ではありません。そこで、大半の商品（飲食料品）を持帰りを前提として販売している店舗においては、例えば、「イートインコーナーを利用する場合はお申し出ください」等の掲示をし、購入者の申し出の有無によって意思確認ができるものとされています。

(3)　新聞の定期購読契約による譲渡

「一定の題号を用い、政治、経済、社会、文化等に関する一般社会的事実を掲載する週2回以上発行される新聞」が対象です。一般紙、スポーツ紙、業界紙、政党機関紙、全国紙、地方紙、英字紙などの区別はありません。

新聞が、定期購読契約で販売される場合には軽減税率が適用されます。駅やコンビニで販売される場合には、標準税率となります。

また、新聞の電子版は軽減税率の対象になりません。電子版の新聞の配信は、新聞に掲載された情報をインターネットを通じて提供するサービスであり、「新聞の譲渡」ではないからです。

⑷　軽減税率の適用がある勘定科目

軽減税率の対象は、飲食料品の譲渡及び定期購読契約に限られているので、これらの譲渡を行わない事業者は、売上げに軽減税率が適用されることはありません。

しかし、仕入れについては、次のような勘定科目に軽減税率が適用されるものがあると考えられます。

> 新聞図書費　…　定期購読契約の新聞の購入
> 会　議　費　…　会議用の弁当や菓子、飲料の購入
> 接待交際費　…　中元や歳暮の贈答用の飲食料品、お土産用の飲食料品の購入
> 広告宣伝費　…　景品として配布する飲食料品の購入
> 福利厚生費　…　従業員用の弁当、菓子、飲料の購入

第3節　居住用賃貸建物の課税仕入れ等

住宅の家賃収入は非課税売上げであるため、住宅として貸付けを行う建物の取得に係る課税仕入れ等は非課税資産の譲渡等にのみ要するものであり、本来、仕入税額控除の適用を受けることができません。しかし、金地金などの売買を繰り返し行うことによって意図的に課税売上割合を引き上げ、仕入税額控除の適用を受ける還付スキームが問題視されていました。

これに対応するため、令和2年度税制改正において、居住用賃貸建物の取得に係る課税仕入れ等を仕入税額控除の適用から除外する改正が行われました。

また、この取扱いを補助するために、非課税となる住宅の貸付けの範囲が見直されました。

1 居住用賃貸建物に係る仕入税額控除の制限

　居住用賃貸建物に係る課税仕入れ等の税額には、仕入税額控除の規定は適用されません（消法30⑩、消法別表二13号）。

　全額控除又は一括比例配分方式による場合であっても、個別対応方式と同様に、控除対象仕入税額の計算から除外するということです。

　この改正は、令和 2 年10月 1 日以後に行う居住用賃貸建物に係る課税仕入れ等に適用されます（令和 2 改法附則44）。

　ただし、令和 2 年 3 月31日までに締結した契約に基づく居住用賃貸建物に係る課税仕入れ等には適用されません（令和 2 改法附則44）。

⑴　住宅の貸付けであるかどうかの判断

　非課税の対象となる「住宅の貸付け」とは、人の居住の用に供する家屋又は家屋のうち人の居住の用に供する部分の貸付けをいいます（消法別表二13号）。また、住宅の貸付けに係る期間が 1 か月未満である場合及びその貸付けが旅館業法に規定する旅館業に係る施設の貸付けに該当する場合には、住宅の貸付けには該当しません（消令16の 2 ）。

　令和 2 年度改正前においては、住宅の貸付けであるかどうかは、その貸付けに係る契約において人の居住の用に供することが明らかにされているものに限るものとされていましたが、令和 2 年 4 月 1 日以後は、次のように、状況による判断もあわせて行うことになりました。非課税の範囲を限定するための消極的判断から、仕入税額控除を適正化するための積極的判断に転換しています。

令和 2 年 3 月31日まで
当該貸付けに係る契約において人の居住の用に供することが明らかにされているものに限る

令和 2 年 4 月 1 日以後
当該貸付けに係る契約において人の居住の用に供することが明らかにされている場合（当該契約において当該貸付けに係る用途が明らかにされていない場合に当該貸付け等の状況からみて人の居住の用に供されていることが明らかな場合を含む）に限る

①　貸付けに係る用途が明らかにされていない場合

　「当該契約において当該貸付けに係る用途が明らかにされていない場合」には、例えば、住宅の賃貸に係る契約において、住宅を居住用又は事業用どちらでも使用することができることとされている場合が含まれます（消基通 6 - 13 - 10）。

②　貸付け等の状況からみて人の居住の用に供されていることが明らかな場合

　「貸付け等の状況からみて人の居住の用に供されていることが明らかな場合」とは、住宅の賃貸に係る契約においてその貸付けに係る用途が明らかにされていない場合にその貸

付けに係る賃借人や住宅の状況その他の状況からみて人の居住の用に供されていることが明らかな場合をいいます。例えば、住宅を賃貸する場合において、次に掲げるような場合が該当します（消基通6－13－11）。

⑴　住宅の賃借人が個人であって、その住宅が人の居住の用に供されていないことを賃貸人が把握していない場合

⑵　転貸（賃貸人A→賃借人B→入居者C）である場合において、その賃借人Bと入居者Cとの間の契約において人の居住の用に供することが明らかにされている場合

⑶　転貸（賃貸人A→賃借人B→入居者C）である場合において、その賃借人Bと入居者Cとの間の契約において貸付けに係る用途が明らかにされていないが、Cが個人であって、その住宅が人の居住の用に供されていないことを賃貸人Aが把握していない場合

⑵　居住用賃貸建物

　居住用賃貸建物とは、非課税となる住宅の貸付けの用に供しないことが明らかな建物以外の建物で、高額特定資産又は調整対象自己建設高額資産に該当するものをいい、その附属設備を含みます（消法30⑩）。

高額特定資産等（高額特定資産又は調整対象自己建設高額資産）

居 住 用 賃 貸 建 物	
住宅の貸付けの 用に供する建物	建物の構造及び設備の状況その他の状況により住宅の貸付けの用に供しないことが明らかな建物 （例：建物の全てが店舗等の事業用施設である建物）
建物の構造及び設備の状況その他の状況により住宅の貸付けの用に供するものであるかどうか明らかでない建物	

①　高額特定資産

　高額特定資産とは、棚卸資産及び調整対象固定資産のうち、その資産の一の取引の単位に係る課税仕入れに係る支払対価の額の$\frac{100}{110}$に相当する金額、特定課税仕入れに係る支払対価の額又は保税地域から引き取られるその資産の課税標準である金額その価額が1,000万円以上であるものをいいます（消法12の4①、消令25の5①）。

　他の者との契約に基づき、又はその事業者の棚卸資産若しくは調整対象固定資産として自ら建設等をした資産については、その建設等に要した課税仕入れに係る支払対価の額の$\frac{100}{110}$に相当する金額、特定課税仕入れに係る支払対価の額及び保税地域から引き取られる課税貨物の課税標準である金額の合計額が1,000万円以上となった場合に、自己建設高額特定資産となり、高額特定資産の仕入れを行った場合に該当することになります（消法12の4①、消令25の5①②）。

② 調整対象自己建設高額資産

調整対象自己建設高額資産とは、他の者との契約に基づき、又はその事業者の棚卸資産として自ら建設等をした棚卸資産（相続、合併又は分割により承継した被相続人、被合併法人又は分割法人が自ら建設等をしたものを含む）で、その建設等に要した課税仕入れに係る支払対価の額の$\frac{100}{110}$に相当する金額、特定課税仕入れに係る支払対価の額及び保税地域から引き取られる課税貨物の課税標準である金額の合計額が1,000万円以上となったものをいいます（消法12の4②、消令25の5③）。

③ 住宅の貸付けの用に供しないことが明らかな建物の範囲

「住宅の貸付けの用に供しないことが明らかな建物」とは、建物の構造及び設備の状況その他の状況により住宅の貸付けの用に供しないことが客観的に明らかなものをいい、例えば、次に掲げるようなものが該当します（消基通11－7－1）。

⑴ 建物の全てが店舗等の事業用施設である建物など、建物の設備等の状況により住宅の貸付けの用に供しないことが明らかな建物

⑵ 旅館又はホテルなど、旅館業法に規定する旅館業に係る施設の貸付けに供することが明らかな建物

⑶ 棚卸資産として取得した建物であって、所有している間、住宅の貸付けの用に供しないことが明らかなもの

④ 居住用賃貸建物の判定時期

居住用賃貸建物に該当するかどうかは、課税仕入れを行った日の状況により判定します。ただし、課税仕入れを行った日の属する課税期間の末日において、住宅の貸付けの用に供しないことが明らかにされたときは、居住用賃貸建物に該当しないものとすることができます（消基通11－7－2）。

また、自己建設資産である場合は、その建設等に要した費用の累計額が1,000万円以上となり、自己建設高額特定資産の仕入れを行った場合に該当することとなった日において、居住用賃貸建物に該当するかどうかを判定します（消法12の4、消基通11－7－2）。

その日の属する課税期間以後のその建物に係る課税仕入れ等の税額については、仕入税額控除の対象となりませんが、その課税期間の前課税期間以前に行われたその建物に係る課税仕入れ等の税額は、仕入税額控除の対象となります（消令50の2②、消基通11－7－4）。

⑤ 住宅の貸付けの用に供しないことが明らかな部分がある居住用賃貸建物

住宅の貸付けの用に供しないことが明らかな部分がある居住用賃貸建物について、その構造及び設備の状況その他の状況により住宅の貸付けの用に供しないことが明らかな部分と居住用賃貸部分とに合理的に区分しているときは、その居住用賃貸部分に係る課税仕入れ等の税額についてのみ、仕入税額控除の適用がありません（消令50の2①）。

この場合、「住宅の貸付けの用に供しないことが明らかな部分がある居住用賃貸建物」と

は、例えば、建物の一部が店舗用の構造等となっている居住用賃貸建物をいいます（消基通11－7－3）。

　また、「合理的に区分している」とは、使用面積割合や使用面積に対する建設原価の割合など、その建物の実態に応じた合理的な基準により区分していることをいいます（消基通11－7－3）。

　この合理的な区分は、任意に行うことができるものです。課税仕入れ等に当たっては合理的な区分を行わず、現実に課税賃貸用に供した実績をもって、「課税賃貸用に供した場合の調整」を行うこともできます。

⑥　居住用賃貸建物に係る資本的支出

　「居住用賃貸建物に係る課税仕入れ等の税額」には、その建物に係る資本的支出に係る課税仕入れ等の税額が含まれます（消基通11－7－5）。

　ただし、例えば、次に掲げる場合のように、建物に係る資本的支出自体が居住用賃貸建物の課税仕入れ等に該当しない場合には、その資本的支出に係る課税仕入れ等の税額については、仕入税額控除の適用は制限されません（消基通11－7－5）。

⑴　建物に係る資本的支出自体が高額特定資産の仕入れ等を行った場合に該当しない場合

⑵　建物に係る資本的支出自体が住宅の貸付けの用に供しないことが明らかな建物に係る課税仕入れ等に該当する場合

2　居住用賃貸建物に係る仕入税額の調整

　居住用賃貸建物に係る仕入税額控除の制限の適用を受けた居住用賃貸建物を課税賃貸用に転用した場合又は譲渡した場合には、仕入税額の調整を行います。

　自己建設資産については、居住用賃貸建物に係る仕入税額控除の制限を受けることとなった建設等に要した費用の累計額が1,000万円以上となった課税期間以後の課税仕入れ等について、課税賃貸用に転用した場合又は譲渡した場合の調整を行います（消令50の2②）。

　また、課税事業者となった場合の「棚卸資産に係る仕入税額の調整」について、居住用賃貸建物に該当するため、その適用を受けなかった場合において、その居住用賃貸建物を課税賃貸用に転用したとき又は譲渡したときは、新たに課税事業者となった日を居住用賃貸建物の仕入れ等の日として、調整を行います（消令53の3、消基通1－5－30）。

　また、住宅の貸付けの用に供しないことが明らかな部分として、居住用賃貸部分から除かれ、居住用賃貸建物に係る仕入税額控除の制限の適用を受けなかった部分は、調整の対象ではありません。居住用賃貸部分についてのみ調整を行います（消令53の4①）。

　※　居住用賃貸建物の仕入れ等の日の属する課税期間又は調整を行うべき課税期間において免

税事業者である場合又は簡易課税制度を適用する場合には、調整の適用はありません（消法35の２、消法37①）。

⑴ 課税賃貸用に供した場合の調整

居住用賃貸建物に係る仕入税額控除の制限の適用を受けた場合において、第三年度の課税期間の末日においてその居住用賃貸建物を有しており、かつ、その居住用賃貸建物の全部又は一部を調整期間に課税賃貸用（住宅の貸付け以外の貸付けの用）に供したときは、その有している居住用賃貸建物に係る課税仕入れ等の税額に課税賃貸割合を乗じて計算した金額に相当する消費税額をその第三年度の課税期間の仕入れに係る消費税額に加算します（消法35の２①）。

この取扱いは、第三年度の課税期間の末日においてその居住用賃貸建物を有していることが要件となっているので、その居住用賃貸建物を除却又は譲渡した場合には、適用がありません。譲渡した場合には、次の「⑵譲渡した場合の調整」によります（消基通12－6－2）。

また、その建物に関連する資産の譲渡等が別にあったとしても、その建物の全部又は一部を住宅の貸付け以外の貸付けの用に供しない限り、適用されません（消基通12－6－1）。

> ①第三年度の課税期間の末日においてその居住用賃貸建物を有している
> かつ
> ②その居住用賃貸建物の全部又は一部を調整期間に課税賃貸用に供した

↓

> 第三年度の課税期間に課税賃貸割合に応じた金額を仕入税額控除の額に加算する

① 第三年度の課税期間

第三年度の課税期間とは、居住用賃貸建物の仕入れ等の日の属する課税期間の開始の日から３年を経過する日の属する課税期間をいいます（消法35の２③）。

居住用賃貸建物の仕入れ等の日とは、その居住用賃貸建物の課税仕入れの日をいいます（消法35の２③）。ただし、自己建設資産については、その建設等が完了した日を居住用賃貸建物の仕入れ等の日として、第三年度の課税期間を判定します（消法35の２③）。

② 調整期間

調整期間とは、その居住用賃貸建物の仕入れ等の日から第三年度の課税期間の末日までの間をいいます（消法35の２①）。

③ 課税賃貸割合

課税賃貸割合とは、調整期間に行ったその居住用賃貸建物の貸付けの対価の額の合計額のうちに、調整期間に行ったその居住用賃貸建物の課税賃貸用の貸付けの対価の額の合計額の占める割合であり、これらの対価の返還等があった場合には、その返還等の金額をそれぞれの対価の額の合計額から控除した残額によります（消法35の２③、消令53の２①）。

課税賃貸用の貸付けの対価の額及びその対価の返還等の額には、消費税及び地方消費税を含みません（消法35の2③、消令53の2①）。

$$課税賃貸割合 = \frac{調整期間に行ったその居住用賃貸建物の\ 課税賃貸用の貸付けの対価の額の合計額\ （対価の返還等の額を控除した残額）}{貸付けの対価の額の合計額\ （対価の返還等の額を控除した残額）}$$

貸付けの対価の額は、第三年度の課税期間の末日において有している部分の対価の額に限ります（消令53の2①）。

④ **事業を承継した者における調整**

この取扱いは、相続によりその居住用賃貸建物に係る事業を承継した課税事業者である相続人、合併によりその事業を承継した課税事業者である合併法人及び分割によりその居住用賃貸建物に係る事業を承継した課税事業者である分割承継法人においても適用があります（消法35の2①）。

(2) **譲渡した場合の調整**

居住用賃貸建物に係る仕入税額控除の制限の適用を受けた場合において、その居住用賃貸建物の全部又は一部を調整期間に他の者に譲渡したときは、その譲渡をした居住用賃貸建物に係る課税仕入れ等の税額に課税譲渡等割合を乗じて計算した金額に相当する消費税額をその譲渡をした課税期間の仕入れに係る消費税額に加算します（消法35の2②）。

その居住用賃貸建物の全部又は一部を調整期間に他の者に譲渡した

↓

譲渡をした課税期間に課税譲渡等割合に応じた金額を仕入税額控除の額に加算する

① **譲渡の範囲**

譲渡には、次のものが含まれます（消法35の2②、消令53の4③）。

・個人事業者が事業用資産を家事消費した場合のみなし譲渡

・法人が資産をその役員に対して贈与した場合のみなし譲渡

・代物弁済による資産の譲渡

・負担付き贈与による資産の譲渡

・金銭以外の資産の出資

・法人課税信託の委託者がする信託財産となる資産の移転

・法人課税信託への出資があったとみなされるもの

・所有権その他の権利を収用され、その権利を取得する者からその権利の消滅に係る補

償金を取得した場合

②　課税譲渡等割合

課税譲渡等割合とは、課税譲渡等調整期間に行ったその居住用賃貸建物の貸付けの対価の額の合計額及びその居住用賃貸建物の譲渡の対価の額の合計額のうちに、課税譲渡等調整期間に行ったその居住用賃貸建物の課税賃貸用の貸付けの対価の額の合計額及びその居住用賃貸建物の譲渡の対価の額の合計額の占める割合であり、これらの対価の返還等があった場合には、その返還等の金額をそれぞれの対価の額の合計額から控除した残額によります（消法35の2③、消令53の2②）。

課税賃貸用の貸付けの対価の額及び譲渡の対価の額並びにこれらの対価の返還等の額には、消費税及び地方消費税を含みません（消令53の2②）。

課税譲渡等割合	=	課税譲渡等調整期間に行ったその居住用賃貸建物の 課税賃貸用の貸付けの対価の額の合計額＋譲渡の対価の額 （対価の返還等の額を控除した残額） ―――――――――――――――――――――――――― 貸付けの対価の額の合計額＋譲渡の対価の額 （対価の返還等の額を控除した残額）

　※　居住用賃貸建物の一部を譲渡した場合には、貸付けの対価の額は、その譲渡した部分の対価の額に限ります（消令53の2②）。

③　課税譲渡等調整期間

課税譲渡等調整期間とは、その居住用賃貸建物の仕入れ等の日からその居住用賃貸建物を譲渡した日までの間をいいます（消法35の2③）。

④　事業を承継した者における調整

この取扱いは、相続によりその居住用賃貸建物に係る事業を承継した課税事業者である相続人、合併によりその事業を承継した課税事業者である合併法人及び分割によりその居住用賃貸建物に係る事業を承継した課税事業者である分割承継法人においても適用があります（消法35の2②）。

①　住宅の貸付けの用に供しないことが明らかな部分

 当社は、貸付けの用に供する建物を建築しています。1階及び2階は店舗用に賃貸する予定であり、居住するために必要なキッチンやバスルームといった設備はありません。3階から5階は住宅等の設備を整えています。この建物の課税仕入れどうなりますか。

A 居住用賃貸建物の課税仕入れ等には、仕入税額控除が適用されません。居住用

賃貸建物とは、住宅の貸付けの用に供しないことが明らかな建物以外の建物で
あって高額特定資産等に該当するものをいいます。

　ただし、居住用賃貸建物のうち、住宅の貸付けの用に供しないことが明らかな部分
については控除の対象とすることができます。

　ご質問の場合、居住するために必要なキッチンやバスルームといった設備がなく、
店舗用としての賃貸を予定している1階及び2階は、住宅の貸付けの用に供しないこ
とが明らかな部分といえるでしょう。使用面積割合や使用面積に対する建設原価の割
合など、その建物の実態に応じた合理的な基準により、住宅の貸付けの用に供しない
ことが明らかな部分を区分して、仕入税額控除の対象とすることができます。

　なお、個別対応方式を適用する場合には、住宅の貸付けの用に供しないことが明ら
かな部分(課税賃貸用に供する部分)は、課税売上対応分に区分することになります。

②　住宅として賃貸中の建物を転売目的で取得した場合

Q　当社は、転売する目的で中古マンションを購入します。
　　このマンションには入居者が入っており住宅として賃貸中であるため、当課税
期間においては、その家賃収入と譲渡収入が生じます。しかし、マンションを購入す
る目的は転売であることから、居住用賃貸建物には該当しないと判断してもよろしい
ですか。

A　居住用賃貸建物の課税仕入れ等には、仕入税額控除が適用されません。居住用
　　賃貸建物とは、住宅の貸付けの用に供しないことが明らかな建物以外の建物で
あって高額特定資産等に該当するものをいいます。

　居住用賃貸建物とならない「住宅の貸付けの用に供しないことが明らかな建物」に
ついて、消費税法基本通達11－7－1は、建物の構造及び設備の状況その他の状況に
より住宅の貸付けの用に供しないことが客観的に明らかなものをいうものとし、その
例として、「棚卸資産として取得した建物であって、所有している間、住宅の貸付け
の用に供しないことが明らかなもの」を掲げています。

　ご質問の場合、転売目的で購入するとのことですが、このマンションには、現に賃
借人が存在し家賃収入が生じていますから、住宅の貸付けの用に供しないことが明ら
かな建物とはいえず、居住用賃貸建物に該当することになります。

　ただし、仕入税額控除の適用が認められなかった居住用賃貸建物について、調整期
間（その仕入れ等の日から同日の属する課税期間の初日以後3年を経過する日の属す
る課税期間の末日までの期間）内に譲渡をした場合には、その譲渡をするまでの貸付

208

けの対価及び譲渡の対価の額を基礎として、譲渡をした日の属する課税期間の控除税額に加算する税額を計算することになります。

したがって、この調整により、その建物の課税仕入れ等の税額の多くの部分を控除税額とすることができるものと考えられます。

③ 居住用賃貸建物を課税賃貸用に供した場合の調整計算

Q 居住用賃貸建物の一部を事務所として賃貸した場合、調整計算は、具体的にどのようになりますか。

A 次の例で、譲渡した場合の調整の計算をしてみましょう。
・ 課税期間：4月1日から3月31日まで
・ 居住用賃貸建物の課税仕入れの日：×1年10月1日
・ 課税仕入れ等の支払対価の額：1億1,000万円
・ 居住用賃貸建物の課税仕入れ等の税額：$1億1,000万円 \times \dfrac{7.8}{110} = 780万円 \cdots ①$
・ 居住用に賃貸した賃料の額：750万円…②
・ 調整期間内に事業用に賃貸した賃料の額：1,500万円…③

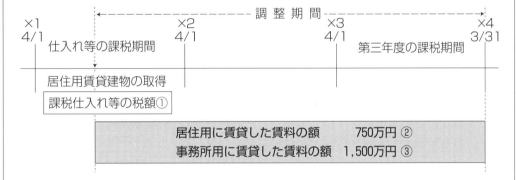

仕入税額控除の適用を受けなかった居住用賃貸建物を、調整期間の末日において有しており、調整期間内に事業用の賃貸に供しているため、課税賃貸用に供した場合の調整の適用があります。

【第三年度の課税期間の控除税額に加算する消費税額】

$$①780万円 \times \dfrac{③1,500万円}{②750万円＋③1,500万円} ＝ 520万円$$

※ 他に地方消費税額が計算されます。

④　居住用賃貸建物を譲渡した場合の調整計算

Q 居住用賃貸建物を譲渡した場合の調整は、具体的にどのような計算になりますか。

A 次の例で、譲渡した場合の調整の計算をしてみましょう。
・　課税期間：4月1日から3月31日まで
・　居住用賃貸建物の課税仕入れの日：×1年10月1日
・　課税仕入れ等の支払対価の額：1億1,000万円
・　居住用賃貸建物の課税仕入れ等の税額：1億1,000万円 $\times \dfrac{7.8}{110} = 780$万円…①
・　居住用に賃貸した賃料の額：1,000万円…②
・　居住用賃貸建物の譲渡の日：令和4年9月30日
・　譲渡の対価の額（税抜き）：1億2,000万円…③

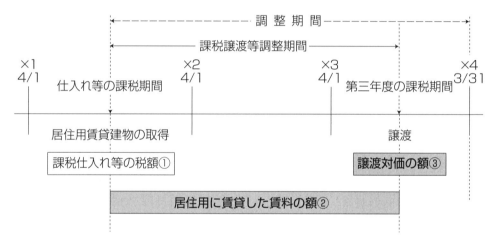

　仕入税額控除の適用を受けなかった居住用賃貸建物を、調整期間内に譲渡しているため、譲渡した場合の調整の適用があります。

【譲渡した課税期間の控除税額に加算する消費税額】
$$①780万円 \times \dfrac{③1億2,000万円}{②1,000万円+③1億2,000万円} = 720万円$$

※　他に地方消費税額が計算されます。

⑤　調整期間後に譲渡した場合

Q 前問において、居住用賃貸建物を譲渡した日が×4年の5月1日となった場合にはどうなりますか。

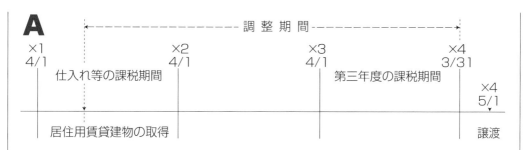

この場合の調整期間は、×1年10月1日から×4年3月31日までの間となります。

仕入税額控除の適用を受けなかった居住用賃貸建物を調整期間の後、すなわち×4年4月1日以後に譲渡した場合には、調整の適用はありません。

⑥ **居住用賃貸建物の譲渡について契約締結日を譲渡の日とすることの可否**

Q 居住用賃貸建物の譲渡について、調整期間内に譲渡契約を締結しておけば、引渡しの日が調整期間後であっても、消費税法基本通達9-1-13のただし書きに示された契約日基準を採用することにより、譲渡があった場合の調整の適用を受けることができると考えますが、よろしいでしょうか。

A (1) **消費税法基本通達9-1-13**

消費税法基本通達9-1-13は、「固定資産の譲渡の時期は、別に定めるものを除き、その引渡しがあった日とする。ただし、その固定資産が土地、建物その他これらに類する資産である場合において、事業者が当該固定資産の譲渡に関する契約の効力発生の日を資産の譲渡の時期としているときは、これを認める」としています。その契約に効力発生の時期の定めがない場合には、契約の効力は、契約を締結した時に生じるものと解され、この通達の文言を素直に読めば、引渡基準に代えて契約日基準によることが納税者の判断に委ねられていると解することができそうです。

しかし、そのような解釈を否定する裁判例があります。

(2) **裁判例**

事案は、住宅の貸付けの用に供する建物の課税仕入れにあたり、その売買契約を締結した課税期間に金地金の売買を行って課税売上割合を100%とし、契約日基準を適用してその課税仕入れに係る消費税の全額を控除対象仕入税額としたものであり、典型的な「消費税還付スキーム」です。

```
11/5          11/30                                      11/30
  ├──────────────┼───────────────────────────────────────┤
       第1期                      第2期

  ↓              ↓       ↓
  設立          契約    引渡し
```

　東京高裁令和元年12月4日判決は、課税資産の譲渡等の時期については権利確定主義が妥当し、通達9−1−13のただし書は、契約においてその効力発生日を当該資産の譲渡の日と定めている場合に、当該契約の効力発生日をもって権利が確定したと認められる事情があるときは、これが認められる趣旨のものにすぎず、権利の実現が未確定な場合についてまで、契約の効力発生の日をもって資産の譲渡の時期とすることはできない旨、判示しました。この判断は、最高裁の上告及び上告受理申立ての棄却（令和2年10月15日決定）により確定しています。

　判決が、「消費税還付スキーム」を実行した納税者に対して、契約日基準を適用することを厳しく否認したこと、令和2年度の居住用賃貸建物に係る改正が「消費税還付スキーム」封じ込めの決定版としての位置づけであることを踏まえれば、調整期間内に譲渡契約を締結し、調整期間後に引渡しを行った場合に、契約日基準によって譲渡を認識し、居住用賃貸建物を譲渡した場合の調整の適用があると判断することについては、相当に慎重になるべきであるといえるでしょう。

⑦　仕入税額控除の制限と高額特定資産を取得した場合等の特例との関係

Q　居住用賃貸建物であるため仕入税額控除の適用を受けなかった場合には、高額特定資産を取得した場合の納税義務の免除の特例等は適用されないと考えてよいでしょうか。

A　居住用賃貸建物に係る仕入税額控除の制限を受けた場合であっても、高額特定資産の仕入れ等をして一般課税により申告した場合に事業者免税点制度及び簡易課税制度を適用しない特例（いわゆる「3年縛り」）の適用があります（消基通1−5−30）。

　また、令和2年度税制改正においては、高額特定資産である棚卸資産若しくは課税貨物、又は調整対象自己建設高額資産について、課税事業者となった場合の棚卸資産に係る消費税額の調整（消法36①③）の適用を受けた場合を3年縛り対象とする取扱いが創設されました（消法12の4②）。この場合も、これらの資産について、居住用賃貸建物に係る仕入税額控除の制限があっても、3年縛りとなるものとされています（消基通1−5−30）。

第4節 密輸品又は免税購入物品の課税仕入れ

1 密輸品と知りながら行った課税仕入れ

　課税仕入れに係る資産が、納付すべき消費税を納付せずに保税地域から引き取られた課税貨物（いわゆる密輸品）であり、その課税仕入れを行う事業者が、密輸品であることを課税仕入れの時点で知っていた場合には、その課税仕入れに係る消費税額について仕入税額控除制度の適用を受けることができません（消法30⑫）。

　「納付すべき消費税を納付せずに」という状況は、滞納、単なる計算誤り等による過少申告や延滞税等の附帯税の不納付などでも起こり得ると考えられますが、こうした密輸とは言えないような場合にまで、この規定が適用されることはありません。

　また、関税法等の規定により、納税が免除されるものや納付が一時的に猶予されているものについては、そもそも「納付すべき消費税」が発生していない又は納付期限が法令の規定に基づき延長されているものであるため、この規定が適用されることはありません。

　密輸品であることを課税仕入れの時点で知っていたという事実は、例えば、密輸者と買取業者とのやり取りの履歴等の明白な事実により認定することが想定されますが、そのような明白な事実がない場合であっても、買い受けた資産の形状、数量、頻度等の情報を総合的に勘案し、認定することになると考えられます。

　この措置は金又は白金の地金の密輸品に限らず、すべての密輸品に適用されます。

2 免税購入物品と知りながら行った課税仕入れ

　輸出物品販売場制度は、外国人旅行者等が国外へ持ち出すことを前提に免税で物品の購入ができる制度です。

　しかし、免税購入した物品を国内で売りさばいて消費税相当額の利ザヤを得る不正行為が散見されるため、令和6年度税制改正において、国内の事業者が、免税購入物品の横流しに加担することを防止するため、課税仕入れに係る資産が輸出物品販売場制度により消費税が免除されたものであることを、その課税仕入れを行う事業者が課税仕入れの時点で知っていた場合には、その仕入税額控除の適用を認めないこととされました（消法30⑫）。

　免税購入物品であることを課税仕入れの時点で知っていたという事実は、例えば、免税購入物品の横流しを行った者と買取業者とのやり取りの履歴等の明白な事実により認定す

ることが想定されますが、そのような明白な事実がない場合であっても、買取時の本人確認、買い受けた資産の数量及び頻度などの購入した物品の仕入れに係る事実関係を総合的に勘案し、認定することになると考えられます。

この改正は、令和6年4月1日以後に国内において事業者が行う課税仕入れについて適用します（令6改法附則1、13⑨）。

第5節　カジノ業務に係る課税仕入れ等

1　仕入税額控除の適用の制限

IR整備法（特定複合観光施設区域整備法）において、カジノ事業と非カジノ事業は、経理を区分して整理しなければならないこととされています（IR整備法28②）。

カジノ業務に係るものとして経理されるべきカジノ業務収入は、資産の譲渡等の対価ではなく、課税対象外の収入となります。したがって、カジノ業務収入を得るための課税仕入れ等は、共通対応分に区分することとなります（消法30②、消基通11－2－16）。

ただし、その課税期間におけるカジノ収入割合が5％を超える場合は、カジノ業務に係る課税仕入れ等は、仕入税額控除の適用から除外されます（措置法86の6①、措置令46の4）。

$$\text{カジノ収入割合} = \frac{\text{カジノ業務収入の合計額}}{\text{資産の譲渡等の対価の額の合計額＋カジノ業務収入の合計額}}$$

従前、公共法人等において、資産の譲渡等の対価以外の収入のうち特定収入によって賄われる課税仕入れ等については、仕入税額控除を制限する特例が設けられています（消法60④⑤）。

カジノ業務に係る課税仕入れ等についての仕入税額控除の不適用は、他の公営ギャンブル等の例を踏まえたものであり、仕入税額控除を通して国がカジノ業務の費用を補填する結果を防止するために必要な取扱いであるといえるでしょう。

2　カジノ業務用に転用した場合等

次の場合には、その転用をした課税期間において、控除対象仕入税額の調整を行うこととなります（措置法86の6②③④）。

①　非カジノ業務用として仕入れ等を行った調整対象固定資産を、その取得後3年以内

にカジノ収入割合が5％を超える課税期間においてカジノ業務用に転用した場合

② カジノ収入割合が5％を超える課税期間においてカジノ業務用として仕入れ等を行った調整対象固定資産を、その取得後3年以内に非カジノ業務用に転用した場合

調整税額は、「**4**調整対象固定資産を転用した場合の調整」に準じて計算します。

第6節 課税貨物の引取り

輸入の許可を受けて保税地域から外国貨物を引き取る場合には、輸入の消費税が課税されます（消法4②）。

自己の名によって資産の輸入申告をし、課税された消費税額が仕入税額控除の対象となります。

仕入税額控除の対象となる消費税額は、輸入許可書の記載により確認することになります。

1 非課税貨物

国内取引の場合にその譲渡が非課税とされる資産で、貨物として輸入することが想定されるものは、輸入の消費税について非課税の貨物とされています（消法6②、消法別表二の二）。

非課税貨物	
① 有価証券等	⑤ 物品切手等
② 郵便切手類	⑥ 身体障害者用物品
③ 印　紙	⑦ 教科用図書
④ 証　紙	

2 免税貨物

免税貨物を保税地域から引き取る場合には、その引取りに係る消費税は免除されます（輸徴法13、関税定率法14、15、16、17）。

免税貨物
無条件免税貨物（皇族用物品、記録文書、再輸入貨物、課税価格の合計額が１万円以下の物品その他一定のもの）
特定用途免税貨物（学術研究用品、儀式礼拝用寄贈物品、日本赤十字社に寄贈された医療機械その他一定のもの）
外交官用貨物（大使館の公用品その他一定のもの）
再輸出免税貨物（輸入の許可の日から１年以内に輸出されるその他一定のもの）

3 課税貨物

　保税地域から引き取られる外国貨物のうち、非課税貨物及び輸入品に対する内国消費税の徴収等に関する法律により消費税が免除されるもの以外の貨物は、課税貨物として、その引取りの際に消費税が課税されます。

4 飲食料品の輸入

　保税地域から引き取られる課税貨物のうち、「飲食料品」に該当するものについては、軽減税率が適用されます（平成28改法附則34①一）。

(1) 飲食料品の判断
　課税貨物が「飲食料品」に該当するかどうかは、輸入の際に、人の飲用又は食用に供されるものとして輸入されるかどうかにより判定します。

　人の飲用又は食用に供されるものとして保税地域から引き取った課税貨物が、その後、国内において飼料用として販売されるなど、結果として、国内で飲食用以外のものとして販売又は使用された場合であっても、その国内における販売には標準税率が適用されますが、遡って輸入の税率が標準税率に変更されることはありません。

(2) 一体貨物の税率
　食品と食品以外の資産が一の資産を形成し、又は構成している外国貨物であって、関税定率法別表の適用上の所属の一の区分に属する物品に該当するものを「一体貨物」といいます。

　一体貨物には、原則として標準税率が適用されますが、次の①及び②の条件に該当するものは「飲食料品」に含まれ、軽減税率が適用されます。
　①　一体貨物に係る消費税の課税価格が１万円以下
　②　一体貨物の価額のうちに、その一体貨物に含まれる食品に係る部分の価額の占める

割合として合理的な方法により計算した割合が$\frac{2}{3}$以上

①「１万円以下」の判定は、その貨物の最小単位（個数単位）の課税価格によります。

②の割合は、一体貨物の消費税の課税価格によるほか、輸入貨物の種類等に応じ、例えば、国内販売価格や製造原価により合理的に計算した割合も認められます。ただし、輸入貨物の重量、表面積、容積といった基準のみにより計算した割合は認められません。

①　国外支店で買い入れた商品の輸入

> **Q** 国外の支店が商品を買い付け、これを国内の本店が輸入した場合の仕入税額控除はどうなりますか。
>
> ---
>
> **A** 支店が国外で行った商品の買付けは、国外における取引であり、仕入税額控除の対象となりません。
>
> 　輸入する貨物については、非課税貨物及び免税貨物を除き、その貨物を保税地域から引き取る際に、関税とともに消費税が課税されます。輸入の際に課税された消費税は、国内取引に係る消費税において、控除対象仕入税額の計算の基礎となります。
>
> 　したがって、支店での買付けに要した費用の額にかかわらず、課税貨物の引取りの際に課税された消費税額をもって、課税仕入れ等の税額とします。
>
> 　なお、課税貨物の引取りの際に課税された消費税額は、地方消費税の額とともに輸入許可書に記載されています。

②　他人名義で輸入した場合

> **Q** 当社は、商品を輸入して国内で販売しています。
>
> 　輸入の手続はＡ社に一切を委託し、当課税期間においては、輸入の手数料5,400万円（うち、1,000万円は免税）と輸入に係る消費税額等3,000万円（地方消費税を含む）、合計8,400万円を支払いました。
>
> 　Ａ社は、Ａ社の名義で引取りに係る申告を行っており、Ａ社の名義で輸入の許可を受け、当社は、Ａ社名義の輸出許可書の写しを保存しています。
>
> 　当社において、控除対象仕入税額の計算はどうなりますか。
>
> ---
>
> **A** 輸入に係る消費税額の仕入税額控除は、課税事業者が自ら輸入の際に納付した税額を控除する仕組みであり、自己の名義による輸入許可書の保存が控除の要件とされています。
>
> 　ご質問の場合、輸入消費税の申告納付はＡ社の名義で行われたということですか

ら、A社がこの輸入の消費税の納税義務者であるということになります。そうすると、貴社には、課税貨物の引取りも、引取りの際に課税された消費税額もないこととなります。

したがって、貴社においては、3,000万円を輸入の消費税とすることはできません。

輸入申告の納税義務者が誰であるかは、控除対象仕入税額の計算に大きく影響します。この点を踏まえて、課税貨物の輸入手続を他者に代行させる場合には、誰が納税義務者となってその申告を行うのか、注意しなければなりません。

ご質問の場合は、輸入に係る消費税額はA社において仕入税額控除の対象となるため、何らかの利益調整を行う必要があるものと考えられます。

なお、輸入に係る消費税の納税義務者でなければ、その消費税について仕入税額控除の可能性がまったくないわけではありません。例えば、関税定率法13条1項の規定により、飼料の製造のための原料品であるとうもろこし等の輸入については一定の条件の下に関税が免除されますが、その免除を受けるためには、税関長の承認を受けた製造者の名をもってしなければならない（いわゆる限定申告）こととされています（関税定率法施行令7②）。このように輸入申告をする者が限定されているような場合には、実質的な輸入者である商社等と、申告をするいわゆる限定申告者との名義が異なることが想定されることから、実質的な輸入者が引取りに係る消費税について仕入税額控除を受け、いわゆる限定申告者は実質的な輸入者からの買取りについての消費税額について仕入税額控除を受けることとされています（消基通11－1－6）。

しかし、これは、限定申告という特別な場合の取扱いであって、一般的にその輸入の名義にかかわらず実質的な輸入者が仕入税額控除を受けることができる、ということとを定めたものではありません。

ご質問の場合には、限定申告に該当しないため、この取扱いの対象となりません。

第7節　仕入れに係る対価の返還等

仕入れに係る対価の返還等を受けた場合には、その課税期間における課税仕入れ等の税額から、その課税期間において仕入れに係る対価の返還等を受けた金額に係る消費税額を控除します（消法32①）。以下、この取扱いを「仕入対価の返還等に係る特例」といいます。

仕入れに係る対価の返還等に係る消費税額の合計額をその仕入れに係る対価の返還等を

受けた日の属する課税期間における課税仕入れ等の税額の合計額から控除して控除しきれない金額があるときは、その控除しきれない金額は、控除過大調整税額として、その課税期間の課税標準額に対する消費税額に加算します（消法32②）。

なお、インボイス発行事業者には、1万円以上の売上対価の返還等について返還インボイスを交付する義務があります（消法57の4③⑤）。しかし、たとえその交付がなくても、買手においては、仕入れに係る対価の返還等の事実に基づいて、仕入対価の返還等に係る特例が適用されます。

⑴　仕入れに係る対価の返還等の意義

仕入れに係る対価の返還等とは、国内において行った課税仕入れにつき、返品等を受けたことにより、その課税仕入れに係る支払対価の額の返還又は買掛金等の減額を受けることをいいます（消法32①）。

これは、売手において売上対価の返還等となるものであり、次の理由等により対価の返還又は買掛金の減額を受けた場合が該当します（消法32①、消基通12-1-1～4）。

項　目	内　容
返品・値引き	仕入商品の返品による返金、仕入金額の値引き
割戻し （リベート）	一定期間に一定額又は一定量を購入した場合に受ける代金の一部返戻（飛越しリベートを含む）
仕入割引	買掛金等をその支払期日前に決済したことにより支払を受けるもの
販売奨励金	販売促進の目的で、販売数量・販売高等に応じて仕入先から支払を受けるもの
事業分量配当金	協同組合等が組合員に支払う事業分量配当金のうち、販売分量等に応じて計算されるもの
船舶の早出料	貨物の積卸期間が短縮され、運送期間が短縮したために受ける運賃の割戻し

⑵　免税であった課税期間の仕入れ

仕入れに係る対価の返還等が、免税事業者であった課税期間において行った課税仕入れに係るものであるときは、控除税額の調整をする必要がないので、控除は行いません（消基通12-1-8）。

⑶　税額による控除と値引き額等による控除

税額を調整する方法に代えて、その課税期間の課税仕入れの金額から返品額等を控除する経理処理を行っている場合には、継続適用を要件に、その処理が認められます（消基通12-1-12）。

① 出資配当と事業分量配当

> **Q** 当社は、中小企業協同組合の組合員となり、組合事業である共同購入を利用しています。
> このたび、協同組合の総会により、次の配当が決議された旨の通知を受けました。これらは不課税の収入としてよろしいですか。
> 　⑴　出資の配当　10万円（年10％の割）
> 　⑵　事業分量配当　45万円（共同購入した課税商品1つ当たり500円の割）
>
> ---
>
> **A** ⑴　出資の配当は、出資者としての地位に基づく剰余金の配当であるため、資産の譲渡等の対価以外の収入となります。
> 　⑵　事業分量配当は、協同組合が販売個数に応じて計算したものですから、協同組合においては売上対価の返還等であり、貴社においては、仕入れに係る対価の返還等となります。

② 棚卸資産に係る仕入税額の調整を受けた場合

> **Q** 当社は免税事業者でしたが、インボイス発行事業者の登録により課税事業者となりました。登録日の前日における在庫は、すべて免税事業者であった期間中に仕入れたものであるため、その課税仕入れ等の税額を課税仕入れ等に係る税額とみなして控除対象仕入税額を計算する準備をしています。
> 　この棚卸資産について、瑕疵を発見してメーカーに返品し、対価の返還を受けた場合、控除対象仕入税額の計算はどうなるのですか。
>
> ---
>
> **A** 免税事業者が課税事業者となった場合には、その課税事業者となった課税期間の期首棚卸資産のうち、免税事業者であった期間中に仕入れた又は引き取ったものについては、その課税仕入れ等の税額を課税事業者となった課税期間の課税仕入れ等に係る税額とみなして控除対象仕入税額を計算します（消法36①）。
> 　また、この取扱いは、免税事業者が登録する場合に課税事業者選択届出書の提出を要しない経過措置により、課税期間の途中で登録をして課税事業者となった場合には、その登録の日の前日において有する棚卸資産のうち、免税事業者であった期間中に課税仕入れ等をしたものが対象となります（平30改令附則17）。
> 　免税事業者であった課税期間に行った課税仕入れについては、その仕入れについて仕入税額控除の適用を受けていないため、仕入対価の返還等に係る特例を適用する必

要はありません。しかし、棚卸資産に係る調整を受けたものについては、その調整により、仕入税額控除の対象となったものであるため、仕入対価の返還等に係る特例が適用されます。

③ 仕入税額控除ができなかった課税仕入れに係る対価の返還等

Q インボイスの交付を受けなかったために仕入税額控除の適用をすることができなかった課税仕入れにつき、仕入れに係る対価の返還等を受けた場合、仕入対価の返還等に係る特例の適用がありますか。

A 仕入対価の返還等に係る特例は、その課税仕入れについて仕入税額控除の適用を受けたものが対象です（消法32①）。したがって、インボイスの交付を受けなかったために仕入税額控除の適用をすることができなかった課税仕入れについては、仕入れに係る対価の返還等を受けた事実があっても、仕入対価の返還等に係る特例の適用はありません。

④ 飲食料品と飲食料品以外の一括値引き

Q 飲食料品と飲食料品以外との一括購入について、一括して値引きを受けた場合、課税仕入れに適用する税率はどうなりますか。

A 軽減税率の対象となる飲食料品と標準税率が適用される飲食料品以外の譲渡につき、一括して値引きを行った場合には、それぞれの値引き後の対価の額は、それぞれの資産の値引き前の対価の額により按分するなど合理的に算出することとされています（消基通1-8-5）。

　この場合、顧客へ交付する領収書等において、適用税率ごとの値引額又は値引額控除後の対価の額が確認できるときは、適用税率ごとに合理的に区分されているものに該当します（消基通1-8-5）。資産の譲渡等にあたっての値引き（値下げ）はあくまでも値決めの問題であり、事業者の判断に委ねられているからです。

　課税仕入れを行った事業者は、交付される領収書の記載に従って、それぞれの税率を判断し、領収書において税率ごとの値引額が明らかにされていない場合は、それぞれの対価の額により按分することになります。

　ポイントの使用につき、値引処理を行う場合も同様です（ポイントの使用について

は、第1節 ㉓ ポイント利用により値引きを受けた場合 を参照してください）。

第8節　引取りに係る消費税の還付

　保税地域からの引取りに係る課税貨物に係る消費税額につき還付を受ける場合には、課税仕入れ等の税額の合計額から、その課税期間において還付を受ける消費税額を控除します（消法32④）。

　還付を受ける消費税額の合計額をその還付を受ける日の属する課税期間における課税仕入れ等の税額の合計額から控除して控除しきれない金額があるときは、その控除しきれない金額は、控除過大調整税額として、その課税期間の課税標準額に対する消費税額に加算します（消法32⑤）。

①　輸入に係る消費税の還付と仕入税額控除の特例

> **Q** 輸入品に欠陥があったため、売り主に積み戻すことになりました。引取りの際に納付した消費税の還付を受けることはできますか。
>
> ───────────────────────
>
> **A** 輸入品に欠陥があったことにより売り主へ積み戻す場合には、関税とともに、引取りの際に納付した消費税の還付を受けることができます（関税法13、輸徴法17）。この還付には、輸入の時の性質及び形状に変更が加えられておらず、輸入の許可の日から6月以内に保税地域に入れる等の要件が付されており、これに合致しない場合には、原則として還付が受けられません。
>
> 　関税については、当然、還付を受けた方が有利になります。しかし、消費税については、税関で課税貨物の引取りに係る消費税の還付を受けても、国内における消費税の計算においては、その分、控除対象仕入税額が減少しますから、全額控除の適用がある場合又は個別対応方式を適用しておりその課税貨物を課税売上対応の課税仕入れ等に区分している場合には、控除対象仕入税額は、税関で還付を受けた金額と同額が減少するので、還付を受けても、その手続に係る事務負担が増すだけという結果となります。
>
> 　なお、貴社が、免税事業者である場合、一括比例配分方式を適用している場合、個別対応方式において非課税売上対応分又は共通対応分に区分している場合には、還付

を受けた消費税額のすべてを控除対象仕入税額から減額するわけではないので、消費税についても還付を受けた方が有利になります。

第11章

個別対応方式における課税仕入れ等の区分

第1節 個別対応方式適用の要件

　個別対応方式は、その課税期間の課税仕入れ等のすべてにつき、次の3つに区分している場合に適用することができます（消法30②一）。

区　　分	内　　容
課税資産の譲渡等のみ要するもの （課税売上対応分）	・課税売上げのためにのみ要する課税仕入れ等 ・輸出免税売上げのためにのみ要する課税仕入れ等 ・国外における売上げのためにのみ要する課税仕入れ等
その他の資産の譲渡等にのみ要するもの （非課税売上対応分）	・非課税売上げのためにのみ要する課税仕入れ等
課税資産の譲渡とその他の資産の譲渡等に共通して要するもの （共通対応分）	・課税資産の譲渡等と非課税資産の譲渡等に共通して要する課税仕入れ等 ・課税売上対応分にも非課税売上対応分にも該当しない課税仕入れ等

　また、一括比例配分方式については、2年間継続適用の義務があるため、新たに一括比例配分方式を採用した課税期間から2年間（一括比例配分方式により計算した課税期間の初日から同日以後2年を経過する日までの間に開始する各課税期間）においては、個別対応方式を適用することはできません（消法30⑤）。

個別対応方式適用の要件
課税売上割合が95％未満 又は 課税売上高が5億円超　　かつ　　課税仕入れ等を区分している　　かつ　　一括比例配分方式の継続適用期間でない

　個別対応方式により仕入れに係る消費税額を計算する場合には、その課税期間中におい

て行った個々の課税仕入れ等について、必ず、上記の3つに区分していなければなりません。したがって、例えば、課税仕入れ等の中から課税資産の譲渡等にのみ要するものを抽出し、それ以外のものをすべて共通対応分とすることは認められません（消基通11-2-18）。

ただし、課税資産の譲渡等のみを行っており、預金利息等しか非課税売上げがない場合には、すべての課税仕入れ等について区分した結果、非課税売上対応分の金額がなかったということは十分考えられます。

したがって、実務においては、それぞれの金額の多寡にかかわらず、①課税仕入れ等を3つに区分していること、②区分したことが説明できる資料が残されていることが、個別対応方式を適用するための要件であるといえます。

第2節 課税売上対応分

1 課税売上対応分の意義

課税売上対応分とは、課税資産の譲渡等を行うためにのみ必要な課税仕入れ又は課税貨物をいいます。

直接、間接を問わず、また、実際に使用する時期を問わず、その対価の額が最終的に課税資産の譲渡等のコストに入るような課税仕入れ等だけをいいます。

なお、「課税資産の譲渡等」には、輸出取引等及び国外における資産の譲渡等が含まれます。

2 国外の消費者に日本の消費税を負担させない措置

消費税は、仕向地課税主義が国際的なルールです。国外の消費者に日本の消費税を負担させないため、国外での消費支出につながるものについては、その前段階で国内において生じた消費税額のすべてを仕入税額控除の対象とします。

具体的には、課税仕入れ等の区分について、次のように定められています。

(1) 免税売上げのための課税仕入れ等

課税資産の譲渡等には、輸出免税の適用を受ける取引が含まれます。

輸出取引等は、その売上げには課税されませんが、前段階で生じた税はすべて控除の対

象とする０％課税の適用を受けます。したがって、免税売上げのために要した課税仕入れ等は、課税資産の譲渡等にのみ要するもの、すなわち課税売上対応分に区分します。

この取扱いは、輸出取引等であることを証明する書類の保存が一要件となっています（消法７②）。

輸出取引等の範囲については、「第３章第４節　輸出取引等」を参照してください。

(2)　国外で行う資産の譲渡等のための課税仕入れ等

「課税資産の譲渡等」とは、「資産の譲渡等」のうち、「非課税資産の譲渡等」以外のものをいい（消法２①九）、「非課税資産の譲渡等」は、国内において行う資産の譲渡等のうち非課税となるものをいいます（消法６①）。

そうすると、国外において行う資産の譲渡等には、「非課税資産の譲渡等」はないこととなり、国外において行う資産の譲渡等は、そのすべてが「課税資産の譲渡等」となります。

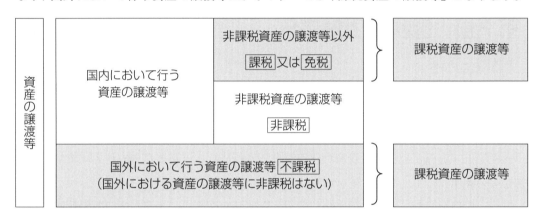

したがって、国外において行う資産の譲渡等は消費税の課税対象ですが、そのために国内において行う課税仕入れ等は、課税資産の譲渡等にのみ要するもの、すなわち課税売上対応分となります（消基通11－２－11）。

例えば、国外に所在する土地建物等を売却するために国内の媒介業者に支払った仲介手数料や国内の弁護士に支払った相談料等が、これに該当します。

(3)　非課税資産の輸出のための課税仕入れ等

非課税資産の譲渡等のうち、消費税法７条に規定する輸出取引等に該当するもの（非課税資産の輸出取引等）は、仕入税額控除の計算にあたっては、課税資産の輸出取引等とみなし、その譲渡対価の額を課税売上高として課税売上割合を計算し、その非課税資産の輸出取引等のために要した課税仕入れ等は、課税売上対応分に区分されます（消法31①）。

この取扱いは、輸出を証明する書類の保存が要件となっており、有価証券、支払手段、金銭債権の輸出については、適用除外とされています（消法31①、消令51①）。

非課税資産の輸出取引等については、「第３章第４節　輸出取引等」を参照してください。

(4) 国外への資産の移送

　国外において行う資産の譲渡等又は国外における自己の使用のためにする資産の輸出については、これを課税資産の譲渡等に係る輸出取引等とみなし、その輸出する資産の本船甲板渡し価格を課税売上高として課税売上割合を計算し、その資産の課税仕入れ等は課税売上対応分に区分することとされています（消法31②）。

　この取扱いは、輸出を証明する書類の保存が要件となっており、有価証券、支払手段、金銭債権の輸出については、適用除外とされています（消法31②、消令51①）。

　国外への資産の移送については、「第3章第4節　輸出取引等」を参照してください。

第3節　非課税売上対応分

　非課税売上対応分とは、非課税資産の譲渡等を行うためにのみ必要な課税仕入れ又は課税貨物をいい、例えば、次に掲げる課税仕入れ等がこれに該当します(消基通11－2－15)。

・販売用の土地の造成費用
・販売用の土地の取得に係る仲介手数料
・土地だけの譲渡に係る仲介手数料
・賃貸用住宅の建築費用
・住宅の賃貸に係る仲介手数料

※　令和2年10月1日以後は、居住用賃貸建物の建築費用は、個別対応方式によらない場合であっても、仕入税額控除の対象から除外されます。

第4節　共通対応分

1　共通対応分の意義

　共通対応分は、課税資産の譲渡等と非課税資産の譲渡等とに共通して要するものと規定されています（消法30②）。

　個別対応方式の適用にあたっては、すべての課税仕入れ等について、「課税資産の譲渡等にのみ要するもの」、「非課税資産の譲渡等にのみ要するもの」及び「共通して要するも

の」の三つに区分する必要があります（消法30②）。法律上、一つのものを三つに分ける場合に、その三つを直接ないし限定的に定義して齟齬を生じない例は少ないと思われます。そこにはいずれの定義にも該当しない「その他」が生じてしまうからです。そうすると、「共通して要するもの」という区分は、「課税資産の譲渡等にのみ要するもの」又は「非課税資産の譲渡等にのみ要するもの」のいずれにも該当しないものの受け皿と解するべきであり、課税売上げと非課税売上げに共通して必要であったものを探し出して入れる区分ではないということになります。つまり、課税売上対応分にも、非課税売上対応分にも該当しないものは、すべて共通対応分に区分されるということです。

消費税法基本通達11－2－16も「資産の譲渡等に該当しない取引に要する課税仕入れ等は、課税資産の譲渡等とその他の資産の譲渡等に共通して要するものに該当するものとして取り扱う。」として、この解釈を裏付けています。

したがって、具体的な区分は、まず課税売上対応分と非課税売上対応分を確認し、そのいずれとも言い切れないものは共通対応分と判断するという手順になります。

2 「合理的な基準による区分」と「課税売上割合に準ずる割合」

(1) 共通対応分の課税仕入れに係る控除税額の計算

個別対応方式において、共通対応分の課税仕入れ等については、課税売上割合によってその控除額を計算します。

しかし、事業者の売上げに係るコストは、その事業の種類により様々です。多くの管理費用に支えられる商品の販売もあれば、設備投資以外にほとんど費用が発生しない資産の貸付けもあります。また、課税売上割合は、その課税期間に実現した売上げの金額によって計算するものであり、必ずしも、費用の発生の実態を反映しているとは限りません。

「課税売上割合に準ずる割合」による計算は、事業者における事業内容等の実態がその課税仕入れ等のあった課税期間における課税売上割合によっては必ずしも反映されていない場合に、課税売上割合よりも更に合理的な割合を適用することがその事業者にとって事業内容等の実態を反映したものとなるのであれば、その合理的な割合を認めることが妥当であるという趣旨から設けられています。

なお、「課税売上割合に準ずる割合」によるまでもなく、消費税法基本通達11－2－19に示されるとおり、共通対応分の課税仕入れ等につき合理的な基準により課税売上対応分又は非課税売上対応分に区分することができる場合には、その区分によることができます。

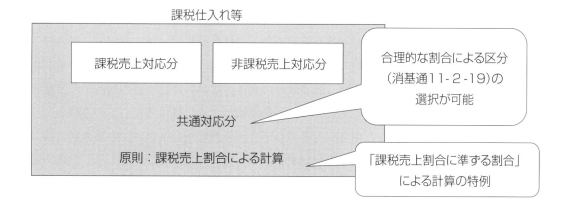

(2) 「合理的な基準による区分」の適用範囲

　消費税法30条3項は、税務署長の承認を受けた場合には、「課税売上割合に準ずる割合」により計算することができるものとしています。他方、消費税法基本通達11-2-19は、次のように示しています。

11-2-19（共通用の課税仕入れ等を合理的な基準により区分した場合）

　課税資産の譲渡等とその他の資産の譲渡等に共通して要するものに該当する課税仕入れ等であっても、例えば、原材料、包装材料、倉庫料、電力料等のように生産実績その他の合理的な基準により課税資産の譲渡等にのみ要するものとその他の資産の譲渡等にのみ要するものとに区分することが可能なものについて当該合理的な基準により区分している場合には、当該区分したところにより個別対応方式を適用することとして差し支えない。

　以下、この通達による区分を「合理的な基準による区分」といいます。

　両者は、いずれも、売上げとの対応関係により課税仕入れ等を区分して厳密な控除額の計算を行う事業者については、その実態に即した計算が行えるよう手当するという趣旨から、共通対応分の消費税額について、課税売上割合を用いず、「合理的」に控除できるものと控除できないものとに区分する取扱いであり、その目的や考え方に大きな差異はありません。しかし、前者は税務署長の承認を要し、後者は納税者の任意で申告書に反映させることができるという手続上の違いがあり、明確に区分しなければなりません。

　この点につき、平成24年3月26日に国税庁が公表した「平成23年6月の消費税法の一部改正関係―「95%ルール」の適用要件の見直しを踏まえた仕入控除税額の計算方法等に関するQ&A〔I〕【基本的な考え方編】」（以下、「Q&A【基本的な考え方編】」といいます）には、「合理的な基準による区分」について、次のように記載されています。

【共通対応分の「合理的な基準による区分」（基通11－2－19の適用範囲）】（問20）

> 　…この場合の区分することが可能なものとは、原材料、包装材料、倉庫料、電力料のように製品の製造に直接用いられる課税仕入れ等をその適用事例の典型として示していることからも明らかなように、課税資産の譲渡等又は非課税資産の譲渡等と明確かつ直接的な対応関係があることにより、生産実績のように既に実現している事象の数値のみによって算定される割合で、その合理性が検証可能な基準により機械的に区分することが可能な課税仕入れ等をいいます。

　つまり、その課税期間において実現している数値により機械的に区分することが可能であるかどうかが、「合理的な基準による区分」の適用範囲の基準となります。

　「平成23年6月の消費税法の一部改正関係―「95％ルール」の適用要件の見直しを踏まえた仕入控除税額の計算方法等に関するＱ＆Ａ〔Ⅱ〕【具体的事例編】」（以下、「Ｑ＆Ａ【具体的事例編】といいます」）には、課税製品又は非課税製品にも使われる包装紙については使用枚数等が、土地と建物を一括して譲渡した場合の仲介手数料についてはその譲渡代金の割合が、合理的な基準として示されています（Ｑ＆Ａ【具体的事例編】問4－1、4－2）。

①　使用の実績による区分

　課税仕入れ等の区分は、仕入れの日の状況で判断をする（消基通11－2－20）ので、例えば、課税資産と非課税資産とを同じ材料で製造する場合には、その材料の購入は共通対応分といわざるを得ません。しかし、使用後の状況においては、課税売上げのために使用されたか、非課税売上げのために使用されたかは、現実の投入量で明らかとなります。このような場合には、その現実の投入量で区分することは、売上高の比、すなわち課税売上割合によって計算するよりも合理的です。現実の投入量は、実現した数値であり、検証可能な基準といえるので、あらかじめ「課税売上割合に準ずる割合」の承認を受ける必要はありません。

　また、医業における薬品の仕入れは共通対応分となりますが、課税期間の終了後に、現実に非課税売上げに使用したものと課税売上げに使用したものとに区分することは、「合理的な基準による区分」と認められます。調剤薬局における医薬品の課税仕入れについて、領収書等により売上数量に仕入単価を乗じた金額を集計する方法及び領収書控により集計した売上高に期中の平均原価率を乗じる方法が合理的とされた事例（平成23年3月1日裁決）があります。

　このように、その仕入れの日の状況により共通対応分となる課税仕入れ等につき、課税期間終了後の実績により、あらためて区分を試みた場合に、課税売上対応分と非課税売上対応分とに塗り替えが可能と判断されるものは、「合理的な基準による区分」といえます。

②　一の契約の内容による区分

　課税仕入れ等の区分は、個々の課税仕入れについて判断するものとされています（平成19年2月14日裁決、消基通11－2－18）。したがって、一の契約による課税仕入れ等は、その契約ごとに判断をすることとなりますが、客観的にその内容を区分することができるものもあります。例えば、土地建物を一括譲渡した場合の仲介手数料は、土地及び建物の売却収入に比例して生じる費用であり、両者の比による区分は、課税売上割合による計算よりも合理的です。

　また、建物の建築請負契約については、通常、一棟の建築費が一の課税仕入れとなりますが、これが住宅の貸付けと住宅以外の貸付けとに供するものである場合に、平成13年12月21日裁決は、住宅としての賃貸部分と住宅以外の賃貸部分の建築単価が同等であれば、床面積による区分が合理的であるとしました（ただし、原則として建物全体が居住用賃貸建物に該当します）。

　また、建物の賃借料については、この契約であっても、使用するフロアの面積による区分は「合理的な基準による区分」と認められると考えられます。

(3)　「課税売上割合に準ずる割合」

①　承認申請

　「課税売上割合に準ずる割合」を適用するためには、納税地を所轄する税務署に「消費税「課税売上割合に準ずる割合」の適用承認申請書」を提出して、承認を受けなければなりません（消法30③、消令47①）。「課税売上割合に準ずる割合」は、税務署長の承認を受けた日の属する課税期間から適用するものとされています（消法30）。

　税務署長は、申請書の提出があった場合には、遅滞なく、これを審査し、承認又は却下します（消令47②）。ただし、承認の審査には一定の時間を要し、また、みなし承認の制度もないため、申請書は余裕をもって提出する必要があります。そのため、課税期間の末日の間際に「課税売上割合に準ずる割合」を適用するべきものと判断した場合には、対応が難しいという問題があります。

　そこで、令和3年度税制改正においては、「課税売上割合に準ずる割合」を適用しようとする課税期間の末日までに申請書の提出があった場合において、同日の翌日から同日以後1か月を経過する日までの間に承認があったときは、その適用しようとする課税期間の末日においてその承認があったものとみなすこととされました（消令47⑥）。

　なお、改正後においても、1か月以内に承認することを約束するものではないことに留意する必要があります。申請書はできるだけ余裕をもって提出し、その割合が合理的なものであることを説明する資料を準備しておくべきでしょう。

②　承認後は強制適用

　「課税売上割合に準ずる割合」の適用申請をして所轄税務署長の承認を受けた場合には、

たとえ課税売上割合によって計算したほうが有利になるときでも、必ず「課税売上割合に準ずる割合」によって計算しなければなりません。

③　不適用の届出

「課税売上割合に準ずる割合」は、不適用届出書を提出すれば、提出した課税期間からその適用がなくなります（消法30③）。取りやめは、申請ではなく届出なので、税務署長の承認は必要ありません。

また、簡易課税制度や課税事業者選択制度のように2年間継続適用を強制されることはなく、1年でやめることができます。

④　全額控除の適用の判定

「課税売上割合に準ずる割合」の承認を受けたとしても、その課税期間における課税売上高が5億円以下である場合に、課税仕入れ等の税額の全額を控除することができる95％以上であるかどうかの判定は、課税売上割合によります（消基通11-5-9）。

⑤　適用単位と算出方法

「課税売上割合に準ずる割合」は、その業務に就いている使用人の数や消費又は使用する資産の価額などの合理的な基準により算出します（消法30③、消基通11-5-7）。

また、その適用は、その事業者が行う事業の全てに同一の割合を適用する必要はなく、事業の種類、事業場の単位などの異なるごとに承認を受けて適用することができます（消基通11-5-8）。

適用単位		算出方法
事業の全部について同一の割合を適用可能		・使用人の数の割合 ・従事日数の割合 ・消費又は使用する資産の価額による割合 ・使用数量の割合 ・使用面積の割合 ・その他合理的な割合
事業の種類の異なるごと	それぞれ異なる「課税売上割合に準ずる割合」を適用可能（全てについて承認が必要）	
販売費、一般管理費その他の費用の種類の異なるごと		
事業場の単位ごと		

⑥　適用範囲の考え方

「合理的な基準による区分」との関係から考えると、「課税売上割合に準ずる割合」は、その課税期間の実績ではないけれど、その事業者の実情に即した仕入控除税額の計算となると認められる割合であり、税務署長の承認を受けることを要件に適用することが認められるものであるということができます。

例えば、医業において、保険適用と保険適用外の診療件数により区分することは、「合理的な基準による区分」ではなく、「課税売上割合に準ずる割合」として検討すべき基準と考えられます。これは、実際の使用量による割合ではありませんが、一回の診療で処方される薬品の量には自ずと限りがあり、給食費や差額室料等の医薬品の使用に関係のない

売上げの影響を受ける課税売上割合によるよりも合理的である場合もあるからです。

⑷　課税売上割合に準ずる割合の具体的な割合の算定

　「課税売上割合に準ずる割合」の適用は、個別対応方式における共通対応分に係る仕入控除税額の計算において、その事業者における事業内容等の実態が、その課税仕入れ等のあった課税期間の課税売上割合によっては必ずしも反映されていない場合に認められるものです。

　したがって、算定した割合が、「課税売上割合に準ずる割合」として、その事業者における事業内容等の実態を反映したものであるかどうかについては、その事業者の営む事業の種類等により異なるものと考えられます。

　なお、従業員割合等を「課税売上割合に準ずる割合」として申請する場合に留意すべき点は、次のとおりです（Q＆A【基本的な考え方編】問23〜26）。

①　従業員割合

【従業員割合の計算方法】

$$\text{従業員割合} = \frac{\text{課税資産の譲渡等にのみ従事する従業員数}}{\begin{array}{c}\text{課税資産の譲渡等にのみ}\\\text{従事する従業員数}\end{array} + \begin{array}{c}\text{非課税資産の譲渡等にのみ}\\\text{従事する従業員数}\end{array}}$$

【留意事項】

⑴　割合の算定・割合の適用範囲

イ　従業員数を課税資産の譲渡等と非課税資産の譲渡等に係る業務ごとに区分できることが前提となります。

　※　課税資産の譲渡等及び非課税資産の譲渡等の双方の業務に従事する従業員がいる場合には、「課税資産の譲渡等にのみ従事する従業員数」を、「総従業員数−非課税資産の譲渡等にのみ従事する従業員数」という方法で把握することは認められません。

ロ　計算の基礎となる従業員数は、原則として課税期間の末日の現況によります。

　※　課税期間の末日における従業員数が課税期間における実態と異なるなど、事業の実態を反映しないものであるときは、課税期間中の各月末の平均数値等によることができます。

ハ　課税資産の譲渡等及び非課税資産の譲渡等の双方の業務に従事する従業員については、原則としてこの割合の計算上、分母、分子のいずれにも含めません。

　　ただし、事務日報等により課税資産の譲渡等及び非課税資産の譲渡等の双方の業務に従事する従業員全員の従事日数が記録されていて、この記録により従業員ごとの従事日数の割合が計算できる場合には、当該従事日数の割合により当該従業員数を各業務にあん分することは認められます。

　※　非課税資産の譲渡等にのみ従事する従業員が皆無の場合であっても、課税資産の譲渡等及び非課税資産の譲渡等の双方の業務に従事する従業員全員について、上記のただし書に規定する状況にあ

るときは、その従事日数の割合により、従業員割合の適用が認められます。

ニ　例えば、建設会社の海外工事部門の従業員など、国外取引にのみ従事する従業員については、この割合の計算上、分母、分子のいずれにも含めません。

ホ　法人の役員（非常勤役員を除きます）も従業員に含めて取り扱います。また、アルバイト等についても、従業員と同等の勤務状況にある場合には、従業員に含めて取り扱います。

ヘ　本店・支店ごと又は事業部門ごとにそれぞれの従業員割合を適用することは認められます。

(2)　適用対象となる共通対応分

共通対応分のうち、従業員数に比例して支出されると認められるものについて適用できます。

② 事業部門ごとの割合

【事業部門ごとの「課税売上割合に準ずる割合」の計算方法】

事業部門ごとの「課税売上割合に準ずる割合」	=	事業部門ごとの課税売上高 ／（事業部門ごとの課税売上高 ＋ 事業部門ごとの非課税売上高）

【留意事項】

(1)　割合の算定・割合の適用範囲

イ　事業部門ごと（本店・支店ごとによる場合を含みます）に、当該事業部門に係る課税売上高と非課税売上高を基礎として、課税売上割合と同様の方法により割合を求めます。

ロ　この割合は、独立採算制の対象となっている事業部門や独立した会計単位となっている事業部門についてのみ適用が認められるものです。

ハ　総務、経理部門等の事業を行う部門以外の部門については、この割合の適用は認められません。

ニ　総務、経理部門等の共通対応分の消費税額全てを各事業部門の従業員数比率等適宜の比率により事業部門に振り分けた上で、事業部門ごとの「課税売上割合に準ずる割合」によりあん分する方法も認められます。

ホ　「課税売上割合に準ずる割合」が、本来の課税売上割合よりも低いこととなる場合であっても、その承認を受けた事業部門における「課税売上割合に準ずる割合」を使用します。

(2)　適用対象となる共通対応分

「課税売上割合に準ずる割合」の承認を受けた事業部門の共通対応分に係る消費税額に

ついて適用できます。

③ 床面積割合

【床面積割合の計算方法】

床面積割合	=	課税資産の譲渡等に係る業務で使用する専用床面積
		課税資産の譲渡等に係る業務で使用する専用床面積 ＋ 非課税資産の譲渡等に係る業務で使用する専用床面積

【留意事項】

(1) 割合の算定・割合の適用範囲

イ　床面積を課税資産の譲渡等と非課税資産の譲渡等に係る業務ごとに区分できることが前提となります。

※　課税資産の譲渡等及び非課税資産の譲渡等の双方の業務で使用する床面積がある場合には、「課税資産の譲渡等に係る業務で使用する専用床面積」を、「総床面積－非課税資産の譲渡に係る業務で使用する専用床面積」という方法で把握することは認められません。

ロ　計算の基礎となる床面積は、原則として課税期間の末日の現況によります。

※　課税期間の末日における床面積が課税期間における実態と異なるなど、事業の実態を反映しないものであるときは、課税期間中の各月末の平均数値等によることができます。

ハ　課税資産の譲渡等及び非課税資産の譲渡等の双方の業務で使用する専用床面積については、原則としてこの割合の計算上、分母、分子のいずれにも含めません。

ニ　本店・支店ごと又は事業部門ごとにそれぞれの床面積割合を適用することは認められます。

(2) 適用対象となる共通対応分

共通対応分のうち、専用床面積に比例して支出されると認められるものについて適用できます。

④ 取引件数割合

【取引件数割合の計算方法】

取引件数割合	=	課税資産の譲渡等に係る取引件数
		課税資産の譲渡等に係る取引件数 ＋ 非課税資産の譲渡等に係る取引件数

【留意事項】

(1) 割合の算定・割合の適用範囲

イ　取引件数を課税資産の譲渡等と非課税資産の譲渡等に係る件数に区分できることが前提となります。

ロ　本店・支店ごと又は事業部門ごとにそれぞれの取引件数割合を適用することは認められます。

⑵　適用対象となる共通対応分

　共通対応分のうち、取引件数に比例して支出されると認められるものについて適用できます。

⑤　たまたま土地の譲渡があった場合

　国税庁の質疑応答によれば、土地の譲渡により課税売上割合が大きく変化した場合には、次の「課税売上割合に準ずる割合」が承認されることとされています。

　過去3年間の課税売上割合が変動していないことが要件となるため、1年限りの適用を前提に承認するものであり、翌課税期間には不適用となるよう不適用の届出が求められ、不適用の届出がない場合には、その翌課税期間以後の承認を取り消す処分が行われることとされています。

　また、「課税売上割合に準ずる割合」によるまでもなく、消費税法基本通達11-2-19の合理的な基準による区分ができる場合には、その区分によるものとされています（Q&A【基本的な考え方編】問30）。

要　　件
〈次のいずれにも該当〉 ・土地の譲渡が単発である ・事業者の営業の実態に変動がない ・過去3年間で最も高い課税売上割合と最も低い課税売上割合の差が5％以内である

承認される割合
〈次のいずれか低い割合〉 ・土地の譲渡があった課税期間の前3年間に含まれる課税期間の通算課税売上割合 ・土地の譲渡があった課税期間の前課税期間の課税売上割合

　「課税売上割合に準ずる割合」は、「当該割合が当該事業者の営む事業の種類又は当該事業に係る販売費、一般管理費その他の費用の種類に応じ合理的に算定されるものであること」を要件としています（消法30③一）。

　たまたま土地の譲渡があった場合には、①事業者は土地の販売を事業としていないため、事業の種類の異なるごとの割合は採り得ないこと、また、②土地の譲渡がたまたま行われたものであるため、事業に係る販売費、一般管理費その他の費用の種類の異なるごとの割合も採り得ないことから、これらの区分により算出することができないという事情にあり

236

ます。そこで、通算課税売上割合や前課税期間の課税売上割合は、当期の実績ではありませんが、たまたま土地を譲渡した課税期間の課税売上割合よりも、前3年間の課税売上割合のほうがより事業の実体を反映したものと考えられるため、便宜的に過去の実績により「課税売上割合に準ずる割合」を算定するものです。

第5節 課税仕入れ等の区分の時期

1 原則

課税仕入れ等の用途区分の判定を行う時期はいつであるのかを考えてみると、次のような点を指摘することができます。

---

① 消費税法30条1項1号は、国内において行った課税仕入れに係る消費税額の控除は、その課税仕入れに係る売上げが実現したかどうかに関わりなく、その課税仕入れを行った日の属する課税期間において、即時一括控除を行うものと定めていること

② 用途については、いずれも「要するもの」という文言が用いられ、実際にどのような用途に用いたかという結果による区分を要求していないこと

③ 仕入れた資産の譲渡等は、必ずしもその仕入れた日の属する課税期間中に行われるとは限らないこと

④ 調整対象固定資産を転用した場合の控除額の調整（消法34、35）は、課税仕入れを行った日の属する課税期間中に用途を変更した場合であっても、適用されること

これらの点に照らすと、課税仕入れの用途区分は、その課税仕入れが行われた日の状況に基づき、客観的に判断すべきものと解することになります。

仮に、課税期間の末日において現実に生じている資産の譲渡等によって判断することとすれば、事業者が課税仕入れを行っても、その課税仕入れに対応する資産の譲渡等が実際に行われない限り、用途区分を判断することができないということになります。消費税法基本通達11-2-20は、課税仕入れ等の用途の「区分は、課税仕入れを行った日又は課税貨物を引き取った日の状況により行うこととなる」と確認しています。

2 用途を変更した場合

　仕入れの後にその用途を変更した場合であっても、変更前の用途により区分するべきです。ただし、実績として残るのは変更後の用途です。変更前の用途は納税者の心の中にだけあり、変更後の用途が使用の事実として存在するというような状況では、税務調査において疑問点として指摘を受けた場合に、解決が難しくなります。仕入れの日における用途、目的を説明する資料を整理して保存する必要があるでしょう。

　また、調整対象固定資産については、仕入れ等の日から3年以内に、課税業務用から非課税業務用に、非課税業務用から課税業務用に、その用途を変更した場合には、控除税額を調整する必要があります（第12章第2節を参照してください）。

3 用途が決まっていない場合

　課税仕入れを行った日又は課税貨物を引き取った日において、その区分が明らかにされていない場合で、その日の属する課税期間の末日までに、その区分が明らかにされたときは、その明らかにされた区分によって個別対応方式を適用することができるものとされています（消基通11－2－20）。

第6節　課税仕入れ等の区分の方法

1 区分の方法

　個別対応方式の適用にあたっては、すべての課税仕入れ等について、課税売上対応分、非課税売上対応分、共通対応分の3つに区分する必要があります。

　ただし、その区分の具体的な方法について法令の定めはありません。

　一般に「区分経理」と表現されることがありますが、必ずしも「経理」において区分していることが求められているわけではありません。したがって、課税仕入れ等に係る帳簿等にその区分を記入する方法の他、帳簿等とは別に一覧表等を作成する方法など、何らかの方法により、その区分が記録されていればよいものと考えられます。ただし、通常の会計処理とは別に用途区分のための一覧表を作成する作業は、事務負担が大きく作成にあたってミスを起こしやすいものです。

　いずれにしても、税務調査では、どのような方法により区分したのか確認するため、区

分の内容を説明する資料の提示が求められます。申告書の計数の基礎となった資料は、整理して保存しておく必要があります。

2 システムの構築と作業の進め方

通常、会計処理は、コンピュータを利用して行われています。総勘定元帳や決算書類は、会計ソフトに取引の仕訳及び決算振替仕訳を入力し、会計ソフトが自動計算をして出力するものです。この場合、仕訳入力が正確に行われていれば、決算書類等も適正な数値を示しているものということになります。

会計ソフトの多くは、消費税の申告に必要な計数の管理を行う機能を持ち、仕訳の際に必要な情報を入力すれば、消費税の申告の基礎となるデータが作成されます。決算書類等の作成と同様に、仕訳を行う際に情報が正しく入力されているかどうかが重要です。

事業の規模が大きいと、申告時期において、膨大な量の取引の課否判定と売上げとの対応関係を一から検証することは不可能ですから、仕訳入力の際の判断に多くの部分が委ねられるといっても過言ではありません。

企業の成長に伴って経理担当者の人数も増えれば、複数の者が分担して所掌する仕訳入力を行ったり、部門や支店においてそれぞれの判断で仕訳入力を行ったりするようになります。また、商品管理ソフトや販売ソフトから取り込んだデータが自動仕訳としてインプットされることもあります。

消費税の計算に必要な情報のインプットが仕訳の入力とともに行われるものであることを踏まえ、それが正しい判断に基づいて行われたと担保することができるシステムの整備を行わなければなりません。まず、準備段階として、次のような整備を行います。

準備段階の整備
① 想定される取引については社内共通又は部門ごとのマニュアルを準備すること
② 課否判定を行うための情報収集のため、社内での情報管理の方法を明らかにしておくこと
③ 臨時に発生する取引について、相談、裁定等をする社内システムとルールを作っておくこと
④ 判断を行う担当者への説明、研修等を行うこと

次に、基本的なシステムについて、次のような整備を行います。

基本的なシステムの整備
①　商品管理ソフトや販売ソフトからのデータ移行については、自動仕訳の指示を正しく設定すること
②　繰返し発生する同じ取引については、課否判定等をデフォルトしておくこと
③　プロジェクト名や案件名など仕入れの目的を明らかにするコードや細目等の入力項目を設けること
④　付せん機能や入力項目の追加により現場で判断に迷った取引だけをピックアップすることができる集計システムを設けること
⑤　輸入については、輸入取引だけをピックアップすることができる集計システムを設けること

そして、確認作業を行うためには、次のようなシステムを準備することも有効です。

確認作業に必要なシステムの準備
①　課否判定や用途区分が同一の取引ごとに補助科目を設定する
②　課否判定や用途区分が同一のものを集計して連月比較ができる設定をする

さらに、現実の業務にあたっては、例えば次のようなルールで作業を進めます。作業の進め方については、マニュアルに記載しておきます。

作業の進め方
①　マニュアルに表示された取引については、入力ミスがないように注意する
②　自動仕訳以外の大口取引については複数の者で協議して判断する
③　臨時に発生する取引については、ルールに従って相談等を行う
④　判断に迷った取引については、専用の集計システムにのせる
⑤　輸入については、専用の集計システムにのせる
⑥　調整対象固定資産は、別に管理しておく

ここまでの整備と作業で、自動仕訳、課否判定がデフォルトされた取引、マニュアルに記載された取引及び大口取引については処理が終わっていることになります。

最後に、次のような作業を行います。

検証と確定の作業
①　雑多な取引が計上される勘定科目について、定期的に判断を検証する
②　現場で判断できなかった取引を集計して、判定する
③　輸入取引について輸入申告書を確認して輸入の消費税額を集計する
④　大口取引、臨時に発生する取引については、その判断理由やてん末の事績を整理しておく

また、共通対応分については、合理的な基準により、これを課税売上対応分と非課税売上対応分とに区分するかどうかを検討します。

この区分は、あくまでも納税者の任意で行うものです。合理的な基準は何であるのかを

充分に検討したうえで、その基準による区分を行うためにどれほどの事務手数がかかり、どれほどの税負担の軽減があるのか等を総合的に勘案して実施します。

事務負担が大きい場合や、税負担の軽減が望めない場合には、もちろん適用する必要はありません。

しかし、事業者が、区分して確定申告をした場合には、その基準が合理的である限りは、これを取り消すことはできないものと解されています（平成23年3月1日裁決）。

計算作業は課税期間終了後に行うこととなりますが、その実施に向けての準備と検討には、早期に着手しておくべきです。

3 税理士のアドバイス

消費税の課否判定には、法令等についての正しい解釈と実務の経験が必要になります。自社に適応するマニュアルの作成や複雑な取引の判断には、税理士との連携が欠かせないものと思われます。

また、課税仕入れ等の用途区分については、事業者の目的によって個々に判断するものですが、その考え方や判断の基準、必要な証憑の整理等には、やはり消費税に精通した専門家の助けが必要になります。

税理士との相談を密にしていれば、決算期の作業に混乱を来さないよう、その事業者に適した処理方法をアドバイスしてくれるでしょう。

第7節 区分の具体例

① 個別対応方式適用の要件

Q 課税仕入れ等は、どの程度区分しておけば、個別対応方式を適用することができるのですか。

A 個別対応方式を適用するためには、課税仕入れ等の一つひとつについて、課税売上対応分、非課税売上対応分、共通対応分の３つに区分しなければなりません。

ただし、例えば、商品荷造運搬費、地代家賃、水道光熱費など、同じ取引が繰り返され、それが勘定科目ごとや補助科目ごとに整理されているものについては、その整理された科目ごとに区分することも認められます。

② 課税売上対応分の範囲と具体例

Q 課税売上対応分とは、具体的にどのようなものですか。

A 課税売上対応分とは、国内において行った課税仕入れ又は保税地域から引き取った課税貨物のうち、直接、間接を問わず、また、実際に使用する時期を問わず、その対価の額が最終的に課税資産の譲渡等のコストに入るような課税仕入れ等だけをいい、例えば次のようなものをいいます（消基通11−2−10〜14）。

- ・そのまま他に譲渡される課税資産
- ・課税資産の製造用にのみ消費し、又は使用される原材料、容器、包紙、機械及び装置、工具、器具、備品等
- ・課税資産に係る倉庫料、運送費、広告宣伝費、支払手数料又は支払加工賃等
- ・課税資産の譲渡等に係る販売促進等のために得意先等に配布される試供品、試作品等
- ・課税資産の譲渡等のみを行う工場や店舗の建設費等
- ・課税資産の譲渡等のみを行う工場や店舗の維持管理費用
- ・輸出売上げ及び国外における資産の譲渡等のための課税仕入れ等

③ 店舗で使用する備品を本社で取得した場合

Q 当社には、商品（課税資産）の販売のみを行う店舗がありますが、この店舗において使用する備品や消耗品等は、本社で一括して購入しています。これらの区分はどうなりますか。

A 本社において一括購入した備品や消耗品等であっても、課税資産のみを販売する店舗において使用するものは、課税売上対応分に区分します。

④ 非課税売上対応分がない場合の個別対応方式の適用の可否

Q 当社は、課税資産である商品の販売を行う法人であり、非課税売上げにのみ要する課税仕入れ等はありません。したがって、課税仕入れ等を3つの区分に分けることができませんから、個別対応方式を適用することができないのでしょうか。

A 消費税の非課税は極力限られた分野に設けられています。したがって、本来業務からは課税売上げが生じ、非課税売上げは預金利息のみであるというケースも少なくないと思われます。通常、預金利息を得るためにのみ要する課税仕入れ等はありません。このような場合においては、すべての課税仕入れ等の一つひとつについて区分した結果、非課税売上対応分はなく、課税資産の譲渡等にのみ要するものと、事業全体を管理するための課税仕入れ等であるため課税資産の譲渡等にのみ要すると言い切れないもの（すなわち共通対応分）との2区分となります。これは、消費税法基本通達11-2-18が禁ずる「課税仕入れ等の中から課税資産の譲渡等にのみ要するものを抽出し、それ以外のものをすべて課税資産の譲渡等とその他の資産の譲渡等に共通して要するものに該当するものとして区分すること」にはあたりません。

　区分した結果として、非課税売上対応分がなくても、個別対応方式を適用することができます。

⑤ 非課税売上げが預金利息のみである場合の区分の方法

Q 当社は課税資産である商品の販売を行う事業者であり、非課税売上げは預金利息しかありません。
　したがって、課税仕入れ等のすべてを課税売上対応の課税仕入れ等としてよろしい

243

ですか。

A 課税資産の販売のみを行う企業であっても、銀行等の金融機関の利用による預金利息の受入れがあり、わずかながらも非課税売上げが生じるものと考えられます。

預金の預入れについては、それに直接要する費用はないのが通例ですから、非課税売上対応分の課税仕入れ等は生じません。

ただし、預金利息はその事業者において生じた売上げです。例えば、経理部門や会社全体の業務を行う総務部門は、会社全体の業務に関与しており、会社全体に奉仕していますから、会社に生じるすべての収入に関係しているのであり、受取利息が生じる限り、これに関係がないとはいえません。したがって、このような部門において生じる家賃や、水道光熱費等の管理費、備品の購入費等は、共通対応分となります。

預金利息等があるかないかによって、会社に生じる管理費等の額が変動するわけではありませんが、預金利息が生じている以上、会社全体の業務を行う部門において生じる管理費等は共通対応分となります。

これを無視して、課税仕入れ等のすべてを課税売上げに対応するものとした場合には、結局、課税仕入れ等についての区分をしていないということにもなりかねません。

課税仕入れ等の区分をしていない場合には、個別対応方式によることはできませんから注意が必要です。

したがって、商品（課税資産）の仕入れと販売のみを行っており、非課税売上げは預金利息等の金融取引から生じるものしかないといった場合には、次のような考え方により区分するべきでしょう。

まず、棚卸資産の仕入れは課税売上対応分とします。

次に、商品販売に必要な物品の購入等を課税売上対応分に区分します。荷造運送費、商品の広告宣伝費、商品カタログの印刷費、商品の販売先への贈答品の費用などです。使用人に係る費用のうち営業社員など商品販売にのみ従事する者に係るものがあれば、これも区分します。

継続して要する費用や管理費用は、その属性により区分します。例えば、工場において生じる費用、店舗において生じる費用、倉庫家賃などは、そのすべてが課税売上対応分となります。

そして、個別に課税売上げに要するものとして抜き出すことができないもの、本社や総務部門において生じた管理費等は共通対応分となります。

また、棚卸資産の仕入れや店舗等で生じた費用以外については、法人全体に奉仕するものであることを基本として、共通対応分とする処理も認められるものと考えられます。

ただし、例えば、有価証券の売買手数料や債権譲渡を行う場合の弁護士費用など、非課税売上げのために要する課税仕入れ等が生じた場合には、これを区分しなければなりません。

⑥ 支店において預金管理を行っている場合

Q 当社は、小口現金の管理のために、各支店が預金口座を開設しています。
そうすると、課税資産である商品の販売のみを行う支店においても、この預金口座から生じる利息のために、管理費等のすべてが共通対応分となるのでしょうか。

A 課税資産の譲渡等のみを行う店舗等において、小口現金や売上金の保管のために預金口座を開設している例はよく見られます。

この場合、その店舗において開設している預金口座に生じる預金利息のために、店舗における管理費等のすべてが共通対応分となるのではないかとの疑問が生じるものと思われます。

しかし、店舗において行うのは商品（課税資産）の販売です。その預金口座を利用していたとしても、それは法人そのものの預金口座であり、そこに生じる預金利息は、店舗に直接帰属するものではなく、法人そのものに帰属するものと考えるべきでしょう。

したがって、店舗が開設する預金口座があっても、その預金口座を法人として管理する本社等が別にあり、店舗においては商品の販売のみを行っているのであれば、その店舗において生じる管理費は課税売上対応分と考えて問題はありません。

⑦ 社宅を併設している工場の管理費等

Q 当社は、工場において、課税資産である製品を製造しています。工場敷地内には社宅があり、社宅の管理は工場の管理部門が行いますが、社宅家賃は本社が給与事務において徴収するため、工場に非課税売上げはありません。
この工場における管理費等は、すべて課税売上対応分となりますか。

A 社宅の家賃収入が工場に帰属しないことをもって、工場において生じる管理費等のすべてを課税売上対応の課税仕入れとすることはできないものと思われます。工場においては、家賃収入が生じないとしても、家賃収入を得るための管理が行

われているため、工場において発生する管理費等のすべてが製品の製造のためにのみ要するものとはいえないからです。

　ただし、管理費等のうち、社宅に係る費用と工場に係る費用とを明確に区分することができるものについては、その区分によることができます。

　また、工場の敷地内に社宅があったとしても、その社宅を管理する専門の部署を設けている場合や、本社が直接管理しており工場の管理部門がこれに関与していない場合等には、工場において生じた管理費等は、すべて課税売上対応分に該当するものと考えられます。

⑧　課税仕入れ等の用途を変更した場合

Q 課税仕入れを行った時に予定していた使用目的を、その後変更した場合の取扱いはどうなりますか。

A 国内において行った課税仕入れについては課税仕入れを行った日の状況により、輸入については課税貨物を引き取った日の状況により、区分することとなります。

　通常、自社で販売している商品（課税資産）の仕入れは、仕入れの後に何らかの事情によって課税売上げが実現しなかったものであっても、課税売上対応分に区分して問題ありません。

　棚卸資産以外の課税仕入れ等については、仕入れの後にその用途を変更した場合には、税務調査において疑問点の指摘を受けないために、仕入れの日における用途目的を説明する資料を整理しておく必要があるでしょう。

⑨　自社製品等の被災者に対する提供

Q 自社製品等を被災者等に無償で提供した場合、消費税法上どのように取り扱われますか。

A 国税庁は、「災害に関する法人税、消費税及び源泉所得税の取扱いFAQ」において次のように回答しています。

　お尋ねの自社製品等は、被災者等に対して無償で提供されるものですので、対価を得て行われる資産の譲渡等に該当せず不課税取引となります。

　なお、課税売上割合が95％未満で仕入税額控除を個別対応方式により行う場合、自社製品等の提供のために要した課税仕入れ等の区分は、提供した自社製品等の態様に応じ、次のとおりとなります。

①　自社製造商品の提供

　　自社で製造している商品（課税資産）の材料費等の費用は、課税売上げにのみ要する課税仕入れに該当します。

②　購入した商品等の提供

イ　通常、自社で販売している商品（課税資産）の仕入れは、課税売上げにのみ要する課税仕入れに該当します。

ロ　被災者に必要とされる物品を提供するために購入したイ以外の物品（課税資産）の購入費用は、課税・非課税共通用の課税仕入れに該当します（消基通11－2－17）。

（注）自社製品等を被災者等に提供する際に支出した費用（被災地までの旅費、宿泊費等）に係る課税仕入れは課税・非課税共通用の課税仕入れに該当します。

⑩　課税売上げが僅少な店舗における課税仕入れ等

Q　当社には、本社と3つの店舗があり、課税売上割合は80％です。

・A店舗（調剤薬局であり課税売上げは1％程度）

・B店舗（調剤と医薬品の一般販売を行っており課税売上げは50％程度）

・C店舗（健康食品を販売しており課税売上げは100％）

・本社（会社全体の管理業務を行っており、売上げは生じない）

　A店舗は、調剤による非課税売上げを行うことを本来業務としていますが、必ず保険適用以外の医薬品の販売があります。このA店舗における医薬品の課税仕入れの区分は、どうなりますか。

A　医薬品の譲渡は、健康保険法等に基づく医療として行われる場合に非課税となりますから、A店舗における薬品の仕入れは課税仕入れとなります。

　A店舗は調剤薬局であり、その本来の業務は非課税売上げを行うことと考えられます。また、現実に、調剤薬品等の販売は、そのほとんどが非課税売上げとなるもの

です。しかし、課税売上げとなる保険適用外による販売も確実に発生するのであり、その医薬品を仕入れた時点においては、課税売上げのために使用されるか非課税売上げのために使用されるかは分からないものと思われます。したがって、A店舗における医薬品の課税仕入れは、共通対応分に区分されます（平成18年2月28日裁決）。

この場合、A店舗においては、課税売上高が店舗全体の売上高の1％程度しか発生しないにもかかわらず、法人全体の課税売上割合によってその課税仕入れ等の税額の80％を控除することができ、事業の実態を反映しているとはいえません。しかし、このことをもって不合理であると考える必要はありません。課税売上割合は一の事業者ごとにその全部の売上げにより計算するものとされており、共通対応分の税額は課税売上割合によって控除する部分の金額を計算することとされているのですから、課税売上げが1％程度しか発生しない場合の課税仕入れであっても、法人全体の課税売上割合によってその80％を控除することができることは当然の結果です。

貴社においては、A店舗、B店舗及び本社において生じる課税仕入れ等は共通対応分に、C店舗において生じる課税仕入れ等は課税売上対応分に、それぞれ区分することを原則とし、非課税売上げにのみ要する課税仕入れ等が発生した場合にはそれを個別に抽出して区分する方法が認められます。

また、A店舗、B店舗及び本社において生じる課税仕入れ等のうち、課税資産の譲渡等のためにのみ要するものとして個別に区分することができるものは、課税売上対応分となります。

⑪　部門別計算により預金利息を配賦している場合

Q 当社は、課税売上げだけが生じる倉庫業及び運送業、課税売上げと非課税売上げが生じる不動産賃貸業を営む法人です。財務諸表の作成にあたっては、部門別計算を行っており、本社部門においては預金利息と本社経費が発生しますが、これらはすべて、各部門の売上高を基準として各部門に配賦します。

そうすると、いずれの部門にも預金利息が配賦されますから、結局、会社に生じる課税仕入れ等のすべてが共通対応分となるのでしょうか。

A 貴社においては、各部門の売上高を基準として、本社において生じた預金利息が各部門に配賦され、いずれの部門においても、預金利息が計上されます。しかし、部門別計算によって配賦された預金利息を各部門の売上げと認識する必要はありません。

したがって、部門別計算の結果において非課税売上高が計上されていたとしても、

そのような計算結果にかかわらず、現実に、倉庫部門及び運送部門において課税売上げが生じる業務のみを行っていると確認されたのであれば、これらの部門において生じる課税仕入れ等は、課税売上対応分に区分することになります。

⑫ 共通対応分の課税仕入れ等を予定配賦率によって区分することの可否

Q 当社は課税資産の譲渡等のみを行う部門と非課税資産の譲渡等のみを行う部門とがあります。共通部門において生じる費用は、事業計画に従って策定した予定配賦率により配賦計算を行う部門別計算を実施しています。

それぞれの部門に配賦した課税仕入れ等の金額は、合理的な区分によるものとして、個別対応方式を適用してよろしいですか。

A 各事業部門において個別に生じた課税仕入れ等は、その部門において行っている事業の種類に従って部門ごとに区分することには問題がありません。

共通部門等において生じた費用は、原則として共通対応分となりますが、合理的な基準により課税売上対応分と非課税売上対応分とに区分することができます（消基通11−2−19）。

ただし、この場合の合理的な基準とは、「生産実績その他の合理的な基準」とされており、予定配賦率による区分は認められないものと考えられます。

生産実績等は、課税期間が終了した後でなければ判明しないため、この合理的な基準による区分は、申告期限までに行えばよいということになります。

⑬ 共通対応分の課税仕入れ等を売上高の比による配賦計算で区分することの可否

Q 当社は、製品の製造部門、販売部門、不動産投資部門、本社総務部門から組織されています。製造部門で製造する製品はすべて課税資産であり、販売部門はこの製品の販売のみを行っています。また、不動産投資部門では土地の貸付けの管理のみを行っています。

当期に生じた売上げは、製品の売上げ、土地の賃貸料、預金利息です。

当社は、部門別計算を実施しており、各部門おいて生じた管理費用は直接その部門の経費とし、本社総務部門において生じた費用は各部門の売上高の比を基準に配賦しています。この部門別計算に基づいて、すべての課税仕入れを課税売上対応分と非課税売上対応分とに区分してよろしいですか。

A 各部門において生じた管理費用については、原則として、その部門が担っている売上げに対応するものですから、課税資産の製造と販売のみを行っている製造部門及び販売部門においては、課税売上対応分とし、土地の貸付けの管理のみを行っている不動産投資部門においては、非課税売上対応分とすることになります。

本社総務部門において生じた管理費用は、共通対応分となります。この課税仕入れ等を各部門の売上高の比によって配賦しているとのことですが、仮にその売上高の比が、共通対応の課税仕入れ等を課税売上対応分と非課税売上対応分と区分する合理的な基準と認められるものであれば、部門別計算の結果により個別対応方式を適用することができます。

ただし、合理的な基準により区分することができるものについては、消費税法基本通達11-2-19において「例えば、原材料、包装材料、倉庫料、電力料等のように生産実績その他の合理的な基準により課税資産の譲渡等にのみ要するものとその他の資産の譲渡等にのみ要するものとに区分することが可能なもの」とされており、事業全体の管理に係る費用を各部門において発生した売上高の比によって区分することは、にわかに合理的な基準による区分であると判断することは難しいと考えられます。

⑭　本店の中に商品販売を行う営業部がある場合の家賃の区分

Q 当社は、ビルの1フロアを賃借して月額80万円の家賃を支払い、本社として使用しています。本社には、本店営業部と総務部があり、簡易な壁で区切られています。本店営業部は、商品の販売のみを行っていますが、家賃のすべてが共通対応の課税仕入れ等となるのでしょうか。

A 本店として使用するため賃借しているビルの1フロアの家賃は、共通対応分となります。

ただし、共通対応分の課税仕入れ等は、生産実績等の合理的な基準により、課税売上対応分と非課税売上対応分とに区分することができるものとされています（消基通11-2-19）。また、通達には直接示されていませんが、共通対応分につき、合理的な基準により、課税売上対応分と共通対応分とに区分することも認められものと考えられます。

貴社が支払う家賃は、賃借した建物1フロアの全体に係るものであり、共通対応分に該当しますが、商品の販売のみを行うために本店営業部が置かれ、本店営業部として使用している部分が明確に区切られているとのことですので、家賃80万円のうち、

本店営業部として使用している部分に見合う金額は課税売上対応分に、それ以外の部分は共通対応分に合理的に区分できるものと考えられます。

⑮ 共通対応分の課税仕入れ等が多額である場合

Q 共通対応分の課税仕入れ等の金額が多額である場合、これを合理的な基準により、課税売上対応分と非課税売上対応分とに区分しなければならないのでしょうか。

A 個別対応方式を適用するためには、課税仕入れ等を①課税売上対応分、②非課税売上対応分、③共通対応分の３つに区分していればよく、共通対応分の課税仕入れ等に係る生産実績等による合理的な区分は、事業者の任意で行うものです。

したがって、合理的な基準は何であるのかを充分に検討したうえで、その基準による区分を行うためにどれほどの事務手数がかかり、どれほどの税負担の軽減があるのか等を総合的に勘案して実施する必要があります。

事務負担が大きい場合や、税負担の軽減が望めない場合には、もちろん適用する必要はありません。

課税仕入れ等の金額が多額であっても、それが、課税売上げにのみ必要とも、非課税売上げにのみ必要とも言い切れないものであれば、共通対応分に区分しておくことは、何ら問題がありません。

しかし、事業者が区分して確定申告をした場合には、その基準が合理的である限りは、これを取り消すことはできないものと解されています（平成23年３月１日裁決）。

⑯ 売掛金の支払遅延損害金が発生した場合

Q 当社は、商品（課税資産）の掛売りに当たり、その契約において、売掛金の支払がその期日を過ぎて行われた場合には、年利５％の支払遅延損害金を徴収することとしています。

この支払遅延損害金は非課税売上げに該当するものと思われますが、そうすると、この商品の課税仕入れは、共通対応分になるのでしょうか。

A 売掛金の支払遅延により生じる遅延損害金の額は、非課税売上高に算入することとなります。

この非課税売上げは、商品販売とは別の新たな取引によって生じたものと考えられます。すなわち、商品販売によって一つの資産の譲渡等は完了し、その後、支払遅延という新たな事実によって支払遅延損害金が生じたものです。

　商品の仕入れは、これを販売することが目的ですから、その後、支払遅延損害金が生じたかどうかにかかわらず、課税売上対応分に区分されます。非課税売上げである支払遅延損害金の請求等について生じた費用は、非課税売上対応分に区分します。

⑰　課税資産の販売につき割賦手数料を受領する場合

Q　当社は、課税資産の割賦販売を行っており、割賦販売に際しては、一定の割賦手数料を必ず申し受けます。

　この割賦手数料は、非課税売上げとして処理していますが、この割賦販売に係る商品の課税仕入れは、共通対応分になるのでしょうか。

A　商品の割賦販売に際して受領する割賦手数料は、非課税売上高となります。

　割賦手数料は、割賦販売に際して必ず生じるものですが、商品の売上げの一部が非課税に該当するということではありません。商品の販売はあくまでそのすべてが課税取引であり、それとは別に、その対価の支払期日を繰り延べるために支払われる利子が非課税に該当するものです。

　商品の仕入れは、商品の販売にのみ対応し、支払期日を繰り延べることとは直接関係していませんから、課税売上対応分に区分されます。非課税売上げである割賦手数料の請求等について生じた費用は、非課税売上対応分に区分します。

⑱　サンプル品の仕入れ、廃棄した商品の仕入れ

Q　次の課税仕入れは、仕入税額控除の対象となりますか。
①　顧客に無料で配布するサンプル品の課税仕入れ
②　顧客が一定量を買い上げるごとに無料で進呈するサービス品の課税仕入れ
③　販売できずに廃棄した商品の仕入れ

A　課税資産の仕入れは、それがサンプルやサービス品として無償で他に進呈するものであっても、課税仕入れとなります。

　サンプル品の提供や一定量を買い上げるごとに無料でサービス品を進呈する行為

は、その課税資産の販売促進のために行うものであることから、その課税仕入れは、課税売上対応分に該当します（消基通11−2−14）。

また、販売する目的で行う課税資産の仕入れは、結果的に販売することができず廃棄した場合であっても、課税対応分であり、廃棄した事実をもってその区分を変更する必要はありません。

⑲ 課税資産の製造原価

Q 当社は、課税資産である製品の製造メーカーです。
製品の製造原価となる課税仕入れの区分はどうなりますか。

A 製造原価は、材料費、外注費、賃金、水道光熱費、製造機械等の減価償却費その他その製品の製造に要した費用を集計して計算されます。

その費用は、課税資産である製品を製造するためのものですから、製造原価のうち、課税仕入れ等に該当するものは、原則として、課税売上対応分となります。

ただし、例えば、会社全体として生じる水道光熱費について、原価と一般管理費に振り分けて原価計算に組み込んでいる場合等には、その振り分けの基準が、共通対応分の課税仕入れ等である費用を区分する合理的な基準であるかどうかを確認しておく必要があります。

また、その課税期間において製品が完成したかどうか、販売されたかどうかは、用途区分の判断に影響しません。仕掛中や未使用の材料等であっても、その課税仕入れ等を行った日の状況により判断します（消基通11−2−10、11−2−20）。

⑳ 基礎研究費の区分

Q 当社は、課税資産である製品の製造メーカーです。
当社では、新製品の開発を行う部門と継続して基礎研究を行う部門とが分離しています。

新製品の開発に係る課税仕入れ等は、課税売上対応分に区分し、基礎研究部門において生じる課税仕入れ等は、具体的な製品の製作に係るものではありませんから、共通対応分としています。

すべて課税売上対応分とすることはできないのでしょうか。

A 基礎研究は、製品の製造に直接つながるものではないようですが、貴社において製造する製品はすべて課税資産ですから、基礎研究は、課税資産である製品を開発するために行っているものと考えられます。

　したがって、基礎研究に係る費用のうち課税仕入れ等に該当するものは、課税売上対応分となります。

㉑　研究が失敗した場合の研究開発費

Q 当社は、自社製品（課税資産）の研究開発を行っています。

　研究開発が成功した場合は、その研究開発に要した課税仕入れ等は、課税売上対応分になると考えていますが、研究が失敗した場合の研究費は、会社全体に係るものとして共通対応分になるのでしょうか。

A 自社製品（課税資産）の開発を行ううえで生じる課税仕入れ等は、課税売上対応分となります。

　研究が失敗した場合には、その研究費に対応する製品の売上げはありません。しかし、その研究は、課税資産の譲渡等を行うためのものであり、会社の総務部門において生じる管理費等のように、会社全体の管理等のために生じる費用ではありません。その研究が課税資産の開発のみを目的とするものであれば、それが新製品の誕生に直接つながったかどうかにかかわりなく、課税売上対応分に区分すべきものと考えられます。したがって、課税資産の研究開発に係る課税仕入れ等は、それが生じた課税期間において、課税売上対応分とし、たとえ失敗に終わったプロジェクトに係るものであっても、その判定を見直す必要はありません。

㉒　水道光熱費等の区分

Q 製品（課税資産）を製造する工場、販売店舗、本社において生じる水道光熱費、電話料金等の諸経費はどのように区分するのでしょうか。

A 水道光熱費や電話料金などは、月ごとの使用量等に応じて請求を受けるものであり特定の目的ごとに支出する費用ではありませんから、それが生じた事業場全体に係る費用としてその区分を判定します。

　ご質問の場合には、工場で製造する製品が課税資産のみであるため、工場及びその

製品を販売する店舗において生じる水道光熱費や電話料金等の諸経費は、課税売上対応分に区分します。

　本社において生じる水道光熱費は、会社全体の管理のための費用と考えられるため、共通対応分となります。

　なお、本社の中に、商品販売のみに関与する部門があり、回線やメーター等でその部門に係る料金が把握できる場合には、その料金については、課税売上対応分の支払対価とすることができます。

㉓　交際費の区分

Q 当社は、接待交際費について、次のような内容を確認しています。
これらの課税仕入れ等の区分はどうなりますか。
① 商品（課税資産）の販売先に贈与する中元、歳暮費用
② 顧問税理士、顧問弁護士に対する中元、歳暮費用
③ 取引先銀行の店舗開設に際しての祝用花輪代
④ 取締役の誕生日祝品の購入費
⑤ 取締役が商品（課税資産）の販売先に対して飲食接待を行った際の飲食費用

A 交際費は、水道光熱費や通信費等とは違って、その支出ごとに目的や内容が異なるものです。したがって、その支出の目的や相手方との取引の内容に応じて、個別に区分することができます。

　①の商品（課税資産）の販売先に贈与する中元、歳暮は、商品販売のための課税仕入れですから、課税売上対応分となります。

　これについて、贈与する資産の購入費用であることをもって、共通対応分になるのかと考える必要はありません。商品の販売先への中元歳暮は、その資産を贈与することを目的としているわけではなく、より多くの商品を販売するための費用です。

　②の顧問税理士、顧問弁護士に対する中元、歳暮は、会社全体の業務に係るものと思われ、共通対応分となります。

　③の取引先銀行の店舗開設に際しての祝用花輪代は、非課税売上げである預金利息に対応する費用と考えるのは適当ではありません。銀行とのつきあいは、会社全体の資金管理に寄与するものですから、共通対応分となります。

　④⑤について、取締役は、会社の事業全体を統括し、その意思決定を行う機関です。その取締役に対する誕生日の祝い品の購入費用は、共通対応分となります。

　また、取締役が取引先と飲食を行った際の飲食費用も、原則として共通対応分とな

ります。ただし、営業部門を統括する取締役が商品の販売促進のために行う接待など、課税売上げのために要したことが明確であるものを特定することができる場合には、その特定の費用を抜き出して課税売上対応分に区分することができるものと考えられます。

㉔　広告宣伝費の区分

Q 当社は、次の費用を広告宣伝費に計上しています。課税仕入れの区分はどうなりますか。

① 取引先に配付する商品名を印刷したクオカードの印刷費用
② 取引先に配付する会社名を印刷したクオカードの印刷費用
③ 企業イメージをアップする目的で行う新聞広告の費用
④ 会社案内パンフレットの作成費用
⑤ 商品（輸出用）カタログの印刷費用
⑥ ホームページの維持管理費用
⑦ カレンダーの印刷費
⑧ 土地の売却のための広告
⑨ 土地付建物の売却のための広告
⑩ 事務所ビル及びマンションの賃貸広告

A ②取引先に配布する会社名を印刷したクオカードの印刷費用、③企業イメージをアップする目的で行う新聞広告の費用、④会社案内パンフレットの作成費用、⑦カレンダーの印刷費は、会社全体に係るものとして共通対応分となります。カレンダーが課税商品の販売先にだけ配付するものである場合には課税売上対応分となります。

　①取引先に配布した商品名を印刷したクオカードの印刷費用は、その商品が課税資産であれば課税売上対応分に、非課税資産であれば非課税売上対応分に、課税資産と非課税資産の両方が掲載されている場合には共通対応分に区分します。

　⑤商品カタログの印刷費は、掲載する商品が国内において販売するものであれば、上記①のクオカードの商品名の印刷費用と同じになりますが、ご質問の場合は、輸出用ということですので、非課税資産の輸出取引等の取扱いがありますから、その商品が非課税資産であっても、課税売上対応分となります。

　⑥ホームページの維持管理費用は、原則として、共通対応分となります。このホームページが、課税取引となる商品の販売のみを目的とするもので、例えば、商品カタ

ログと同程度のものである場合には課税売上対応分となりますが、そのようなことは稀であり、多くの場合、企業の紹介等を兼ねていますから、共通対応分となります。なお、ホームページに係る費用が商品販売専用のページとその他のページに具体的に区分されている場合には、その区分に従って判定することができます。

⑧土地の売却のための広告費用は、非課税売上対応分となります。

⑨土地付建物の売却のための広告費用は、共通対応分となります。

⑩については、事務所ビルの賃貸広告費用は課税売上対応分に、マンションの賃貸広告費用は非課税売上対応分になります。

㉕ 販売店に贈与する広告宣伝用資産の取得

Q 当社の商品名を表示した看板を購入し、販売店に贈与しました。この看板に係る課税仕入れの区分はどうなりますか。

また、販売店に看板購入のための助成金を交付した場合はどうなりますか。

当社の商品はすべて課税資産です。

A 貴社における看板の購入は、課税仕入れに該当します。また、販売店への贈与は、貴社の商品の宣伝広告を行うためにするものですから、その宣伝広告の目的となっている商品が課税資産である場合には、その看板の課税仕入れは、課税売上対応分となります。

なお、資産の贈与が負担付贈与に該当する場合には、その贈与はその負担の額を対価とする資産の譲渡等となります。しかし、広告宣伝用資産の贈与は、受贈者が広告宣伝等の債務を負うものではないため、負担付き贈与には該当しません。広告宣伝用資産の贈与について課税売上げを認識する必要はありません。

また、看板を贈与する代わりに、その購入のための助成金を交付する場合もあるようですが、これは、助成金という名目であっても、貴社の商品名を表示する看板を購入することが要件となっているため、貴社においては、商品の広告宣伝を行わせるための対価であり、看板を購入して贈与する場合と同様に、課税売上対応分の課税仕入れ等となります。

広告宣伝用資産の贈与があった場合の消費税における課否判定及び法人税の取扱いは次のとおりです（消基通5-1-5、法令14①二、四、法基通4-2-1、8-1-8）。

区　分			消費税	法人税	
広告宣伝用資産（現物）の贈与	贈与者	現物の取得	課税仕入れ	繰延資産に計上（20万円未満は損金経理を要件に損金算入）	
		現物の贈与	不課税		
	受贈者	現物の受領	不課税	専ら贈与者の広告宣伝の用に供する看板等	受贈益無し
				受贈者の便益に供する自動車等	受贈益計上※資産計上
広告宣伝用資産を取得する金銭の贈与（負担付贈与に該当）	贈与者	金銭の交付	課税仕入れ	繰延資産に計上（20万円未満は損金経理を要件に損金算入）	
	受贈者	金銭の受領	課税売上げ	専ら贈与者の広告宣伝の用に供する看板等	受贈益無し
		現物の取得	課税仕入れ	受贈者の便益に供する自動車等	受贈益計上※資産計上

※　受贈益の額＝（贈与者の取得価格×$\frac{2}{3}$－受贈者の支出金額）
　　ただし、30万円以下の場合には受贈益の額はないものとする。

㉖　美術館に寄附した絵画の購入

Q　このたび、市の美術館に寄贈するため、絵画を購入しました。絵画は、美術館において、当社が寄贈したことを明示して展示することとなっており、これ以外に条件はありません。この絵画に係る課税仕入れの区分はどうなりますか。

A　個人事業者においては、それが事業として仕入れたものでなければ課税仕入れになりませんが、法人においては、すべての行為が事業として行われるものであるため、たとえ、本来の業務の用に供されるものでなく、他に贈与する目的で購入した場合であっても課税仕入れになります。

　この絵画の贈与について、貴社が寄贈したことを明示して展示する条件が付されているところからすると、会社そのもののイメージアップを目的とした宣伝広告のための課税仕入れと見ることができ、共通対応分に区分すべきものと考えられます。

　また、そのような宣伝広告を目的としていない場合であっても、贈与するための資産の購入は、課税資産の譲渡等にのみ要するものにもその他の資産の譲渡等に要するものにも該当しないため、共通対応分となります（消基通11－2－17）。

㉗　株主総会の費用

> **Q** 株主総会を開催するための会場使用料や資料の印刷費用等は、仕入税額控除の対象となりますか。
>
> ---
>
> **A** 株主総会を開催するための会場使用料や資料の印刷費用は課税仕入れに該当します。
>
> 　また、課税資産の譲渡等のみを本業として行う法人であっても、株主総会の開催に係る費用は、本業の課税売上げのみに直接要するものとはいえないため、共通対応分に区分します。

㉘　福利厚生費の区分

> **Q** 当社は、福利厚生費について、次のような内容を確認しています。
> これらの課税仕入れ等の区分はどうなりますか。
> ①　使用人に低料金で使用させるレジャー施設の会費
> ②　使用人に無料で利用させる保養所の賃借料
> ③　使用人の誕生日祝品の購入費用
> ④　従業員親睦飲食会の助成金
> ⑤　従業員親睦会の景品購入費
>
> ---
>
> **A** ①の使用人に低料金で使用させるレジャー施設の会費は、使用人から受け取る料金が課税売上げになるため、課税売上対応分になります。
>
> 　②の使用人に無料で利用させる保養所の賃借料は、会社全体に関係する費用であり、共通対応分になります。
>
> 　③の使用人の誕生日祝品の購入費用は、原則として共通対応分ですが、その使用人が所属する部署が、課税売上げだけを生じるものである場合には課税売上対応分に、非課税売上げだけを生じるものである場合には非課税売上対応分になります。
>
> 　④の従業員親睦飲食会の助成金の交付は、課税仕入れではありません。
>
> 　⑤の従業員親睦会の景品購入費は、会社が直接その景品を購入した場合には課税仕入れになります。その課税仕入れ等の区分は、原則として共通対応分になりますが、その親睦会が会社全体として行われるのではなく、部署ごとに行われる場合には、課税売上げだけを生じる部署の親睦会である場合には課税売上対応分に、非課税売上げだけを生じる部署の親睦会である場合には非課税売上対応分になります。

㉙　通勤手当の区分

Q 課税仕入れとなる通勤手当は、いずれに区分すればよろしいですか。

A 通勤手当のうち、その通勤に通常必要と認められる部分の金額は、課税仕入れの支払対価に該当します。

　この通勤手当に係る課税仕入れは、支給を受ける使用人等の所属により区分するのが妥当と考えられます。すなわち、課税資産である製品の製造や課税資産である商品の販売を担当する使用人等に支給する通勤手当は課税売上対応分に、本社や総務部門、人事部門、財務部門等会社全体に係る業務を担当する使用人等に支給する通勤手当は共通対応分に区分します。

㉚　会社が負担する社員の食事代金

Q 当社は他の事業者が経営する食堂を社員食堂として利用していますが、ここでの社員の昼食代金については、社員利用券と引換えに通常の代金より100円割り引くこととし、その割引による100円の部分については、社員利用券の利用枚数に基づいて計算した金額を福利厚生費として食堂に支払っています。このような場合、当社が福利厚生費として食堂に対して支払う社員の食事代金は仕入税額控除の対象となりますか。

　また、その場合、個別対応方式の適用上、いずれの区分の課税仕入れに該当するのですか。

A この質問に対して国税庁の質疑応答事例は、次のように回答しています。

> 　質問のような場合には、食堂が会社から受け取る100円の部分は食事の提供の対価の一部で、課税の対象となり、会社が社員の食事の100円分を他の事業者（食堂）から仕入れて社員に支給している形態であるということができますから、その部分について会社は課税仕入れを行ったこととなります。
>
> 　なお、個別対応方式により仕入控除税額を計算するときは、その課税仕入れは原則として課税資産の譲渡等とその他の資産の譲渡等に共通して要するものとなります。

　また、インボイスQ＆A問94－4（社員食堂での会社負担分に係る仕入税額控除）

では、たとえば、従業員が1,000円分の喫食について、その 7 割（700円）を従業員から徴収し、会社が差額300円を負担して食堂に支払う場合は、事業者が実際に負担した部分の金額のみが課税仕入れの対象となることから、喫食に係る代金の全額が記載されているインボイスを保存していたとしても、現実に負担した300円を基礎として、仕入税額控除の適用を受けることとなる旨が示されています。

㉛　社宅の保証金から差し引かれた原状回復費用

Q　次の社宅に関する費用は仕入税額控除の対象となりますか。
⑴　社宅として借り受けた建物の賃借料
⑵　警備会社に支払った社宅建物の警備料
⑶　賃貸借契約が終了し、保証金から差し引かれた建物の原状回復費用

A　⑴　**社宅として借り受けた建物の賃借料**
　住宅の貸付けに係る非課税は、その契約又は状況によって判断します。
　たとえ法人が賃借人となって契約する場合であっても、居住の用に供することを前提とした貸付けは、住宅の貸付けに該当し非課税となります。したがって、貴社が支払う借上げ家賃は、仕入税額控除の対象となりません。

⑵　**社宅建物の警備料**
　警備会社へ支払う警備料は、住宅の貸付けの対価ではないので、課税仕入れに係る支払対価となります。
　この警備料に係る課税仕入れの区分は、社宅を利用する使用人から家賃を徴収している場合には、住宅の貸付けという非課税売上げのために要するものとなることから、非課税売上対応分に区分します。使用人から徴収する家賃が低額であったとしても、判定は変わりません。
　使用人から家賃を徴収せず、無償で貸与している場合には、原則として、共通対応分となります。ただし、この社宅が、課税商品のみを販売する営業部門専用の社宅、課税製品のみを製造する工場の寮など、課税資産の譲渡等にのみ携わる使用人だけが利用するものである場合には、その警備料は課税売上対応分に区分することとなります。

⑶　**保証金から差し引かれた原状回復費用**
　建物の賃貸借契約の終了又は解除に伴って賃借人が退去する場合の原状回復は、本来、賃借人が行うべきものです。ただし、建物の賃貸人がこれを行い、その費用相当額を返還する保証金から差し引くこととしている例は、よく見られます。

これは、賃借人が行うべき原状回復に係る工事を賃借人が行うという役務の提供に対する対価ですから、家賃の一部とみることはできません。

したがって、その建物の賃貸が住宅の貸付けに該当し非課税となるものであっても、退去に伴う原状回復費用は課税仕入れに係る支払対価となります。

これは、社宅の貸付けに伴う一連の取引に係るものですから、家賃を徴収している場合には、非課税売上対応分に該当するものと考えられます。

㉜ 工場に常駐する役員に係る経費

Q 当社の常務取締役以下の役員には、必ず統括する担当部署があります。商品（課税資産）を製造する工場を担当し、その工場に常駐している役員に係る費用（役員専用車両の維持費等）は、課税売上対応分に区分して問題ありませんか。

A 取締役は、会社の取締役会の構成員として、会社の業務執行に関する意思決定や監督を行う機関です。たとえ、工場に常駐していても、取締役会に参加して会社全体の経営に携わることが本来の職務といえます。したがって、この取締役に係る専用車両の維持費等は、共通対応分となります。

ただし、取締役が常駐するからといって、工場全体の管理費を共通対応分とする必要はないものと思われます。工場が行うのはあくまで課税資産の製造ですから、工場においては、通常の管理費等は課税売上対応分とし、特に取締役としての本来の職務執行に関係するものがあればその部分を抜き出して共通対応分とするのが妥当な処理であると考えられます。

㉝ 株の売買に伴う課税仕入れ

Q 投資目的で株式の売買を行い、これについて委託売買手数料等を支払っていますが、個別対応方式により仕入控除税額を計算する場合、これらの支出は非課税売上げにのみ要する課税仕入れの支払対価として仕入税額控除の対象とならないことになるのでしょうか。

A この質問に対して国税庁の質疑応答事例は、次のように回答しています。

株式の売買に伴う課税仕入れに係る支払対価としては、委託売買手数料、投資

顧問料、保護預り料があり、個別対応方式により仕入控除税額を計算する場合におけるこれらの支払対価は次のように、いずれも、非課税売上げにのみ要する課税仕入れとして取り扱います。

1　株式を売却する際の委託売買手数料は、株式の譲渡のための費用ですから、非課税売上げにのみ要する課税仕入れの支払対価に該当し、個別対応方式により仕入控除税額を計算する場合は仕入税額控除の対象にはなりません。

一方、購入した株式については、それを売却するまでの間に配当金を収受することもありますが、株式を購入する際の委託売買手数料は、配当金を得るための支払対価というよりも、後日における売却のための取得に要する支払対価と認められますから（所得税、法人税においても配当金収入のための必要経費又は損金としては取り扱われてはいません。）、非課税売上げにのみ要する課税仕入れに係る支払対価に該当することとなります。

2　株式の売買に当たって、投資顧問業者から売買に関して、専門的な助言を得る場合があり、このような助言に対して投資顧問業者に支払う投資顧問料も、委託売買手数料と同様に非課税売上げにのみ要する課税仕入れの支払対価となります。

3　株式の保護預り料は、後日の売却のための支出ですから、非課税売上げにのみ要する課税仕入れの支払対価となります。

㉞　土地及び建物を一括譲渡するための仲介手数料

Q　当社は、土地及び建物を一括譲渡するにあたり、媒介業者に仲介手数料を支払いました。この区分はどうなりますか。

A　土地建物を一括で売却するための仲介手数料は、共通対応分となります。

ただし、合理的な基準により、課税売上対応分と非課税売上対応分とに区分することもできます（消基通11－2－19）。

仲介手数料の額は、譲渡対価の額を基礎として算出されるため、この場合の合理的な基準は、土地及び建物の譲渡対価の比であると考えられます。

なお、一括取引に係る土地及び建物の対価の額の区分は、契約において明らかにされているなど合理的な区分が行われている場合にはそれにより、合理的な区分が行われていない場合には土地及び建物の時価の比により区分することとされています（消令45③）。

建物の建設に係る課税仕入れ等の区分はどうなりますか。

A 建物の建設に係る課税仕入れ等は、その建物の使用の目的に応じて区分します。

① 自社で使用する場合

　課税資産の製造のみを行う工場や、課税資産の販売のみを行う店舗として使用する場合は、課税売上対応分となります。

　非課税資産の譲渡等のみを行う事業場として使用する場合は、非課税売上対応分となります。

　また、建物を会社の事業全体を統括する本社として使用する場合は、共通対応分です。いずれの事業者においても、預金利息の受入れ等があり、純粋に課税資産の譲渡等のみを行っている事業者が存在するとは考えにくいからです。ただし、建物全体としては共通対応となるものであっても、例えば、1階は営業店舗が使用し、2階は本社が使用しているなど、フロアごと、各室ごとにその構造や仕様に照らして使用の目的が明確に区分されているような場合は、その用途に応じて建築費用を合理的に区分することができると考えられます。

② 社宅として使用する場合

　使用料を徴収する社宅や従業員寮は、高額特定資産等である場合は、居住用賃貸建物に該当します。高額特定資産等でない場合は、非課税売上対応分に区分されます。

　居住用賃貸建物については、「第10章第3節　居住用賃貸建物の課税仕入れ等」を参照してください。

　従業員から使用料を徴収せず、無償で貸し付けることがその取得の時点で客観的に明らかな社宅や従業員寮は、居住用賃貸建物に該当しません。その建設のための課税仕入れ等は、原則として共通対応分に区分します。

③ 賃貸する場合

　住宅として賃貸する場合には、高額特定資産等は居住用賃貸建物に該当し、仕入税額控除の対象になりません。

　住宅の貸付けと住宅以外の貸付けの両方がある場合には、原則として建物全体が居住用賃貸建物に該当し、仕入税額控除の対象となりませんが、住宅の貸付けの用に供さないことが明らかな部分については、その部分を区分して仕入税額控除の対象とすることができます。

　住宅として賃貸する場合で高額特定資産等でないときは、非課税売上対応分に区分します。

事務所や店舗として賃貸する場合は、課税売上対応分とします。

④ 売却する場合

売却する建物の建設費は、建物のみを譲渡する場合も土地とともに一括譲渡する場合も、課税売上対応分となります。

また、例えば、賃貸マンションや社会福祉施設など、譲渡を受けた者が非課税資産の譲渡等の用に供するものであっても、建物を建設する事業者においては、課税売上対応分に区分します。

建物の建設に係る課税仕入れ等		区分
自社で使用する場合	課税売上げ業務のみを行う事業場である場合	課税用
	非課税売上げ業務のみを行う事業場である場合	非課税用
	課税・非課税売上げの両方の業務を行う事業場である場合	共通用（※1）
社宅として使用する場合	社宅家賃を徴収する場合	非課税用（※2）
	無償で貸与する場合	共通用
賃貸する場合	事務所ビル（住宅の貸付けの用に供さない）	課税用
	マンション（住宅の貸付けの用に供する）	非課税用（※3）
譲渡する場合		課税用

※1 合理的な基準により、区分することもできます（消基通11－2－19）。
※2 高額特定資産等である場合は、居住用賃貸建物に該当します（消法30⑩）。
※3 高額特定資産である場合は、居住用賃貸建物に該当します（消法30⑩）。住宅の貸付けの用に供しない部分を合理的に区分して、仕入税額控除の対象とすることができます（消令50の2①）。

㊱ 建物の購入

Q 建物の購入に係る課税仕入れ等の区分はどうなりますか。

A 建物の購入に係る課税仕入れ等の用途区分は、原則として、建物を建設する場合と同様に判定します。ただし、次の点に注意が必要です。

譲渡する目的で購入した場合において、中古マンションなど譲渡するまでに住宅の貸付けを伴うときは、高額特定資産等であれば居住用賃貸建物に該当し、高額特定資産等でなければ共通対応分に区分することになります。

また、土地建物を一括取得して転売する場合の建物に係る課税仕入れ等は課税売上対応分となりますが、その建物を取り壊して更地を譲渡する場合は非課税売上対応分

となります。新たに建物を建築して土地と一括して譲渡する場合は、取り壊す建物は共通対応分となり、新たに建築して譲渡する建物は課税売上対応分となります。

㊲　土地の取得価額に算入した造成費用及び取り壊した建物の購入費用

Q 当社は、営業店舗を建設するため、土地を取得しました。この土地には建物が建っており、取得の直後に取壊しましたが、売り主の希望により、建物にも1,000万円の値段をつけて買い取りました。

この建物の買取価額、その取壊し費用、取壊し後の土地の造成費用、土地及び建物に係る未経過期間の固定資産税の精算金は、土地の買取価額に含めて土地勘定に計上しています。

消費税の取扱いはどうなりますか。

A 土地を取得する目的で1年以内に取り壊す予定で取得した建物の取得に係る費用や土地の造成費用は、法人税法上、土地の取得費に含まれることになります（法基通7－3－6）。これにより、貴社においては、一時の損金としないで土地勘定に算入したものと思われます。

消費税においては、次のとおり取り扱います。

まず、建物を買い取る取引、その取壊しや土地の造成といった役務の提供を受ける取引は、課税仕入れに該当します。

また、未経過期間分の固定資産税の精算金は、貴社に課せられた租税ではなく、売買代金の一部を構成するものですから、建物に係るものは課税仕入れに該当し、土地に係るものは課税仕入れに該当しません（消基通10－1－6）。

次に、これらの課税仕入れの用途区分ですが、土地の取得のために生じたものであっても、土地の購入という取引に対応するとは考えません。これらの課税仕入れの区分は、その課税仕入れを行った時の土地の使用の目的に応じて判断します。

ご質問の場合は、営業店舗の建設を予定しているとのことですので、その店舗において販売する商品が課税資産のみであれば、これらの課税仕入れ等は、課税売上対応分となります。

なお、その他の用途に使用する場合は前問の建物等の建設に係る課税仕入れ等に準じて判断を行います。ただし、その建物を取り壊した後、新たな建物を建築して土地とともに一括譲渡する場合には、取り壊した建物の取得や取壊しに係る課税仕入れは共通対応分となり、譲渡する建物の建築費に係る課税仕入れ等は課税売上対応分となります。

また、建物を取り壊し、更地として譲渡する場合には、土地の譲渡に要するものとなるため、非課税売上対応分に区分します。

㊳　耐震補強工事の費用

Q 当社の建物が所在する地域の地震発生の予測値が上方修正されたことを受け、耐震補強工事を行うことにしました。この工事費用は、災害に備えてその被害の軽減を目指して行うものですから、売上げとの直接的な関係はありませんので、共通対応分になりますか。

A 災害に備えてその被害の軽減を目指して行う耐震補強工事は、事業を継続するために行うものです。したがって、その耐震補強工事に際して発生した課税仕入れ等は、その耐震補強工事を行った建物の使用目的により区分します。

㊴　本社及び店舗として使用する建物建築費の合理的な区分

Q 当社は、建物の1階は店舗として、2階は本社として使用する建物の建築をし、その引渡しを受けました。店舗で取り扱う商品はすべて課税資産です。この建物の課税仕入れ等は、共通対応分となりますか。

A この建物の取得に係る課税仕入れ等は、共通対応分に該当します。

　ただし、建物の構造や仕様に照らして使用の目的が明確に区分されている場合は、店舗として使用する1階部分は課税資産の譲渡等にのみ要するものとして、本社として使用する2階部分は課税資産の譲渡等と非課税資産の譲渡等とに共通して要するものとして、合理的な基準により、両者を区分することが可能であると考えられます。

　消費税法基本通達11-2-19は、「共通対応の課税仕入れ等であっても、例えば、原材料、包装材料、倉庫料、電力料等のように生産実績その他の合理的な基準により課税売上対応の課税仕入れ等と非課税売上対応の課税仕入れ等とに区分することが可能なものについては、その合理的な基準による区分が認められる」としています。

　この通達の文字のみを追いかければ、共通対応の課税仕入れ等は、合理的な基準により、課税売上対応分と非課税売上対応分とに区分することができるということになりますが、その意味するところは、一つの課税仕入れとしては共通対応の課税仕入れ

等となるものであっても、合理的な基準による按分計算により、3つの区分に金額の振り分けを行うことも可能であるということとでしょう。

したがって、この建物の建築費に係る課税仕入れ等は、本社として使用する共通対応分と店舗として使用する課税売上対応分とに区分することができるものと解されます。

⑩　保険金を充当した建物の取得

Q 店舗が火災にあい、損害保険金を受領しました。この保険金を支払に充てて新店舗の建築を行いました。この建築費に係る課税仕入れ等は、保険金収入に対応するものと考えております。そうすると、共通対応分となるのでしょうか。

A 建物建築費に係る課税仕入れ等の区分は、その建築した建物の用途により区分することとなります。

旧店舗が火災にあい、それによって受領した保険金をその新店舗の建築費の支払に充てたということですが、仕入税額控除の適用にあたって、その課税仕入れ等がどのような資金によって賄われたのかを問うことはありません。自己資金であれ、借入金であれ、また補助金、助成金、寄附金、保険金など、自己の負担が伴わないような方法で調達された資金を充てた場合であっても、他から課税資産を譲り受けて対価を支払った場合には、すべて課税仕入れとなります。

また、課税仕入れの用途区分の判断についても、その課税仕入れの支払原資が関係することはありません。店舗の建築費に係る課税仕入れ等の区分は、新店舗において取り扱う業務内容によって判断します。

なお、公益法人等においては、補助金等の特定収入がある場合には、特定収入に係る仕入税額控除の計算の特例があります。

第12章

仕入税額控除の調整

仕入れに係る消費税額の調整には、次のものがあります。

仕入れに係る消費税額の調整
棚卸資産→課税事業者となった場合等の調整
固定資産→課税売上割合が著しく変動した場合又は転用した場合の調整
居住用賃貸建物→課税賃貸用に供した場合又は譲渡した場合の調整

※ 他に、カジノ業務用資産に係る調整があります（214ページ参照）。

(1) 即時一括控除の原則

　会計上、棚卸資産のうち、その会計期間において実現した収益に対応するものは売上原価となり、期末棚卸資産は翌期以降の原価となります。固定資産は、その購入時には資産に計上し、減価償却の手続によって使用される会計期間に費用配分します。

　消費税には、このような費用収益の期間的対応という概念はありません。

　個別対応方式の場合には、課税仕入れ等につき、①課税売上対応分、②非課税売上対応分、③共通対応分の3つに区分しますが、それは、費用収益の期間的対応ではなく、その課税仕入れ等に係る税負担を転嫁する課税売上げがあるかどうかを確認するものです。消費税は、「いつ、何を、いくらで売ったのか」、「いつ、何を、いくらで買ったのか」をみて税額計算の基礎とします。したがって、仕入れに係る消費税額は、棚卸資産、固定資産にかかわらず仕入れ時の課税期間において即時に控除することとされています。

(2) 棚卸資産に係る調整

　しかし、免税事業者であった課税期間に仕入れをした棚卸資産を課税事業者となった課税期間に販売した場合には、売上げには課税されるが仕入税額控除を行うことはできない、という不合理が生じます。そこで、棚卸資産については、納税義務の有無の変更があった場合の調整措置が設けられています。

(3) 調整対象固定資産に係る調整

　また、長年にわたって使用する固定資産について、これを取得した課税期間の状況だけで課税関係を完結させてしまうと、課税売上割合が大きく変動した場合やその固定資産の

使用目的を変更した場合には、結果的に売上げと仕入れの関係の実態が反映されていなかったことになります。そこで、1個1組100万円以上の固定資産の課税仕入れ等を行った場合は、その後3年間は、控除対象仕入税額の調整を行う規定を設けています。

⑷ 居住用賃貸建物に係る調整

　令和2年度税制改正において、居住用賃貸建物が仕入税額控除の対象から除外されたことにともない、「居住用賃貸建物に係る仕入税額の調整」が創設されました。この調整は、いったん控除できないものとした消費税額について、その後の事実に従って控除の対象とする措置です。「第10章第3節　居住用賃貸建物の課税仕入れ等」を参照してください。

第1節　棚卸資産に係る仕入税額の調整

　免税事業者が課税事業者となった場合には、課税事業者となった課税期間の期首棚卸資産に係る消費税額の調整を行います（消法36①）。

　課税事業者が免税事業者となる場合には、免税事業者となる課税期間の直前の課税期間の期末棚卸資産に係る消費税額の調整を行います（消法36⑤）。

　ただし、その課税期間の控除対象仕入税額を簡易課税制度により計算する場合はこれらの規定の適用はありません（消法37①）。

1 免税事業者が課税事業者となった場合

　免税事業者が課税事業者となった場合には、次の調整を行います（消法36①）。

　この規定は、棚卸資産の明細を記録した書類を保存しない場合には、その保存のない棚卸資産については、適用されません。ただし、災害その他やむを得ない事情によりその保存をすることができなかったことをその事業者において証明した場合は、書類の保存のない棚卸資産についても適用されます（消法36②）。

　なお、この対象となる棚卸資産から居住用賃貸建物は除かれます（消法30⑩）。

適 用 要 件
① 免税事業者が課税事業者となった場合において、 ② その課税事業者となった課税期間の初日の前日において免税事業者であった期間中に国内において譲り受けた課税仕入れに係る棚卸資産又は保税地域からの引取りに係る課税貨物で棚卸資産に該当するものを有しており、 ③ その棚卸資産の明細を記録した書類を保存しているとき

調 整 処 理
その棚卸資産に係る消費税額をその課税事業者となった課税期間の控除対象仕入税額の基礎となる課税仕入れ等の税額とみなす

この取扱いは、免税事業者が登録する場合に課税事業者選択届出書の提出を要しない経過措置（83ページ以下参照）により、課税期間の途中で登録をして課税事業者となった場合には、その登録の日の前日において有する棚卸資産のうち、免税事業者であった期間中に課税仕入れ等をしたものが対象となります（平30改令附則17）。

2 相続又は合併等により事業を承継した場合

課税事業者が、相続又は合併等により、免税事業者の事業を承継して棚卸資産を引き継いだ場合には、次の調整を行います（消法36③）。

免税事業者が課税事業者となった場合に準じた書類の保存要件があります。

適 用 要 件	
① 課税事業者である個人事業者が、相続により、免税事業者である被相続人の事業を承継した場合において、 ② 被相続人が免税事業者であった期間中に行った課税仕入れ等に係る棚卸資産を引き継ぎ、 ③ その棚卸資産の明細を記録した書類を保存しているとき	① 課税事業者である合併法人又は分割承継法人が、合併又は分割により、免税事業者である被合併法人又は分割法人の事業を承継した場合において、 ② 被合併法人又は分割法人が免税事業者であった期間中に行った課税仕入れ等に係る棚卸資産を引き継ぎ、 ③ その棚卸資産の明細を記録した書類を保存しているとき

調 整 処 理
その引き継いだ棚卸資産に係る消費税額をその引き継いだ課税期間の控除対象仕入税額の計算の基礎となる課税仕入れ等の税額とみなす

課税事業者が免税事業者となる場合には、次の調整を行います（消法36⑤）。

適 用 要 件
① 課税事業者が免税事業者となる場合において、 ② その免税事業者となる課税期間の初日の前日においてその前日の属する課税期間中に国内において譲り受けた課税仕入れに係る棚卸資産又は保税地域からの引取りに係る課税貨物で棚卸資産に該当するものを有しているとき

調 整 処 理
その棚卸資産に係る消費税額は、その課税期間の控除対象仕入税額の計算の基礎となる課税仕入れ等の税額に含まれないものとする

　この調整は、控除対象仕入税額が減少するものであるため、棚卸資産の明細を記録した書類の保存は要件とされていません。

4 **棚卸資産に係る消費税額**

　棚卸資産とは、商品又は製品（副産物及び作業屑を含む）、半製品、仕掛品（半成工事を含む）、主要原材料、補助原材料、消耗品で貯蔵中のもの及びこれらの資産に準ずるものをいいます（消法2①十五、消令4）。

　棚卸資産に係る消費税額は、棚卸資産ごとに、その取得に要した課税仕入れ等となる費用の額に$\frac{7.8}{110}$を乗じて計算します（消法36①、消令54①、消基通12−7−1〜2）。

　したがって、この調整は、個別法により棚卸資産の評価を行っていることが前提であるといえます。しかし、所得税又は法人税において先入先出法等の評価方法により評価している場合に、消費税の調整のためだけに棚卸資産につき個別管理を求めることは容易ではありません。そこで、所得税又は法人税における評価方法による評価額（低価法を除く）を基礎に調整税額を計算することも認められています（消基通12−7−1）。

棚卸資産の取得に要した費用の額			消費税額
個別評価	国内において譲り受けた棚卸資産	課税仕入れに該当する次の合計額 ① 支払対価の額 ② 購入付随費用の額 ③ 販売用とするための直接費用の額	棚卸資産の取得に要した費用の額に$\frac{7.8}{110}$※1を乗じた金額
	保税地域からの引取りに係る課税貨物で棚卸資産に該当するもの	次の合計額 ① 引取りに係る課税標準額 ② 引取りに係る消費税等の税額 ③ 課税仕入れに該当する引取付随費用の額 ④ 課税仕入れに該当する販売用とするための直接費用の額	
	製作等した棚卸資産	課税仕入れに該当する次の合計額 ① 製作のための原材料費 ② 製作のための経費の額 ③ 販売用とするための直接費用の額	
先入先出法等による評価	上記の個別法に代えて、所得税又は法人税において適用している先入先出法等の評価方法による評価額とすることもできる（低価法を除く）※2。 この場合の調整の対象となる棚卸資産の取得価額は、次のとおり計算する。 •免税事業者が課税事業者となった場合：次のいずれか小さい方の金額 　イ　免税期間中の棚卸資産に係る課税仕入れ等の総額 　ロ　課税事業者となった課税期間の期首棚卸資産評価額（課税分） •課税事業者が免税事業者となる場合：次のいずれか小さい方の金額 　ハ　その課税期間の棚卸資産に係る課税仕入れ等の総額 　ニ　その課税期間の期末棚卸資産評価額（課税分）		

※1　その課税仕入れに適用された税率によります。

※2　ただし、適用税率ごとに区分する必要があります。

① 免税事業者が課税事業者となった場合

Q 当社は、資本金500万円で設立した法人です。第1期は免税事業者でしたが、第2期には特定期間における課税売上高が1,000万円を超えたため、課税事業者となりました。

第2期末において帳簿価額450万円の棚卸商品（国内で仕入れた課税商品であり、帳簿価額には輸送保険料10万円を含む）を有しています。

この棚卸商品について消費税額の調整はどうなりますか。

A 貴社は、第2期において、新たに課税事業者となり、免税事業者であった期間中に国内において譲り受けた課税仕入れに係る棚卸資産を有しているため、免

税事業者が課税事業者となった場合の棚卸資産に係る仕入税額の調整の適用を受けます。

　調整税額の計算は次のとおりです。

　　①　棚卸資産に係る課税仕入れ等の額　450万円－10万円＝440万円

　　②　①×$\frac{7.8}{110}$＝31万2,000円

　この31万2,000円を申告書付表2－1及び2－2の「⑭納税義務の免除を受けない（受ける）こととなった場合における消費税額の調整（加算又は減算）額」の欄に記入し、第2期の控除対象仕入税額に加算します。

　なお、軽減税率が適用された課税仕入れ等の額には$\frac{6.24}{108}$を乗じます。

②　適用を受けた場合の期首棚卸資産の帳簿価額

Q 当社は、当課税期間から新たに課税事業者となり、税抜経理方式を採用することとしました。

　また、期首棚卸資産については、課税事業者が免税事業者となる場合の棚卸資産に係る仕入税額の調整を行いました。

　この場合、損益計算書の期首棚卸高は、税抜きの金額とするのでしょうか。

A 前事業年度の損益計算書の期末棚卸高は前事業年度の貸借対照表の棚卸資産の価額と一致し、これが当事業年度の損益計算書の期首棚卸高となります。財務諸表は、継続して行われる会計処理によって導き出された数値を表示するものですから、前事業年度の期末棚卸高と当事業年度の期首棚卸高の数値が違っているということは、通常考えられません。

　したがって、新たに税抜経理を行うこととした場合であっても、その事業年度の損益計算書に表示すべき期首棚卸高は、税込経理をした前事業年度の期末棚卸資産の評価額となります。

　課税事業者が免税事業者となる場合の棚卸資産に係る仕入税額の調整の規定の適用を受けた場合も同様です。

　その調整額は、期首棚卸高に影響せず、新たに課税事業者となった課税期間において生じた雑収入の金額となります。仮に、期首棚卸高から仮払消費税等に振り替える処理を行った場合には、その振り替えた金額だけ原価が小さくなるため、両者の処理の違いによって利益の額が変動することはありません。

　なお、税込経理方式から税抜経理方式への変更は、会計処理の方法の変更として、財務諸表に注記します。

第2節　調整対象固定資産に係る仕入税額の調整

調整対象固定資産に係る仕入税額の調整には、仕入れ時の処理に基づき、次の2つがあります。

① 課税売上割合が著しく変動した場合の調整

② 調整対象固定資産を転用した場合の調整

ただし、仕入れ等の課税期間又はその調整を行うべき課税期間の控除対象仕入税額を簡易課税制度により計算する場合は、これらの規定の適用はありません（消法37①）。

1 調整対象固定資産

調整対象固定資産とは、棚卸資産以外の資産で、建物、構築物、機械、車両、備品等のうち、その課税仕入れに係る支払対価の額の$\frac{100}{110}$（旧税率8％が適用される課税仕入れについては$\frac{100}{108}$）に相当する金額、特定課税仕入れに係る支払対価の額又は保税地域から引き取られるその資産の課税標準である金額が一の取引の単位につき100万円以上のものをいいます（消法2①十六、消令5）。

2 納税義務の免除の特例

次の場合には、その調整対象固定資産又は高額特定資産の仕入れ等の日（ホについては、課税事業者となった日）の属する課税期間の初日以後3年を経過する日の属する課税期間の末日までは、事業者免税点制度及び簡易課税制度は適用されません（消法9、12の2②、12の3③、12の4①②、37③）。その仕入れ等から3年間は一般課税による申告を強制させることになります。

そのため、その仕入れ等をした調整対象固定資産又は高額特定資産について、「調整対象固定資産に係る仕入税額の調整」の適用を受けることになります。

イ　課税事業者を選択して、その継続適用期間中に調整対象固定資産の仕入れ等を行い一般課税により申告した場合

ロ　新設法人が、基準期間がない期間中に調整対象固定資産の仕入れ等を行い一般課税により申告した場合

ハ　特定新規設立法人が、基準期間がない期間中に調整対象固定資産の仕入れ等を行い

一般課税により申告した場合

ニ　課税事業者が、高額特定資産の仕入れ等を行い一般課税により申告した場合

ホ　高額特定資産又は調整対象自己建設高額資産について、課税事業者となった場合等の棚卸資産に係る仕入税額の調整の適用を受けた場合

ニ及びホについては、居住用賃貸建物に係る仕入税額控除の制限の規定が適用された場合であっても対象となります（消法37③、消基通1－5－30）。

高額特定資産及び調整対象自己建設高額資産の範囲については、202〜203ページを参照してください。

3　課税売上割合が著しく変動した場合の調整

次の要件に該当する場合には、第三年度の課税期間において控除対象仕入税額の調整を行います（消法33①②）。

課税売上割合が著しく変動した場合の調整の要件
①　仕入れ時の処理が次のいずれか（比例配分法） 　・課税仕入れ等の税額の全額を控除した 　・一括比例配分方式により控除対象仕入税額の計算を行った 　・個別対応方式によりその調整対象固定資産を共通対応分として控除税額の計算を行った ②　第三年度の課税期間の末日においてその調整対象固定資産を保有している ③　通算課税売上割合が著しく増加又は減少している

調　整　処　理
著しく増加した場合：第三年度の課税期間における控除対象仕入税額に調整税額を加算する 著しく減少した場合：第三年度の課税期間における控除対象仕入税額から調整税額を控除する

(1)　著しい変動

著しく変動した場合とは、通算課税売上割合が仕入時の課税売上割合に比べ50％以上変動した場合で、かつ、その変動の幅が5％以上である場合をいいます（消令53）。

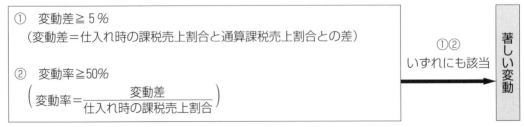

①　変動差≧5％
　（変動差＝仕入れ時の課税売上割合と通算課税売上割合との差）

②　変動率≧50％
$$\left(変動率＝\frac{変動差}{仕入れ時の課税売上割合}\right)$$

①②
いずれにも該当　→　著しい変動

※　仕入れ時の課税売上割合が0％の場合には、通算課税売上割合が5％以上であれば、著しい増加に該当します（消基通12－3－2）。

⑵ 第三年度の課税期間

第三年度の課税期間とは、調整対象固定資産の仕入れ等の課税期間の開始の日から3年を経過する日の属する課税期間をいいます（消法33②）。

⑶ 通算課税売上割合

通算課税売上割合とは、仕入れ等の課税期間から第三年度の課税期間までの各課税期間に適用されるべき課税売上割合を通算した割合をいいます（消法33②）。

⑷ 調整対象基準税額

調整対象基準税額とは、調整対象固定資産の課税仕入れに係る消費税額又は調整対象固定資産である課税貨物に係る消費税額をいいます（消法33①一）。

調整対象基準税額	
国内で仕入れた場合	その調整対象固定資産の課税仕入れに係る支払対価の額に$\frac{7.8}{110}$（旧税率8％が適用される課税仕入れについては$\frac{6.3}{108}$）を乗じて計算した消費税額
輸入した場合	その調整対象固定資産の輸入につき税関で課せられた消費税額

⑸ 調整税額の計算

課税売上割合が著しく増加した場合に控除対象仕入税額に加算する調整税額、課税売上割合が著しく減少した場合に控除対象仕入税額から控除する調整税額は、次によります。

⑹ 控除過大調整税額

通算課税売上割合が著しく減少した場合において、調整税額を第三年度の課税期間の控除対象仕入税額から控除して控除しきれない金額がある場合には、その控除しきれない金額を申告書の控除過大調整税額の欄に記入し、第三年度の課税期間の課税標準額に対する消費税額に加算します（消法33③）。

4　調整対象固定資産を転用した場合の調整

(1)　課税売上対応分から非課税売上対応分への転用

　次の転用を行った場合には、その転用があった課税期間において控除対象仕入税額の調整を行います（消法34①）。

課税業務用から非課税業務用への転用
①　仕入れ時に個別対応方式により控除対象仕入税額の計算を行った
②　調整対象固定資産に係る課税仕入れ等の税額について課税資産の譲渡等にのみ要するものとしてその全額控除した
③　その課税仕入れ等の日から3年以内に非課税資産の譲渡等に係る業務の用に転用した

調　整　処　理
転用した課税期間における控除対象仕入税額から調整税額を控除する

　課税売上対応分から非課税売上対応分に転用した場合において、調整税額を転用した課税期間の控除対象仕入税額から控除して控除しきれない金額がある場合には、その控除しきれない金額を申告書の控除過大調整税額の欄に記入し、課税標準額に対する消費税額に加算します（消法34②）。

(2)　非課税売上対応分から課税売上対応分への転用

　次の転用を行った場合には、その転用があった課税期間において控除対象仕入税額の調整を行います（消法35）。

非課税業務用から課税業務用への転用
①　仕入れ時に個別対応方式により控除対象仕入税額の計算を行った
②　調整対象固定資産に係る課税仕入れ等の税額について非課税資産の譲渡等にのみ要するものとして控除の対象から除外した
③　その課税仕入れ等の日から3年以内に課税資産の譲渡等に係る業務の用に転用した

調　整　処　理
転用した課税期間における控除対象仕入税額に調整税額を加算する

(3)　調整税額の計算

　転用した課税期間の控除対象仕入税額に加減算する調整税額はその転用の時期に応じて、次のとおり計算します（消法34①、35）。

転用の時期		加減算する調整税額
仕入れ等の日から	1年以内	調整対象税額の全額
	1年超2年以内	調整対象税額 $\times \dfrac{2}{3}$
	2年超3年以内	調整対象税額 $\times \dfrac{1}{3}$

① 調整対象固定資産の範囲

Q 調整対象固定資産とは、どのようなものをいうのですか。

A 調整対象固定資産とは、棚卸資産以外の資産のうち、次に掲げるもので、その課税仕入れに係る支払対価の額の $\dfrac{100}{110}$ に相当する金額又は保税地域から引き取られるその資産の課税標準である金額が、一の取引の単位につき100万円以上であるものをいいます（消令5、消基通12-2-1、12-2-3、12-2-5）。

調整対象固定資産となる資産（棚卸資産を除く）
① 建物及びその附属設備
② ドック、橋、軌道、煙突等の構築物
③ 機械及び装置
④ 船舶
⑤ 航空機
⑥ 車両及び運搬具
⑦ 工具、器具及び備品
⑧ 無形固定資産（鉱業権、漁業権、ダム使用権、水利権、特許権、実用新案権、意匠権、商標権、育成者権、公共施設等運営権、樹木採取権、漁港水面施設運営権、営業権、専用側線利用権、鉄道軌道連絡通行施設利用権、電気ガス供給施設利用権、水道施設利用権、工業用水道施設利用権、電気通信施設利用権、回路配置利用権、著作権等、ソフトウエアの購入費用、他の者に委託してソフトウエアを開発した場合におけるその開発費用）
⑨ ゴルフ場利用株式等、預託金方式のゴルフ会員権
⑩ 牛、馬、豚、綿羊及びやぎ、一定の果樹等
⑪ 課税資産を賃借するために支出する権利金等
⑫ 書画・骨とう
⑬ その他これらに準ずるもの
⑭ 上記に係る資本的支出

土地のようにその譲渡が非課税となる資産は、調整対象固定資産になりません。

また、「一の取引の単位」とは、通常一組又は一式をもって取引の単位とされるものにあっては一組又は一式をいい、例えば、機械及び装置にあっては1台又は1基、工具、器具及び備品にあっては1個、1組又は1そろい、構築物のうち例えば枕木、

電柱等単体では機能を発揮できないものにあっては社会通念上一の効果を有すると認められる単位ごとに判定します。この場合において、課税仕入れを行った時においてその資産として完成されているかどうかを問いません（消令5、消基通12-2-3）。

　※　1個又は1組の金額には、資産の購入のために要する引取運賃、荷役費等の付随費用は含まれません（消基通12-2-2）。
　※　共有物について、100万円以上であるかどうかは、その事業者の持分割合に応じて判定します（消基通12-2-4）。

② 調整対象固定資産に係る資本的支出

Q 調整対象固定資産につき資本的支出をした場合の取扱いはどうなりますか。

A 資本的支出とは、資産の修理、改良等のために支出した金額のうちその資産の価値を高め、又はその耐久性を増すこととなると認められる部分に対応する金額をいいます。

　建物や構築物など調整対象固定資産となる資産に係る資本的支出で、一の資産について行う修理、改良等の税抜金額が100万円以上であるものは、その資本的支出自体が一つの調整対象固定資産となります（消基通12-2-5）。したがって、その資本的支出は独立した調整対象固定資産の仕入れ等となり、その後、独立して調整の対象となります。

　この場合、一の資産について行う修理、改良等が2以上の課税期間にわたって行われるときは、課税期間ごとに要した課税仕入れに係る支払対価の額によって判定します（消基通12-2-5）。

　なお、土地の造成、改良のために要した課税仕入れに係る支払対価の額のように、調整対象固定資産となる資産に該当しない資産に係る資本的支出は、調整対象固定資産ではありません（消基通12-2-5）。

③ 事務所賃借のための権利金

Q 当社は、事務所を賃借するため、権利金210万円を支払いました。権利金のうち、100万円は返還されるものです。この権利金は、調整対象固定資産に該当しますか。

A 　課税資産を賃借するために支出する権利金等については、その返還されない部分の金額が課税仕入れとなり、その課税仕入れとなった金額につき100万円以上であるかどうかの判断を行います。

　ご質問の場合は、返還されない部分の金額が税抜きで100万円（110万円 × $\frac{100}{110}$ = 100万円）ですので、調整対象固定資産に該当します。

④　調整対象固定資産の輸入

Q 　調整対象固定資産の仕入れ等には、調整対象固定資産の輸入が含まれるのですか。

A 　「調整対象固定資産の仕入れ等」とは、国内における調整対象固定資産の課税仕入れ又は調整対象固定資産に該当する貨物の保税地域からの引取りをいい、輸入もこれに該当します（消法9⑦）。

　「調整対象固定資産の仕入れ等の日」は、国内における課税仕入れ又は課税貨物の引取りの別に、次のとおりとなります（消法30①⑨、消令20の3、25②）。

調整対象固定資産の仕入れ等の日
課税仕入れを行った場合 … 課税仕入れを行った日 一般申告によって課税貨物を引き取った場合 … 貨物を引き取った日 特例申告によって課税貨物を引き取った場合 　　　… 特例申告書を提出した日又は当該申告に係る決定の通知を受けた日

※　一般申告によって課税貨物を引き取る場合は、その引取りの際、輸入に係る消費税の申告及び納税を行います。
※　特例申告貨物に係る申告は、翌月末日が申告期限となります（関税法7の2②、消法47③）。

⑤　課税期間が1年である場合の第三年度の課税期間

Q 　第三年度の課税期間について説明してください。

A 　第三年度の課税期間とは、調整対象固定資産の仕入れ等の課税期間の開始の日から3年を経過する日の属する課税期間をいいます（消法33②）。

　課税期間が1年である場合の第三年度の課税期間は次のようになります。

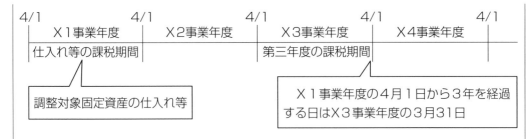

調整対象固定資産の仕入れ等の日の属する課税期間の開始の日はＸ１事業年度の４月１日です。この日から３年を経過する日はＸ３事業年度の３月31日なので、Ｘ３事業年度が第三年度の課税期間となります。

したがって、課税期間が１年である場合には、基準期間に調整対象固定資産の仕入れ等をしていれば、当課税期間が第三年度の課税期間となります。

⑥　設立第１期に課税仕入れ等をした場合の第三年度の課税期間

Q 設立第１期からみて第三年度の課税期間はどうなりますか。

A 例えば、事業年度が４月１日から３月31日までである法人を５月１日に設立した場合の設立第１期の第三年度の課税期間は次のようになります。

※　課税期間の特例の適用はなく、事業年度が課税期間であることを前提にしています。

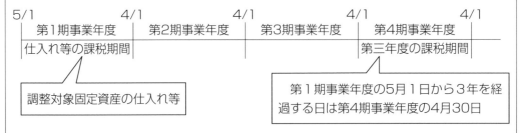

調整対象固定資産の仕入れ等の日の属する課税期間の開始の日は第１期事業年度の５月１日です。この日から３年を経過する日は第４期事業年度の４月30日なので、第４期事業年度が第三年度の課税期間となります。

また、第４期事業年度は、第２期事業年度の第三年度の課税期間でもあります。

したがって、課税売上割合が著しく変動した場合には第４期事業年度において、次の調整を行います。

①　第１期事業年度に課税仕入れ等をした調整対象固定資産について、第１期事業年度から第４期事業年度までの課税期間を通算課税期間として、課税売上割合が著しく変動した場合の調整の計算をする。

② 第2期事業年度に課税仕入れ等をした調整対象固定資産について、第2期事業年度から第4期事業年度までの課税期間を通算課税期間として、課税売上割合が著しく変動した場合の調整の計算をする。

⑦ 課税期間の特例を選択している場合の第三年度の課税期間

Q 前問において3か月ごとの課税期間の特例を選択している場合にはどうなりますか。

A 5月1日に設立した法人が、7月31日までに「消費税課税期間特例選択・変更届出書」を提出し、その設立の日から3か月ごとの期間を課税期間とする特例を適用した場合には、設立の日の属する課税期間に係る第三年度の課税期間は次のようになります。

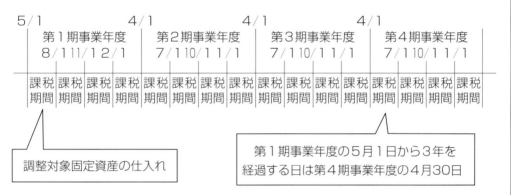

たとえば、6月1日に調整対象固定資産の仕入れ等を行った場合、その日の属する課税期間の開始の日は第1期事業年度の5月1日です。この日から3年を経過する日は第4期事業年度の4月30日なので、第4期事業年度の4月1日から6月30日までの課税期間が第三年度の課税期間となります。

⑧ 通算課税売上割合

Q 通算課税売上割合はどのように計算しますか。

A 通算課税売上割合とは、仕入れ等の課税期間から第三年度の課税期間までの各課税期間に適用されるべき課税売上割合を通算した割合です（消法33②）。

	課税売上割合 100%	課税売上割合 10%	課税売上割合 10%
	仕入れ等の課税期間		第三年度の課税期間
分子→	課税売上高100万円	課税売上高1,000万円	課税売上高1,000万円
分母→	課税売上高＋非課税売上高 100万円+0円	課税売上高＋非課税売上高 1,000万円+9,000万円	課税売上高＋非課税売上高 1,000万円+9,000万円

通算課税売上割合　10.4477…%

　通算課税売上割合は、仕入れ等の課税期間の初日から第三年度の課税期間の末日までの期間を一つの課税期間であると仮定した場合に計算される課税売上割合です。

$$\frac{100万円+1,000万円+1,000万円}{100万円+1,000万円+1,000万円+9,000万円+9,000万円}=10.4477…\%$$

　仕入れ等の課税期間の課税売上割合が100%、その翌課税期間及び第三年度の課税期間の課税売上割合は10%ですから、これらの割合を平均すると（100%＋10%＋10%）÷3＝40%となりますが、このような計算は行いません。

⑨　課税売上割合が著しく減少した場合の具体例

Q　3月末決算の医療法人Aは、課税事業者を選択し、医療用機械を購入しました。課税期間は1年であり、X3課税期間までの状況は次のとおりです。消費税の計算はどうなりますか。

課税期間	売上げ	仕入れ
X1課税期間	保険診療報酬　　　　0　円 保険外診療報酬　　10万円　（税抜き）	医療用機械990万円（税込み）を 10台購入
X2課税期間	保険診療報酬　　3,000万円 保険外診療報酬　100万円　（税抜き）	なし
X3課税期間	保険診療報酬　　3,000万円 保険外診療報酬　100万円　（税抜き）	なし

A　医療法人Aは、課税事業者を選択したX1課税期間に調整対象固定資産の仕入れを行ったため、X3課税期間まで課税事業者となり、簡易課税制度を適用することもできません。したがって、第三年度の課税期間であるX3課税期間に調整を行うことになります。

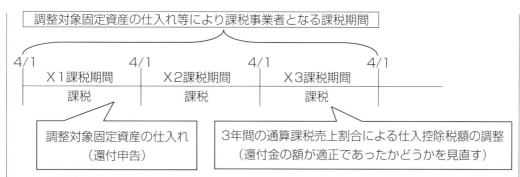

1．還付申告

　X1課税期間においては非課税資産の譲渡等が生じておらず、課税売上割合が100%であるため、医療機械の課税仕入れについて仕入税額控除を行い、地方消費税を含め、899万円の還付を受けることができます。

$$10万円 \times 10\%（売上げの税）- 9,900万円 \times \frac{10}{110}（仕入れの税）= \triangle 899万円$$

2．著しい変動の判定

　第三年度の課税期間における通算課税売上割合が仕入れ等の課税期間の課税売上割合に対して著しく変動しているかどうかを判定します。

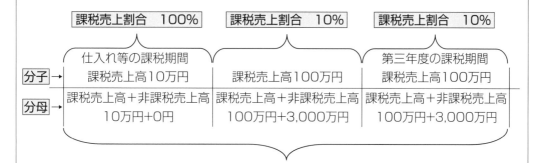

$$通算課税売上割合 = \frac{課税売上高10万円+100万円+100万円}{課税売上高10万円+100万円+100万円 + 非課税売上高3,000万円+3,000万円} = 3.3816\cdots\%$$

変動差 ＝（仕入時）100% －（通算）3.3816……% ＝96.6183……% ≧5%

⇩

$$変動率 = \frac{（変動差）96.6183\cdots\%}{（仕入れ等の課税期間の課税売上割合）100\%} ≧ 50\%$$

⇩

変動差5%以上、かつ、変動率50%以上→課税売上割合が著しく減少

⇩

調整を行う

3．調整税額の計算

第三年度の課税期間の控除対象仕入税額について、次の調整を行います。

（便宜上、地方消費税額を含めて計算しています）

① **調整対象基準税額**

（調整対象固定資産の課税仕入れに係る消費税額等）

$990万円 \times 10台 \times \dfrac{10}{110} = \boxed{900万円}$

② **仕入時の控除税額**

$\boxed{900万円}$（全額控除）

③ **通算課税売上割合による控除税額**

$900万円 \times 3.3816\cdots\cdots\% = \boxed{304,347円}$

④ **第三年度の調整税額**

②－③＝$\boxed{8,695,653円}$

医療法人Aは、X1課税期間に899万円の還付を受けましたが、第三年度の課税期間における調整では、8,695,653円を申告書付表2－1及び2－2の「㉑課税売上割合変動時の調整対象固定資産に係る消費税額の調整（加算又は減算）額」の欄に記載して控除対象仕入税額から控除することになります。

結果として、医療用機械の課税仕入れに係る控除対象仕入税額は、304,347円に是正されます。

控除対象仕入税額から控除して控除しきれない調整税額は、申告書の「③控除過大調整税額」の欄に記入して課税標準額に対する消費税額に加算され、第三年度の課税期間の納付税額となります。

第13章

簡 易 課 税 制 度

　仕入税額控除については、複雑な事務処理が必要であり、帳簿及び請求書等の保存が適用の要件とされています。そこで、これらの事務負担に耐えられない中小事業者に配慮して、簡易課税制度が設けられています。

　簡易課税制度は、基準期間における課税売上高が5,000万円以下である課税期間について、実際の課税仕入れ等についての計算を一切行わず、みなし仕入率によって控除対象仕入税額を計算する特例です。

第1節　簡易課税制度の適用がある場合の控除対象仕入税額の計算

(1)　1種類の事業を行っている場合

　簡易課税制度の適用がある場合の控除対象仕入税額は、課税標準額に対する消費税額から売上対価の返還等に係る消費税額を控除し貸倒れ回収に係る消費税額を加算した金額を基礎とし、これにみなし仕入率を乗じて計算します（消法37①、消基通13－1－6）。

　みなし仕入率は、売上げを6つの事業に区分し、それぞれの区分ごとに定められています（消法37①、消令57①⑤）。

| 控除対象仕入税額 | = | 基礎となる税額
　　課税標準額に対する消費税額
－　売上対価の返還等に係る消費税額
＋　貸倒れ回収に係る消費税額 | × | みなし仕入率 |

事業区分	みなし仕入率
第一種事業（卸売業）	…90%
第二種事業（小売業）	…80%
第三種事業（製造業等）	…70%
第四種事業（その他の事業）	…60%
第五種事業（サービス業等）	…50%
第六種事業（不動産業）	…40%

簡易課税制度は、控除対象仕入税額の計算の特例であるため、「調整対象固定資産に関する仕入れに係る消費税額の調整」、「課税事業者となった場合等の棚卸資産に係る消費税額の調整」、「居住用賃貸建物を課税賃貸用に供した場合等の仕入れに係る消費税額の調整」の規定は適用されません。

しかし、売上対価の返還等に係る税額控除及び貸倒れに係る税額控除の規定は、一般課税と同様に適用されます。

⑵　複数の業種に係る売上げがある場合

①　原則的な計算方法

複数の業種に係る売上げがある場合には、原則として、次の計算により控除対象仕入税額を計算します（消令57②）。

ただし、次のいずれにも該当しない場合は、以下の算式により計算することができます。

・貸倒回収額がある
・売上対価の返還等がある場合において、各種事業に係る消費税額からそれぞれの事業の売上対価の返還等に係る消費税額を控除して控除しきれない金額がある

②　計算方法の特例（75％ルール）

・1種類の事業で75％以上となる場合

2種類以上の事業を営む事業者で、1種類の事業の課税売上高が全体の課税売上高の75％以上を占める場合には、その事業のみなし仕入率を全体の課税売上げに対して適用することができます（消令57③一）。

・2種類の事業で75％以上となる場合

3種類以上の事業を営む事業者で、特定の2種類の事業の課税売上高の合計額が全体の課税売上高の75％以上を占める場合には、その2業種のうちみなし仕入率の低い方をそれ以外の課税売上げに適用して、上記①の算式によりみなし仕入率を計算することが

できます（消令57③二）。

(3) 事業区分とみなし仕入率

簡易課税制度の事業の区分は、次のとおりです（消令57⑤⑥、消基通13－2－2～9）。

事業区分	みなし仕入率	該当する事業
第一種事業（卸売業）	90%	他の者から購入した商品をその性質、形状を変更しないで他の事業者に対して販売する事業
第二種事業（小売業）	80%	他の者から購入した商品をその性質、形状を変更しないで販売する事業で第一種事業以外のもの及び農業・林業・漁業で飲食料品の譲渡に係る事業
第三種事業（製造業等）	70%	おおむね日本標準産業分類の大分類が、農業・林業・漁業（飲食料品の譲渡に係る事業を除く）、鉱業、建設業、製造業（製造小売業を含む）、電気・ガス・熱供給・水道業に該当するもの（第一種事業、第二種事業に該当するもの及び加工賃その他これに類する料金を対価とする役務の提供を除く）
第四種事業（その他の事業）	60%	第一種事業、第二種事業、第三種事業及び第五種事業以外の事業（例：飲食店業、自己において使用していた固定資産の譲渡、第三種事業から除かれる加工賃その他これに類する料金を対価とする役務の提供を行う事業等）
第五種事業（サービス業等）	50%	おおむね日本標準産業分類の大分類が、情報通信業、運輸業、郵便業、金融・保険業、物品賃貸業、学術研究、専門・技術サービス業、宿泊業、飲食サービス業、生活関連サービス業、娯楽業、教育、学習支援業、医療、福祉、複合サービス業、サービス業（他に分類されないもの）に該当するもの（飲食店業に該当する事業、第一種事業から第三種事業までの事業に該当する事業を除く）
第六種事業（不動産業）	40%	日本標準産業分類の大分類の区分が不動産業に該当するもの

※ 事業者が行う事業が第一種事業から第六種事業までのいずれに該当するかの判定は、原則として、その事業者が行う課税資産の譲渡等ごとに行います（消基通13－2－1）。

※ 2種類以上の事業を営む事業者が課税売上げを事業ごとに区分していない場合は、その区分をしていない売上げについては、区分していない事業のうち最も低いみなし仕入率を適用して仕入控除税額を計算します（消令57④）。

第2節　簡易課税制度の手続

　簡易課税制度の選択又は選択不適用に係る手続は次のとおりです。

簡易課税制度選択 の手続 （消法37①）	簡易課税制度選択届出書を納税地の所轄税務署長に提出する
選択届出の制限 （消法37②）	調整対象固定資産又は高額特定資産の仕入れ等を行った場合、200万円以上の金又は白金の仕入れを行った場合に簡易課税制度選択届出書を提出することはできない特例がある（消法37③）
選択届出書の効力 （消法37①⑥）	簡易課税制度選択届出書の効力は、提出した日の属する課税期間の翌課税期間の初日以後生じ、簡易課税制度選択不適用届出書又は事業廃止届出書を提出しない限り存続する
簡易課税制度選択 不適用の手続 （消法37⑤⑦）	選択をやめようとする場合には簡易課税制度選択不適用届出書を、事業を廃止した場合には簡易課税制度選択不適用届出書又は事業廃止届出書を納税地の所轄税務署長に提出する 　その届出書を提出した日の属する課税期間の翌課税期間の初日以後、簡易課税制度選択届出書は、その効力を失う
継続適用 （消法37⑥）	簡易課税制度選択不適用届出書は、事業を廃止した場合を除き簡易課税制度選択届出書の効力が生じた日の属する課税期間の初日から2年を経過する日の属する課税期間の初日以後でなければ提出することができない

1　選択の手続

(1)　原則

　事業者が、その納税地を所轄する税務署長に簡易課税制度選択届出書を提出した場合には、その届出書を提出した日の属する課税期間の翌課税期間以後の課税期間でその基準期間における課税売上高が5,000万円以下である課税期間については、簡易課税制度が適用されます（消法37①）。

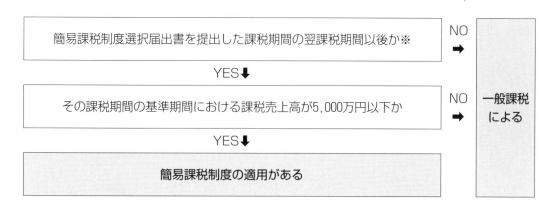

(2) 事業を開始した場合等の特例

　簡易課税制度選択届出書の提出日の属する課税期間が課税資産の譲渡等に係る事業を開始した課税期間等である場合には、提出日の属する課税期間から適用されます。その翌課税期間から適用する場合は、その旨を簡易課税制度選択届出書に記載する必要があります（消法37①）。

(3) ２割特例から移行する場合の特例

　２割特例の適用を受けたインボイス発行事業者が、その適用を受けた課税期間の翌課税期間の末日までに簡易課税制度選択届出書を提出した場合には、その翌課税期間の初日の前日に提出したものとみなすことができる特例があります（平成28改法附則51の２⑥）。81ページを参照してください。

(4) 新たにインボイス発行事業者の登録をした場合の特例

　令和５年10月１日から令和11年９月30日の属する課税期間においてインボイス発行事業者の登録をする免税事業者が、登録日の属する課税期間の末日までに簡易課税制度選択届出書を提出した場合には、その課税期間の初日の前日に提出したものとみなすことができる特例があります（平成30改令附則18）。82ページを参照してください。

(5) 選択の制限

　次の場合には、その調整対象固定資産又は高額特定資産の仕入れ等の日（ホについては、課税事業者となった日）の属する課税期間の初日以後３年を経過する日の属する課税期間の初日以後でなければ、簡易課税制度選択届出書を提出することはできません（消法37③）。この場合には事業者免税点制度も適用されないため、その仕入れ等から３年間は一般課税による申告が強制させることになります。

　イ　課税事業者を選択して、その継続適用期間中に調整対象固定資産の仕入れ等を行い一般課税により申告した場合

ロ　新設法人が、基準期間がない期間中に調整対象固定資産の仕入れ等を行い一般課税
　　により申告した場合

ハ　特定新規設立法人が、基準期間がない期間中に調整対象固定資産の仕入れ等を行い
　　一般課税により申告した場合

ニ　課税事業者が、高額特定資産の仕入れ等を行い一般課税により申告した場合

ホ　高額特定資産について、課税事業者となった場合の棚卸資産に係る消費税額の調整
　　の適用を受けた場合

　なお、その課税期間中に行った金地金等の仕入れ等に係る課税仕入れに係る支払対価の額の$\frac{100}{110}$に相当する金額及び保税地域から引き取った金地金等の仕入れ等に係る課税貨物の課税標準である金額の合計額が200万円以上である場合には、高額特定資産の仕入れ等を行った場合と同様に、事業者免税点制度の適用及び簡易課税制度選択届出書の提出が制限されます（消法12の4③、37③五、消令25の5④）。

　　※　金地金等とは、金又は白金の地金、金貨又は白金貨、金製品又は白金製品（金又は白金の重量
　　　　当たりの単価に重量を乗じて得た価額により取引されるものに限り、その事業者が製造する製
　　　　品の原材料として使用されることが明らかなものを除きます）（消規11の3）。

　　※　その課税期間が一年に満たない場合には、合計額をその課税期間の月数（月数は、暦に従って
　　　　計算し、一月に満たない端数は一月とします）で除し、これに12を乗じて計算した金額としま
　　　　す。

　　※　令和6年4月1日以後に事業者が行う金地金等の仕入れ等について適用されます（令和6改法
　　　　附則13④）。

⑹　恒久的施設を有しない国外事業者

　令和6年10月1日以後に開始する課税期間においては、その課税期間の初日において所得税法又は法人税法上の恒久的施設を有しない国外事業者は、簡易課税制度を適用することができません。

2　不適用の手続

　簡易課税制度の選択をやめようとする場合には、簡易課税制度選択不適用届出書を納税地の所轄税務署長に提出します（消法37⑤）。

　また、事業を廃止した場合には、簡易課税制度選択不適用届出書又は事業廃止届出書を納税地の所轄税務署長に提出します（消法37⑤）。

⑴　不適用となる課税期間

　簡易課税制度選択不適用届出書又は事業廃止届出書の提出があった日の属する課税期間の翌課税期間以後は、簡易課税制度選択届出書の効力が失われ、一般課税により控除対象

仕入税額を計算することとなります（消法37⑦）。

⑵　簡易課税制度選択の継続適用

　　簡易課税制度選択不適用届出書は、事業を廃止した場合を除き、簡易課税制度選択届出書の効力が生じた日の属する課税期間の初日から2年を経過する日の属する課税期間の初日以後でなければ提出することができません（消法37⑥）。

　　したがって、簡易課税制度を選択すると、基準期間における課税売上高が5,000万円以下である限りは2年間継続して簡易課税制度を適用することが強制されることになります。

第14章

リバースチャージと国外事業者申告納税制度

第1節　電気通信利用役務の提供

　電子書籍・音楽・広告の配信、クラウドサービス等は、「電気通信利用役務の提供」と位置付けられています。

　「電気通信利用役務の提供」は、「事業者向け電気通信利用役務の提供」とそれ以外に区分し、その提供を受ける者の住所等の所在地により、内外判定を行います（消法4③三、④）。

　また、国外事業者が提供するものについては、次の特別な課税方式が定められています。

【リバースチャージ】　　　　　…事業者向け電気通信利用役務の提供の仕入れを行った事業者が、国外事業者に代わって申告納税を行う課税方式

【国外事業者申告納税制度】　　…消費者向け電気通信利用役務の提供を行う国外事業者が申告納税を行う課税方式

【プラットフォーム課税制度】　…消費者向け電気通信利用役務の提供を行う国外事業者に代わって、特定プラットフォーム事業者が申告納税を行う課税方式（令和7年4月1日施行）

1　用語の定義

国外事業者 （消法2①四の二）	所得税法上の非居住者である個人事業者及び法人税法上の外国法人
登録国外事業者 （平成27改法附則38①）	所定の要件を満たす国外事業者（免税事業者を除く）として申請し、国税庁長官の登録を受けた事業者

電気通信利用役務の提供 （消法2①八の三）	資産の譲渡等のうち、電気通信回線を介して行われる著作物の提供（当該著作物の利用の許諾に係る取引を含む）その他の電気通信回線を介して行われる役務の提供（電話、電信その他の通信設備を用いて他人の通信を媒介する役務の提供を除く）であって、他の資産の譲渡等の結果の通知その他の他の資産の譲渡等に付随して行われる役務の提供以外のもの （電子書籍・音楽・広告の配信、クラウドサービス等）
事業者向け電気通信利用役務の提供 （消法2①八の四）	国外事業者が行う「電気通信利用役務の提供」のうち、当該「電気通信利用役務の提供」に係る役務の性質又は当該役務の提供に係る取引条件等から当該役務の提供を受ける者が通常事業者に限られるもの
特定役務の提供 （消法2①八の五、消令2の2）	資産の譲渡等のうち、国外事業者が行う演劇その他の政令で定める役務の提供（電気通信利用役務の提供に該当するものを除く） ※政令で定める役務の提供は、映画若しくは演劇の俳優、音楽家その他の芸能人又は職業運動家の役務の提供を主たる内容とする事業として行う役務の提供のうち、国外事業者が他の事業者に対して行う役務の提供（当該国外事業者が不特定かつ多数の者に対して行う役務の提供を除く）
特定資産の譲渡等 （消法2①八の二）	「事業者向け電気通信利用役務の提供」及び「特定役務の提供」
特定仕入れ （消法4①）	事業として他の者から受けた「特定資産の譲渡等」
特定課税仕入れ （消法5①）	課税仕入れのうち特定仕入れに該当するもの

2 リバースチャージ

リバースチャージのしくみは、次のとおりです（消法4①、5①、28①、30①⑦⑧、62）。

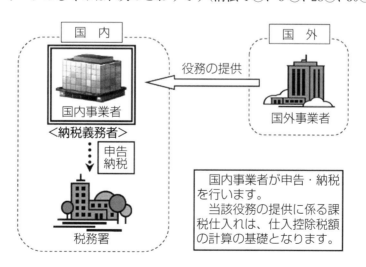

① 国外事業者が「事業者向け電気通信利用役務の提供」を行う場合には、消費税を上乗せしない本体価額で提供し、リバースチャージの対象であることを通知します（通知の義務があります）。

② 仕入れをする事業者にとって、「事業者向け電気通信利用役務の提供」は、「特定課税仕入れ」となります。特定課税仕入れを行った事業者は、その対価の額を課税標準額に加算するとともに、その対価の額を本体価額として課税仕入れに係る消費税額を計算します。

③ ただし、特定課税仕入れをした事業者が次に該当する場合は、その特定課税仕入れはなかったものとなり、課税標準額及び課税仕入れに係る消費税額を計算しません（消法9①、平成27改法附則42、44②）。
   ・免税事業者である場合
   ・課税売上割合が95%以上である場合
   ・簡易課税制度の適用を受ける場合

(1) 留意点
   ・「特定課税仕入れ」に係る対価の返還等を受けた場合には、売上げに係る対価の返還等を受けた場合に準じた税額控除の取扱いがあります（消法38の2）。
   ・「特定課税仕入れ」について、仕入対価の返還等を受けた場合の特例、調整対象固定資産に関する調整の規定は、課税仕入れと同様に適用されます（消法32〜35）。
   ・「特定課税仕入れ」の支払対価の額は、課税売上割合の計算に影響しません（消法30⑥）。
   ・「特定課税仕入れ」の支払対価の額は、基準期間における課税売上高及び特定期間における課税売上高に算入しません（消法9②、9の2②）。
   ・「特定課税仕入れ」を行った者が単なる名義人であった場合に、実質的にその仕入れを行った者に消費税法の規定が適用されます（消法13②）。
   ・提供する国外事業者が免税事業者であっても、「特定課税仕入れ」に該当します。

(2) 「事業者向け電気通信利用役務の提供」とは
　「事業者向け電気通信利用役務の提供」とは、国外事業者が行う電気通信利用役務の提供のうち、「役務の性質又は当該役務の提供に係る取引条件等から当該役務の提供を受ける者が通常事業者に限られるもの」です。

① 役務の性質による判断
　役務の性質から「事業者向け電気通信利用役務の提供」に該当するものとしては、例えば、インターネット上での広告の配信やゲームをはじめとするアプリケーションソフトをインターネット上のWebサイトで販売する場所を提供するサービスなどがあります。

② 取引条件等による判断

取引条件等から「事業者向け電気通信利用役務の提供」に該当するものとしては、例えば、クラウドサービス等の電気通信利用役務の提供のうち、取引当事者間において提供する役務の内容を個別に交渉し、取引当事者間固有の契約を結ぶもので、契約において役務の提供を受ける事業者が事業として利用することが明らかなものなどがあります。

なお、インターネットのWebサイトから申込みを受け付けるようなクラウドサービス等において、「事業者向け」であることをそのWebサイトに掲載していたとしても、消費者をはじめとする事業者以外の者からの申込みが行われた場合に、その申込みを事実上制限できないものは、取引条件等から「当該役務の提供を受ける者が通常事業者に限られるもの」には該当しません。

⑶ 表示の義務

「事業者向け電気通信利用役務の提供」を行う国外事業者には、あらかじめ、役務の提供を受ける事業者に対して、その取引がリバースチャージの対象である旨の表示を行う義務があります。

3 国外事業者申告納税制度

国外事業者申告納税制度は、国外から日本国内にコンテンツの提供を行う国外事業者に対して適正な申告を求めるために、その提供を受けた事業者の仕入税額控除を制限するものとしてスタートしました。

日本の事業者が、仕入税額控除を行うために登録番号のある請求書の交付を求めることになるので、国外事業者の登録が促されると考えられています。

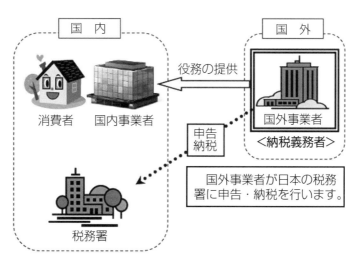

国外事業者の登録は、令和5年9月30日までは登録国外事業者制度でした。登録国外事

業者制度は、インボイス制度の施行に伴い令和5年10月1日に廃止され、登録国外事業者はインボイス発行事業者に統合されました。令和5年9月1日において登録国外事業者であって、「登録国外事業者の登録の取消しを求める旨の届出書」を提出していない者は、令和5年10月1日にインボイス発行事業者の登録を受けたものとみなされ、インボイス発行事業者の登録番号を付番され、適格請求書発行事業者登録簿に登載されています（平成28改法附則45①②）。

<table>
<tr><td>4</td><td colspan="5">課税売上割合の計算</td></tr>
</table>

「電気通信利用役務の提供」を行った場合の課税売上割合の計算は、次のとおりです。

① 国内事業者が、住所等が国内にある者に対して「電気通信利用役務の提供」をした場合には、その対価の額を課税売上高に算入して課税売上割合を計算します。

② 国外事業者が、国外事業者申告納税方式の対象となる「電気通信利用役務の提供」をした場合には、その対価の額を課税売上高に算入して課税売上割合を計算します。

③ リバースチャージを適用する「事業者向け電気通信利用役務の提供」の対価額は、提供する国外事業者及び提供を受ける国内事業者の双方において、課税売上割合の計算に算入されません。

提供者	購入者の住所	電気通信利用役務の提供の区分		課税方式	課税売上割合
国内事業者	国内	すべての電気通信利用役務の提供		通常の課税取引	算入する（上記①）
	国外			課税対象外（国外取引）	算入しない
国外事業者	国内	事業者向け電気通信利用役務の提供	国外事業所等で受け、国外において行う資産の譲渡等にのみ要するもの	課税対象外（国外取引）	算入しない
			上記以外	リバースチャージ	算入しない（上記③）
		消費者向け電気通信利用役務の提供		国外事業者申告納税方式の対象	算入する（上記②）
	国外	事業者向け電気通信利用役務の提供	恒久的施設において受け、国内において行う資産の譲渡等に要するもの	リバースチャージ	算入しない（上記③）
			上記以外	課税対象外（国外取引）	算入しない
		消費者向け電気通信利用役務の提供		課税対象外（国外取引）	算入しない

5 プラットフォーム課税制度

　令和6年度税制改正により消費税のプラットフォーム課税制度が創設されました（消法15の2）。

　プラットフォーム課税制度は、令和7年4月1日以後に国内において行われる消費者向け電気通信利用役務の提供について適用されます（令和6改法附則13⑥⑦⑧）。

①　国外事業者が国内において行う消費者向け電気通信利用役務の提供がデジタルプラットフォームを介して行われるものであって、その対価について②の指定を受けたプラットフォーム事業者（以下「特定プラットフォーム事業者」といいます）を介して収受するものである場合には、特定プラットフォーム事業者がその消費者向け電気通信利用役務の提供を行ったものとみなされます（新消法15の2①）。

②　国税庁長官は、プラットフォーム事業者のその課税期間において、その提供するデジタルプラットフォームを介して国外事業者が国内において行う電気通信利用役務の提供に係る対価の額のうち、そのプラットフォーム事業者を介して収受するものの合計額が50億円を超える場合には、そのプラットフォーム事業者を特定プラットフォーム事業者として指定します（新消法15の2②）。

③　②の指定を受けるべき者は、その課税期間に係る確定申告書の提出期限までに、所定の事項を記載した届出書をその納税地を所轄する税務署長を経由して国税庁長官に提出しなければなりません（新消法15の2③）。

④　国税庁長官は、特定プラットフォーム事業者を指定したときは、その特定プラットフォーム事業者に対してその旨を通知するとともに、その特定プラットフォーム事業者に係るデジタルプラットフォームの名称等について速やかに公表します（新消法15の2④）。

　　また、通知を受けた特定プラットフォーム事業者は、①の適用対象となる国外事業者に対して、①が適用されることとなる旨及びその年月日を通知しなければなりません（新消法15の2⑤）。

⑤　プラットフォーム課税は納税主体を国外事業者から特定プラットフォーム事業者へ転換する仕組みであるため、特定プラットフォーム事業者は、国外事業者が課税事業者か否かを把握する必要はありません。

⑥　特定プラットフォーム事業者がインボイス発行事業者である場合には、プラットフォーム課税の対象となる消費者向け電気通信利用役務の提供について、特定プラットフォーム事業者自身の登録番号を記載した簡易インボイスを交付する義務があります。

⑦　特定プラットフォーム事業者は、プラットフォーム課税が適用される課税期間について、一般課税で申告を行うこととなり（消法15の2⑭）、確定申告書にプラットフォー

ム課税の適用を受ける対価の額及びその明細を記載した明細書を添付することとされています（消法15の2⑮、消規11の5⑤）。

第2節　国外事業者が行う芸能・スポーツ等

　国内において、プロモーター等がギャラを支払う外国人タレント等（国外事業者）の芸能活動（特定役務の提供）には、リバースチャージが適用されます。

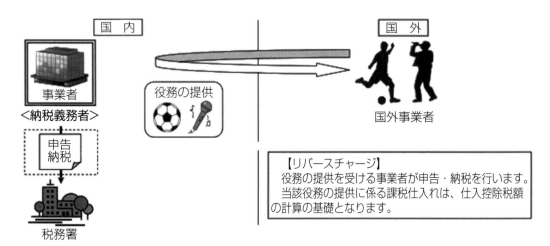

　外国人タレント等は、受け取ったギャラについて日本の消費税の申告納税をしないで帰国する場合が多く、ギャラを支払うプロモーター等がその課税仕入れについて仕入税額控除を行うと、「納税なき控除」が常態となってしまいます。そこで、特定役務の提供についても、リバースチャージが適用されることとされています。

＜著者略歴＞

税理士　金井　恵美子（かない・えみこ）

　1992年税理士試験合格。2003年「日税研究賞」入選。
　現在、金井恵美子税理士事務所所長。税務・会計を中心にクライアント企業をサポートし、税理士会や研究機関等の講演に全国を奔走する。

【論文】
「税率構造：軽減税率の法制化を踏まえて」（日税研論集70号）
「所得税法における損失の取扱いに関する一考察」（税法学566号）
「最低生活費への課税とユニバーサル定額給付：消費税が奪った最低生活費をどう償うか」（税法学581号）
「所得税法56条の功罪」（税法学586号）、ほか多数。

【著書】
『実務消費税ハンドブック』コントロール社
『プロフェッショナル消費税の実務』清文社
『演習消費税法（全国経理教育協会テキスト）』清文社
ほか多数。

（2024年 9 月 1 日現在）

令和6年度改正対応 インボイス制度の仕入税額控除

2024年10月30日　発行

著　者　　金井 恵美子 ⓒ

発行者　　小泉 定裕

発行所　　株式会社 清文社

東京都文京区小石川1丁目3-25（小石川大国ビル）
〒112-0002　電話03（4332）1375　FAX03（4332）1376
大阪市北区天神橋2丁目北2-6（大和南森町ビル）
〒530-0041　電話06（6135）4050　FAX06（6135）4059
URL　https://www.skattsei.co.jp/

印刷：亜細亜印刷㈱

ISBN 978-4-433-71784-1